문예신서
266

사회보장의 발명

정치적 열정의 쇠퇴에 대한 시론

쟈크 동즐로

주형일 옮김

東 文 選

사회보장의 발명

Jacques Donzelot

L'invention du social
Essai sur le déclin des passions politiques

This edition was published by arrangement
with Éditions du Seuil, Paris,
through Bestun Korea Agency, Seoul

차 례

서 문 ———————————————————————— 7

제I장 사회보장 문제 ———————————————— 15

1. 주권의 막다른 길 ———————————————— 18
2. 권리의 분열 ——————————————————— 29
3. 사회보장의 부재 ———————————————— 43

제II장 연대성의 발명 ———————————————— 65

1. 에밀 뒤르켐 —————————————————— 68
2. 레옹 뒤기와 모리스 오리우 ————————— 77
3. 레옹 부르주아 ————————————————— 93

제III장 사회보장의 향상 —————————————— 109

1. 사회법 ————————————————————— 113
2. 사회보장과 경제의 분리 —————————— 126
3. 복지국가를 향하여 ————————————— 141

제IV장 사회의 동원 ———————————————— 161

1. 삶을 변화시키기 ———————————————— 166
2. 사회를 변화시키기 ——————————————— 183
3. 사회보장의 자율화 ——————————————— 201
4. 정치 안에 있는 불안 ————————————— 224

역자 후기 ————————————————————— 235
색 인 ——————————————————————— 237

서 문

아마도 이 책은 우리로 하여금 시테(Cité)의 질서에 아주 강력히 저항하도록 만들었던 운동을 이어받을 어떤 대안적 정치도 나타나지 않았다는 것을 확인해야만 했을 때인 1970년대말에 68세대를 강타했던 환멸의 현대적 형태 덕분에 등장할 수 있었을 것이다. 그러한 저항의 결과는 정치적인 것에 대해 우리가 예측하던 쇄신된 영향력을 제공하는 대신에 우리를 정치적인 것에서 멀어지게 만들면서, 공식적인 정치적 사안들의 체계에 진정으로 타격을 입히지도 못한 채 사회의 풍속만을 변화시키는 데 소진되었다. 이러한 쓰라림 때문에 많은 사람들은 자신들이 그 정도까지 기존 세계를 흑색으로 보고, 다가올 세계를 백색으로 보도록 만든 터무니없는 순진함들을 모두 환상이라고 고발하면서 자신의 태도를 결정했다. 제한 없는 현실주의가 그들을 때때로 냉소주의의 극한까지 날려보내며 그들의 생각을 차지했다. 반대로 다른 사람들은 자신들의 죽은 희망들을 이 세계의 사회적 삶의 형태들에 대한 비판의 원칙이 아니라 세계에 대한 거의 신비주의적 혐오의 원칙으로 삼으며 한길을 고집했다. 우리의 역사에 대한 테러리즘의 엄밀한 기여를 볼 때, 근본적으로 테러리즘은 그처럼 아름다운 환상을 파괴해 버린 세계를 파괴하고자 하는 의지이다. 이러한 현실주의와 신비주의는 모두 현대적 환멸에 대한 명백한 방어이다. 그것들은 이 환멸에 대해 논하기보다는 그것을 합리화시키고, 우리가 그것에서 빠져나오도록 하기보다는 우리가 그것에 머무르도록 한다. 이러한 현시대의 덫을 피하기 위해 우리가 필요하다고 느낀 것은 바로 이 환멸에 대해 논하는 것이다. 논한다는 것은 이중의 의미에서 이해될 수 있다. 즉 이러한 현상의 탄생에 도움을 줄 수 있었던 이유들을 가려내는 것, 또한 그 대가가 무엇인지를 이해하려 하지 않고 그것에 만족하는 사람들로 하여금 어느 정도 이성을 되찾게 하는 것이 그것이다.

'사회보장(le social)'[1]에 대해, 일상 생활의 사안들에 대해, 그리고 우리의 개인적·사회적 관계의 즉각적 체계의 개선에 대해 우리가 쏟는 노력의 형태가 점점 더 현명해지는 대신, 우리 사회 안에서 정치적 열정이 서서히 식어가는 것은 어디에서 기인하며, 지난 세기의 위대한 이상들에 대한 이러한 무관심은 어디에서 오는가? 현대 정치의 상상계와 시민, 상업 사회의 현실이 서로 맞서는 격렬한 대조를 무력화하려는 생각으로 이 두 영역을 결합시키는 시민성과 정치성 사이의 교차점에 세워진 이 잡종의 형태, 즉 사회보장의 점진적 대두에 기인하는가? 혁명가들의 힘의 기반이 되었던 모든 사람의 동등한 주권에 대한 확언, 자발적 박애에 대한 찬양은 연대성(solidarité)의 윤리로 대체되었다. 이 연대성의 윤리는 구체제가 사람들 사이의 관계

---

1) Le social은 가장 넓은 의미에서는 사회적인 속성을 띤 모든 것을 말하며, 일반적으로 사회성이라고 번역될 수 있다. 하지만 좁은 의미에서의 le social은 사회적 관계를 유지하는 데 필요한 개념과 장치로 사회구성원들의 삶을 보장하는 사회적 활동을 의미한다. 이 책에서 le social은 후자의 의미로 주로 쓰이고 있기 때문에 사회보장이라는 용어로 번역한다. Le social이 보다 넓은 의미로 쓰인 경우에는 사회성이라는 용어로 번역하고, 괄호 안에 le social을 명기하기로 한다. (역주)

를 긴밀하게 만든다고 주장하던 숙명의 잔해 위에 세워진 자발적 사회에 대한 공화주의적 꿈을 등에 업기보다는 사회적 관계들의 응집을 유지할 필요성을 등에 업는다. 우리는 더 이상 권리(le droit)[2]의 이름으로 권리를 위해 투쟁하지 않는다. 우리는 **우리의** 권리들, 우리의 사회적 권리들을 위해 투쟁한다. 이 권리들은 노동의 사회적 분업으로 인하여 각각의 사회적 범주가 겪는다고 간주되는 독특한 편견 때문에 각각의 사회적 범주에 허용된 특정한 특혜나 국지적 보상들을 규정한다. 정의에 대한 절대적 요구는 일부 사람들이 얻는 기회와 나머지 사람들이 감수하는 위험의 상대성에 대한 논쟁 앞에서 모습을 감추었다. 동시에 책임의 개념은 단순히 돌발적인 일로 간주되는 생활의 위험들에 대한 사회화를 위해 서서히 사라졌다. 이 사회화는 더 이상 어느 누구에게도 다른 사람들의 불행에 대한 책임을 묻지 않으며, 더 이상 자신들의 행복을 다른 사람에게 요구하지 않는다. 마찬가지로 확신들이 사회 안에서 서로 대립하는 대신, 이제는 바로 차이들이 사회에 의해 인정되기를 요구한다. 이 차이들은 더 이상 사회의 생성(devenir)을 불러일으키고자 하지 않고, 이 큰 항구적 협상 테이블의 자리 하나를 요구하는 데 만족한다. 이 협상 테이블은 '변화'라는 거의 광채나지 않는 용어 외에 다른 말로는 더 이상 아무도 감히 지칭할 수 없는 미래를 향해 사회적 삶이 점점 조직되어 가는 곳이다.

신생 공화국에 대한 거창한 말들이 갖는 열정적인 모호함에 대해, 사회보장은 중용의 윤리라는 고결한 어휘를 대조시켰다. 이후로 우

---

2) 프랑스어에서는 법과 권리가 모두 le droit라는 용어로 표현된다. 이 책에서는 국가와 사회·개인 사이의 관계를 설명하는 과정에서 droit라는 용어가 자주 등장하는데 문맥에 따라 법과 권리, 두 용어 중 가장 적합하다고 판단되는 것을 선택해 번역했다. [역주]

리는 주권자가 되기보다는 **자율적**이 되도록 요구받으며, 개인적으로 책임을 지기보다는 **집단적으로 연루되도록** 요청받는다. 우리는 이제 우리의 행동을 심하게 연루시키는 속성이 있는 시민적 또는 정치적 계약에 의해 구속되는 것이 아니라, 우리의 사적이고 공적인——이러한 구분이 아직도 어떤 의미가 있다면——운명들을 협상하는 무한한 절차 속에 항상 휘말린다. 수많은 **덕목**(vertu)은 모든 **덕**(virtú)의 소멸을, 즉 사회 안의 고유한 모든 힘의 소멸을 동반할 수 있을 뿐이었다. 그리고 사회보장의 전진은 사회——예를 들어 가족 또는 노동운동——안에서 역사의 주체로 작용하려 하는 경향이 있는 모든 제도들의 느린 해체와 어깨를 나란히 한다. 우리가 끈질기게 쫓는 잔재나 우리가 빠져드는 환각과 같은 일종의 징후적 형태하에서가 아니라면 사회에 대해 단순히 말하는 것이 어려워질 정도이다.

우리의 침울함은 현대성에 의해 최고도에 다다른 이 이상한 마비상태 때문이다. 그러나 그것에 어떤 틀을 제공하지 않은 채, '이러한 변환의 이유와 의미를 찾지 않은 채 그러한 그림을 그릴 수 있을까? 비록 앞으로 프랑스 민주주의만을 언급하겠지만 이러한 변환은 모든 서구 민주주의를 특징짓는 것이다. 그렇다면 우리는 민주주의와 사회의 이러한 재조직 양식 사이에 어떤 관계를 수립할 수 있을까?

실제로 우리가 사회보장을 민주주의의 정치적 사실과 연관시켜 고려하는 즉시 완전히 다른 측면이 나타난다. 즉 우리가 자유 체제 안에서 살 수 있도록 만든 유일한 발명품 앞에서 느끼는 감탄이 열정의 제한으로 인해 나타난 환멸을 대체하는 것이다. 연대성이 공화주의 국가 권력의 실질적 근거로서의 주권에 반대하기 위해 등장했다면, 그것은 공화주의 국가가 민주주의에 대해 내린 정의와 어울리는 기준을 공화주의 국가의 작용에 제공하기 위해 그러한 개념이 반드시 발명되어야 했기 때문이다. 그것은 국가가 모든 것을 해주기 바라는 사람들뿐만 아니라 국가에 대해 어떤 권위도 인정하려 하지 않는 사람들도 정당하게 의지할 수 있는 주권 개념에 내재한 심한 모호함들을 피하는 데 적합한 기준이다.

연대성은 한편으로 민주주의가 자신들에게 불리하게 작용한다고 생각했을 때 독재에 의존하는 것을 항상 싫어하지는 않은 권위적 자유주의의 옹호자들에 맞서 국가의 사회적 역할을 수립했다. 하지만 다른 한편으로 사람들은 사회에 대한 국가적 재조직이라는 모든 전복적 시도에 맞서 사회의 공동 진보의 틀 속에서 각자의 자유와 진취성을 존중하도록 이 역할에 한계를 부여했다. 마찬가지로 사회법(le droit social)은 국가의 중립성을 포기하거나 국가를 사회적 정의를 옹호하는 개념으로 끌어들이지도 않으면서도, 사람들 각각이 겪는 편견에 맞서 그들을 보호할 수 있는 사회적 문제 해결 방법의 발명——보장보험적 계산에서 나온 것——에 의지하고 있다. 마찬가지로 마지막으로, 협상에의 의존이 일반화된 덕분에 최근에 발전되었으며 개발의 목적과 수단 사이의 항구적인 대립을 만들어 내는 연루 절차(procédures d'implication)[3]는 민주주의적 형태에 즉각적이고 확실한 의미를 부여한다. 실제적인 사회적 삶은 항상 더욱더 사회의 생성이 결정될 수 있는 장소가 되기 때문이다.

이렇게 자신의 정치적 결정에 결부된 사회보장은 민주주의 체제를 선택한 사회를 통치 가능하게 만드는 데 필요한 발명품처럼 나타

---

3) 연루 절차란 노동자가 회사에 대한 정보를 얻을 수 있고 회사의 방침에 대해 의견을 표시할 수 있으며, 회사의 경영에 영향을 미칠 수 있도록 하기 위해 법으로 규정된 절차를 말한다. [역주]

난다. 그것의 모든 역사는 사회 안의 인간의 삶을 조직하는 문제에
대해 자유주의와 사회주의의 교조적인 권유에 반대해서 고유하게 공
화주의적인 해결책을 제공하기 위해 혁명의 족쇄만큼이나 전통의 족
쇄를 피하는 길을 찾는 과정처럼 제시된다.

이 책에서는 두 노선이 끊임없이 뒤섞이고 있다. 하나는 **우리가 정
치에 대해 갖는 관계에 대한 역사적 정신분석**의 노선이라고 말할 수
있는데, 이것은 우리가 처음에 가졌던 상상계가 인간 조직의 자연적
이거나 역사적인 어떤 질서에 대한 모든 가능한 언급이 사라지는 사
회보장의 절차적 현실 속에서 무너질 때까지 그 상상계를 지켜보는
데 사용된다. 이 상상계는 자신을 억누르고 있었던 전제 정치로부터
마침내 해방된 사회의 정당하고 조화로운——왜냐하면 자연적이거
나 역사의 부름을 받기 때문에——질서에 대한 꿈이다. 두번째는 **우
리의 역사에 대한 정치적 정신분석**의 노선이라고 할 수 있을 것이
며, 이것은 우리의 역사를——공화주의적 이상에 대한 민주주의적
형태가 표상하는 실망과 함께 공화국의 민주주의적 설립이라는 정
치적 사실로부터 출발해——이러한 이상의 한복판에서 나타나 민주
주의적 형태를 직접 위협하는 모순들에 대한 대답으로서 제시된 발
명들로부터 유래한 것이라고 기술하는 일을 한다.

정신분석이라는 용어는 우리가 여기에서 역사적인 자료에 대해
정신분석적으로 다루겠다는 것을 의미하지 않는다. 단순히 정신분석
은 상상계와 실망, 정신적 외상과 회복 방법의 발명을 단 하나의 설
명적 행위 안에 집결시키는 이야기의 모델을 제시하는 것이다. 그런
데 우리는 여기에서 공화주의적 이상이 민주주의적 형태를 통해 사
회의 분할에 직면할 때 공화주의의 이상 안에서 분출하는 내적 모순

들을 해소하는 방식을 단 하나의 설명적 행위 안에서 발견하는 사회
보장의 역사──문제와 그것의 해결책의 역사, 이상과 그것의 분해
의 역사──를 다루려 한다.

아주 명확한 논문들만을 높이 평가하고, 설명적 이야기 속에서 이
러한 양면성이 항구적으로 나타나는 것을 싫어하는 사람들을 위해
나는 서스펜스를 종결짓고 단숨에 이렇게 털어놓을 수 있다. 마지막
에는 '스갱 씨의 염소'처럼 나는 포스트모더니티의 차디찬 매력에
굴복한다고 말이다. 하지만 여기에서 그것은 본질적인 것이 아니다.
나는 '변화의 문명'의 역설적인 특성들에 대한 검토는 다음 책을 위
해 유보한다.

이 책을 완성하는 데 도움을 준 이들에게 감사의 말을 전한다. 그
들 중에서 누구보다도 먼저 장 폴 퀴르니에에게 감사의 말을 전해야
겠다. 그는 이 글을 쓰는 동안 내내 전적인 대화 상대자라는 어려운
역할을 맡아 준 동시에, 특히 사회적·경제적 삶을 움직이는 현대의
절차들에 대한 지식 덕분에 마지막 장을 쓰는 데 있어서 공저자의 역
할도 했다. 우리 사회에 대해 우리가 갖는 지지와 거부의 이유들을
밝히기 위해 우리가 함께 보낸 여러 해의 여름이 지나는 동안에 이
책은 조금 그의 책도 되었다. 하지만 이런 밀접한 공모가 아무리 값
진 것이었다 하더라도 이 책을 쓰는 데 걸린 긴 시간 동안의 작업을
뒷받침하는 데는 충분하지 못할 것이다. 이 책은 프랑수아 루스탕과
카트린 메벨의 끊임없는 격려가 없었다면 아마도 결코 빛을 보지 못
했을 것이다. 나는 또한 원고를 한번 또는 그 이상 읽어 주며 지적과
조언을 해주었던 로베르 카스텔·피에르 랍츠, 그리고 피에르 번바
움에게도 감사의 말을 전한다. 장 보드리야르는 이 오랜 산고에 참여

했으며, 낭테르대학에서 여러 해 동안 공모자이자 반대자로서 함께 꾸려 나갔던 강의에서 그가 했던 반박들은 나에게 자극이 되었다. 마지막으로 내가 가장 늦게, 그러나 결코 적지않은 빚을 진 사람은 이 책이 마지막 형태를 갖추는 데 실질적으로 도움을 준 장 바티스트 그라세라는 점을 밝힌다.

제1장
사회보장 문제

사회보장에 있어서 가장 자주 문제가 되는 것은 민주주의 안에서 각 진영을 분열시키는 것이며, 민주주의가 전진하는 적절한 속도와 그 속도를 유지하는 가장 좋은 방법에 대해 각 진영을 서로 대립시키는 것이다. 어떤 사람들은 자유 경제의 자연적 힘을 신뢰하는 반면, 그와 정반대 편에 있는 사람들은 단지 국가의 사회적 역할만을 신뢰한다. 그들 모두는 사회성(le social)을 통해 사회보장(du social)이 아닌 다른 것을 하고자 하는 것은 아닌지 의심스럽다. 즉 몇 가지 피상적인 개선을 통해 불공정한 사회질서를 그대로 유지하려 하거나, 혹은 반대로 사회로부터 모든 자유를 박탈하고, 사회에 잘 봉사하는 것이라는 구실 아래 사회를 예속시키는 사회의 국가적 질서를 세우고자 하는 것이 아닌지 의심스럽다. 그러나 모든 진영은 사회보장을 그들 정치의 분명한 목표로 삼는 데, 자신들의 실패나 성공을 가늠하는 공동의 기준으로 삼는 데 동의한다. 그러한 사회적 임무를 천명하는 것은 공화주의의 증서 같은 것이어서 민주주의 공화국이 모든 기준과 스스로 거리를 두는 가장 극단적인 단체들만이 그것을 무시한다.

이리하여 사회보장은 자신을 대상으로 삼는 합의 안에서만 분열된다. 그렇다면 이 합의를 구성하는 것은 무엇인가? 이 합의는 무엇에서 기인하는가? 이 합의는 어떻게 나타났는가? 만약 모든 사람 또는 거의 모든 사람이 '사회보장을 실행하는 데' 동의한다면, 그것은 아마도 단순히 사회보장이 없기 때문이라고 할 수 있을 것이다. 그러나 무엇과 비교해서 이러한 결핍을 측정할 수 있는가? 그것은 무엇으로 이루어져 있는가? 그리고 특히 그것은 어떻게 해서 우리의 정치 체제 안에서 그처럼 특별히 문제가 되는가? 그것은 우리 정치 체제의 운명과 단단히 결부되어 있다. 그렇다면 그것은 도대체 어떻게 우리 정치 체제의 역사와 연결되어 있는가?

우리는 '사회보장을 실행할' 필요성이 계몽주의 시대에 만들어진 공화주의의 이상과 처음으로 실행된 민주주의 형태가 마주친 순간에, 즉 1848년 혁명 직후에 등장했다는 것을 보여주려 노력할 것이다. 그리고 이때 공화주의의 이상 안에 포함된 모든 확신과 약속들이 **사회보장 문제**라는 하나의 문제 때문에 무효화되고 환상인 것처럼 여겨지게 되었다. 공화국의 생존은 명시적으로 이 문제의 해결에 달려 있었다.

1848년의 이날까지 공화국은 실제로 사회 생활의 문제들에 대한 포괄적인 대답처럼 나타난다. 좌파에는 공화국의 적이 없고, 우파에서 공화국과 대립하는 사람들은 약간 잔존 세력의 형태로 신권을 가진 권력의 정당성과 인민 전체의 주권을 제한하는 것을 지지하는 사람들이다. 따라서 공화국의 예언자들의 진영에서는 권력에 대한 부당하고 불합리한 형태의 정당화를 지속하는 것을 통해서만 시테의 질서 안의 문제가 발생하며, 발생할 수 있다고 생각한다. 이러한 부당하고 불합리한 정당화의 지속은 사라질 운명에 있는 억압과 부조화의 형태들을 사회 속에 유지시켜 준다. 아마도 공화국은 1789년 혁명 때 처음 수그러졌지만 그것은 극심한 불운의 탓으로 돌려질 것이며, 그래서 이상은 손상되지 않은 채 남는다. 뿐만 아니라 그것은 19세기 전반기 동안 잇달아 생겨난 혼종 체제들이 제공하는 뚜렷한 불안정성을 직면하고 강화된다. 그러한 불안정성은 이 체제들이 공화국의 전진을 막기 위해서만 존재한다는 것을 잘 보여준다. 공화국의 전진은 사실 앞 세기에 열린 혁명의 시대를 마감할 단 하나의 진정한 수단을 구성한다.

반대로 1848년의 그날 이후에 공화국은 더 이상 하나의 대답이 아닌 하나의 문제처럼 보이게 된다. 즉 해결책이라기보다는 오히려 도전해야 할 것이 되었다. 1789년의 대혁명이 대혁명의 가혹함 자체가 부분적으로 혁명의 실현을 제거하지만 공화주의 이상의 힘을 피할 수는 없는 썰물에 이은 밀물 같은 반작용——즉각적인 반작용의 지지점——을 유발할 정도로 노선을 급진화시키면서 유지한 운동이라는 인상, 미완의 도약이라는 인상을 남긴 만큼 1848년의 혁명은 곧 내부적 마비라는 이미지, 잘 규정된 적에 의한 제압이라기보다는 자기 파괴를 유발시키는 그 자체로 폐쇄된 과정이라는 이미지, 공화주의적 확신의 회복보다는 공화주의적 주제 내부의 분열이라는 이미지를 갖게 된다. 그 사건이 있은 후부터 사람들은 공화국에 대해 '사회보장 문제'라고 하는 병이 심장에까지 다다른 허약한 존재를 대하듯 말하기 시작했다. 사회보장 문제와 그 해결 방법에 대한 몇몇 소책자를 만들면서 경험을 쌓지 않은 제3공화국의 정치인은 거의 없다. 그리고 그때부터 해답들은 자기들끼리 서로 추가되고, 서로 비판하고, 서로 호명한다. 사람들은 해답들간의 너무나 긴 싸움 때문에 어떤 점에서는 문제가 무엇인지를 잊어버렸다.

따라서 우리 사회에서 '사회보장을 실행하는 것'이 왜 필요한지 이해하려고 한다면 우선, 공화국이 가상의 위치를 잃어버린 후에 공화국의 실제적 역사를 여는 질문처럼 사회보장이 나타나는 이 순간 이 사건에 대해 알아보아야 한다. 우리가 세울 가설은 1848년의 혁명이 공화국에게는 **원초적 상흔 형태의 시작**을 구성한다는 것이다.[1] 그리고 공화국의 운명을 떠나지 않고 명령하는 이 사회보장 문제의 용어들을 다시 파악하고자 한다면, 1848년에 있었던 폭로의 작업을 재검토해야 한다.

1. 주권의 막다른 길

1848년 혁명으로 생긴 첫번째 환멸 효과는 이론의 여지없이 공화국의 중심 개념, 즉 모든 사람의 평등한 주권 개념과 관계된 것이다. 이 개념은 주권이 단지 한 사람, 혹은 사회의 소수에게만 인정되고 있었던 때까지 지배해 왔던 인위적인(따라서 불안정한) 질서를 사회의 자연적인(따라서 안정적인) 질서로 대체하게 되어 있는 것이다.[2]

---

1) 우리는 이 신화적 사건 속에 내린 닻으로부터 우리 사회의 실제 역사를 분리시킬 가능성을 프랑스 혁명에 대한 프랑수아 퓌레의 훌륭한 증명에서 얻는다. 정치 세력들이 스스로를 대변하려 하고, 위대한 혁명적 태도라는 명성으로 그들의 당파적 진실을 장식하고자 하는 것은, 아마도 이 사건과 관계해서일 것이다. 그러나 그렇다고 해서 모든 것이 거기서 생겨났다는 증거는 아니다. 정반대로 우리는 이 기회에 정치적 이상들이 어떤 면에서는 사회에 대한 모든 의무적인 고려에서 벗어나서, 사회의 민주주의적 표현과의 모든 진정한 대결의 부재 속에서 근거 없는 표상을 제공받았기 때문이라고 할 수 있을 것이다. 바로 그런 이유에서 정치적 이상들은 희화화될 정도로 펼쳐질 수 있었으며, '공포 정치' '반동의 음모'에 대해 서로 제공했던 바로 그런 희화화를 먹고 살 수 있었던 것이다. cf. François Furet, 《프랑스 혁명을 생각하다 Penser la Révolution française》, Gallimard, 1979.

분명 보통선거의 원칙은 1793년에 이미 공표되었다. 그러나 그 당시에는 전혀 시행되지 못했다. 1793년이 남겨 놓은 이미지는 최초의 민주주의 이미지가 아니라 공포 정치의 이미지이다. 그리고 그것은 19세기 전반기 동안 내내 공화주의에 대항하는 입헌군주주의 지지자들의 주요한 정치적 논거가 된다. 이 경험을 이유로 루이 기조나 벵자맹 콩스탕 같은 사람들은 극빈 계층에까지 정치적 능력을 확대하기를 거부한다. 왜냐하면 지켜야 할 아무런 소유권도 없고 권리를 행사할 여유도 없는 이들에게 이 능력을 부여하는 것은 공포 정치의 예가 보여주는 것처럼 몸 하나만을 믿고 살아가는 사람들의 정신 속에 정치적 환상을 불어넣고, 힘든 노동을 기피하게 하는 우민 정치를 초래할 수밖에 없기 때문이라고 그들은 말한다. 결과적으로 그것은 자신이 전복시킨 전제 정치만큼 자의적이면서 그보다 훨씬 더 무서운 전제 정치를 세우게 된다. 이렇게 모든 사람들에게 무분별하게 확대된 주권 개념의 종착점이 공포 정치라고 지적하면서, 자유입헌주의자들은 혁명의 정치적 정신을 거부하고 혁명에서 얻은 시민적 성과물——노동과 상업의 자유——을 독점할 수 있었다. 그들은 제헌의회의 사려 깊은 너그러움은 자신들의 것이라 주장하고, 공화국을 국민의회의 방자한 행동 탓으로 돌렸다.[3]

---

2) 1789년과 1917년의 혁명에 대한 산더미 같은 책들과 비교해 보면 1848년의 혁명에 대한 글은 빈약하다. 우리는 1968년 칼만 레비 출판사에서 나온 루이 지라르의 《제2공화국 La Deuxième république》 속에서 이 사건들에 대한 고전적인 이야기를 찾아볼 수 있다. 이보다 훨씬 더 통찰력 있는 연구는 모리스 아귈롱, 《공화국의 수습기 L'Apprentissage de la République》, Seuil, 1973에 있다. 같은 작가의 《1848년 2월 Les Quarante-huitards》, coll. 〈Archives〉, Gallimard, 1975도 있다. 2월과 6월의 사건들에 대한 매우 감정적인 소개는 조르주 뒤보, 《1848》, coll. 〈Idées〉, Gallimard, 1965에서 이루어진 바 있다.

3) 이런 경향에 대한 가장 의미 있는 텍스트는 《공포 정치의 결과 Les Effets de la Terreur》에 대한 벵자맹 콩스탕의 것이다.

따라서 공화주의자들에게 있어서 문제는 독재적인 결말을 갖게 된 그들의 이상을 명예회복시키는 것이었으며, 당파의 분열 속에서도 민주주의의 정신은 손상되지 않고 있음을 증명하는 것이었고, 반작용으로 행해진 압력을 이유로 내세우면서 공포 정치를 변호하는 것이었다. 바로 이러한 식으로 1840년부터 라마르틴 · 루이 블랑 · 뷔세와 루 · 에스키로스, 그리고 특히 미슐레의 역사적 작품들과 함께 혁명에 대한 온갖 변명들이 펼쳐진다.[4] 그들 모두는 내부의 음모자들과 외부의 공모자들의 동맹력 앞에서, 공포 정치가 전혀 어떤 통치 체계가 아니라 국가적 도약의 방법이었다는 것을 근본적으로 옹호한다. 왜냐하면 그것에 의존해야만 했던 사람들은 그것 때문에 죽을 위험——거의 항상 그렇게 되었다——이 있었기 때문이다. 이 비극적 운명은 역설적으로 그들의 근본적인 정치적 결백의 증거일지도 모른다. 따라서 공포 정치는 어떤 체계의 결과가 아니라 어떤 정세, 그것도 피할 수 없는 정세의 결과였을 것이다. "제1공화국은 자신을 태어나게 한 자유의 모태를 찢는다. 그것은 막 태어나는 아이가 자기 어머니의 모태를 찢는 것만큼이나 숙명적인 것이다."[5] 국민의회 의원들의 원칙의 순수성은 의심받을 수 없을 것이다. 그들은 보통선거를 공표했지만 오직 상황이, 그후에는 반작용이 그것의 실현을 막았던 것이다.

이렇게 정도를 넘은 적대감이 혁명 운동에 부과했던 터무니없는 왜곡 아래에서 의도의 순수성을 재심함으로써 새로운 힘을 얻은 공화

---

4) Lamartine, 《지롱드당의 역사 *Histoire des Girondins*》; Buchez et Roux, 《혁명의 의회 역사 *Histoire parlementaire de la Révolution*》; Esquiros, 《산악당의 역사 *Histoire des Montagnards*》; Michelet, 《프랑스 혁명사 *La Révolution française*》, Louis Blanc, 《프랑스 혁명 *La Révolution française*》.

5) Louis Blanc, *op. cit.*

주의자들은 공포 정치의 기억이 자신들에게 가했던 의심을 그러한 비난을 했던 사람들에게 되돌려 놓음으로써 공세를 취할 수 있었다. 루이 필리프 시대의 사람들이 공포 정치에 대해, 공포 정치가 공화주의의 이상에 가한 결정적 편견에 대해 강조하는 것은 본질적으로 권력의 정당성에 관한 결정적 선택을 배척하는 것만을 목표로 삼고 있다. 토지세 납부 기술에 의해 선거권을 제한하는 것이 루이 필리프 치하에서는 결과적으로 시민권의 제한을 동반하게 되는 만큼 이런 비난은 더욱더 구체화된다. 특히 공화주의자들의 모임을 겨냥하고 있지만 간접적으로 노동자 단체들에도 타격을 준 1834년의 법 이후 결사의 권리는 가장 엄격하게 제한된다. 따라서 사회의 최하위 계층에까지 정치적 능력을 확대하는 것에 그처럼 신중을 기하는 것의 유일한 목적은, 그들이 자신들의 노동력을 연합하고 조직화하지 못하는 상태를 유지시키는 것이다. 민중의 방자한 행동들에 맞서 권리의 원칙을 수호하고자 하는 의도를 그토록 충분히 나타내는 것은 단지 권리의 제한적 사용을 위한 알리바이일 뿐이다. 이것은 실제적인 지배를 신분과 땅보다는 새로운 귀족·금융·산업으로 덮어 감추는 자유주의의 가면이다. 그것은 자신의 특권을 보호하는 데 있어서 이전 것만큼이나 지독하다.

한편으로는 정치적 주권에, 다른 한편으로는 사회 안의 자유에 가해진 제한은, 그러므로 한쪽을 위해 다른 한쪽을 영속시키고자 하는 사악한 일관성을 가리킨다. 한 사람의 전제 정치와 인민의 자유재량권 사이에는 특권자들의 타락하거나 위장된 형태의 지배만이 존재할 수 있을 것이다. 왕에서 인민 전체로 주권을 결정적으로 이전하는 것을 늦추는 것은, 따라서 사회를 점점 더 분리시켜 통치 불가능하게 만드는 수많은 대립의 불꽃을 사회 안에 놓아두고 불붙게 할 뿐이었다. 공화주의자들의 이러한 논리는 그 자체로 사실의 증거를 갖고 있었다. 즉 1848년까지의 모든 대립은 실제로 중앙 권력의 정당성 문제 때문에 생긴 것이었다. 그들의 사회적 기반이 어떤 것이든 적대적인 세력들은 최고 기관의 토대에 관한 그들의 선호를 나타내기 위해 이런저런 깃발 아래 모였다. 이리하여 깃발들의 대립은 정치적 영역의 모든 이슈들을 모아서 결국 오직 하나의 문제——즉 블랑키가 말한 것처럼 누가 통치자들에게 신성을 부여하는가, 교황인가 인민인가를 아는 것——로 환원시켰다.

공화주의 깃발의 승리로부터 사람들은 다른 시대의 그들의 경쟁자들의 점진적인 소멸을 통한 대립의 해결과, 그러한 사실에서 혁명과 정부 교체의 동기가 소멸되는 것을 기대할 수 있었다. 왜냐하면 방계의 왕위계승권(오를레앙주의자)이나 혼종 체제(입헌군주제)에 의존하는 것은 신권을 가진 권력에서 인민 전체의 주권으로의 피할 수 없는 이전에 제동을 거는 시도가 아니라면 무엇이었는가? 인민 주권의 승리를 통해 마침내 이 모든 소용돌이에 마침표를 찍게 될 새로운 체제의 느린 탄생이 아니라면 정부의 불안정성에 대한, 지난 반세기의 혼란스러운 역사에 대한 다른 어떤 원인을 찾을 것인가?

모든 것이 실제로 선언의 행복감과 위원회의 열광적인 설치에서 시작된다. 보통선거는 2월의 성공적인 봉기가 있은 다음날에 공포되었다. 그리고 임시정부는 공화주의 정신에 부합하는 사람들의 입후보를 선동할 책임을 맡은 공화국의 위원들을 각 지역에 보내면서 즉시 제헌의회 선거를 조직한다. 선거는 4월 23일 행해졌고, 의회는 5월 4일 팔레 부르봉의 회랑 아래에서 소집됐다. 의회는 공포 정치를 재현할 의도를 갖고 있지 않음을 증명하고자 하는 혁명가들의 의지

덕분에 존재할 수 있었다. 그리고 소집된 의회 앞에서 파리 인민들은 의회 최초의 진정한 대표자들로 간주되는 사람들에게 열렬히 환호하며, 그리고 그렇게 공화국과 그것의 민주주의 형태에 대한 자신들의 애정을 보이며 오랫동안 행진한다. 따라서 모든 것이 '계몽'에 걸맞는 분위기 속에서 이루어진다. 그렇지만 행인들은 맨 앞자리에서 옛 국민의회 의원들의 옷을 다시 입은 코시디에르 의원의 흰 의상과 사회주의 경향을 띤 도미니크파 라므네의 흰옷이 동일한 하나의 밝은 색 안에 모인 것을 볼 수 있었다. 두 사람은 악수를 하는데, 그것은 모든 사람의 눈에 공화주의적 형태와 민중의 고통에 민감한 사회주의적 감수성의 결합을 상징하는 것으로 보였다. 그것은 전제군주의 축출 후에 마침내 실현된 박애의 이미지이다.

그렇지만 사람들은 곧 그처럼 감동적인 의식에 의해 약속된 조화 대신 냉혹한 비극이 전개되는 것을 보게 된다. 즉 선출된 의회와 파리 인민들——이들 덕분에 의회의 선거가 이루어질 수 있었다——사이의 대립이 시작된다. 이 대립은 그들 모두 신용을 잃게 만들고 서로를 파괴하게 만들어, 결국은 이들의 충돌이 일어나는 동안 쌓인 환멸과 분노 때문에 독재 정치가 싹트게 된다. 고전극에서처럼 모든 것은 3막으로 연출된다.[6]

제1시기에 파리의 인민들은 5월 15일 국민의회를 점령한다. 그들은 폭동을 일으킨 폴란드의 애국자들이 학살당하고 있음을 알아내고서 의회가 이 형제 인민에 대한 프랑스의 무력 지원을 선포하도록

---

6) 1848년 봄의 드라마에 대한 상세한 이야기는 Ch. Schmitt, 《1848년 2월에서 6월까지 De février à juin 1848》, Paris, 1948을 참고하라.

만들고자 한다. 이 압력에 대한 대답으로 군중이 받은 것은 그들의 행동이 무례하고, 그들이 요구하는 해결책들이 비현실적이라는 비난과 침묵뿐이었다. 이러한 거부 때문에 화가 난 민중들은 자신들의 소망에 더 부합하는 새로운 임시정부를 선포하기 위해 시청에서 시위를 펼친다. 이 임시정부는 국민병이 도착해 상황을 장악할 때까지만 지속된다.

같은 해 6월에 제2막이 시작된다. 의회는 파리에 있는 취로사업장들에 몰려든 노동자들이 모든 시위를 주동했다는 것을 알고서 그들의 존재가 불러일으키는 위협에 대처하기 위해 취로사업장들을 없애고, 거기에 고용되었던 이들을 지방에서의 개간 사업에 배치하기로 결정한다. 파리의 노동자들은 2월의 모든 성과물을 구현하던 이 기구가 철폐되었다는 것을 알고서 변두리 지역에 방어진지를 구축하고 바리케이드를 쌓은 후 6월 23일부터 26일까지 3일간 전투를 한다. 그것은 엥겔스의 말에 의하면, 쌍방 모두 나폴레옹의 가장 큰 전투들만큼이나 많은 인원을 동원한 대단한 접전이었다. 한쪽에는 파리의 동쪽 전체에 바리케이드를 친 변두리 지역의 민중이 있었다. 그에 맞서서 국민의회는 카베냐크의 군대, 정부에 의해 무장되고 돈을 받는 젊은 노동자들로 이루어진 기동헌병대원(Garde mobile), 보다 부르주아들로 구성된 국민병(Garde nationale), 그리고 자신들의 선거의 정당성을 지키기 위해 기차를 타고 도착한 지방군을 구색을 맞추기 위해 제공받았다. 격렬했던 3일간의 전투는 수천의 사망자를 냈다. 3천여 명의 반란자들은 전투가 끝난 뒤에 즉시 처형되었고, 수천 명의 가족들은 알제리에 강제 수용된다. 반란자들에 대한 군대의 승리가 확정되었다는 것을 알고서 의회는 만장일치로 일어나 '공화국 만세(Vive la République)'라고 외쳤다.

마지막 장은 1851년 12월 2일 나폴레옹 3세의 쿠데타로 맞이하게 된 공화국의 죽음이다. 이 쿠데타는 1848년 12월 10일 이 미래의 황제가 공화국의 대통령으로 선출되면서 이미 예견된 것이다. 공화국을 무질서의 체제로 보이게 했던 이 유혈사태 후에 나폴레옹 3세는 질서의 회복을 상징했다. 황제의 권력으로 향해 가는 그의 발걸음을 의회는 거의 방해하지 않았다. 의회 구성원들은 6월의 시체들 때문에 그들 사이에서, 그리고 파리의 인민들과 돌이킬 수 없이 갈라선 상태였다. 쿠데타 다음날 겨우 몇 개의 바리케이드만이 수도인 파리 안에 쳐져 있었다. 빅토르 위고는 후에 "바리케이드는 여명 속에서 창백했다"라고 쓴다. 바리케이드에는 특히 공화국을 만들었던 사람들과 공화국이 학살하고 억류시키고 수용소로 보냈던 사람들이 빠져 있었다.

　파리의 인민과 공화국 의회 사이의 그처럼 돌이킬 수 없는 적대감의 출현은 대혁명 당시 변두리 지역의 주민과 국민의회 의원들을 결합시켰던 매우 강한 유대 관계를 생각해 볼 때 놀라운 일이다. 그 시기에 관계는 클럽들의 중개로 이루어졌다. 의회의 가장 훌륭한 웅변가들은 바로 그 클럽들로부터 호응을 얻었다. 또한 웅변가들은 그 클럽들 안에서 여론의 동향을 알아냈다. 최종적으로 유일하게 주권을 행사하는 인민의 의지인 이러한 여론의 움직임과 요구를 알지 못하는 것은 무기력이나 배신을 의미할 뿐이었다. 인민이 그의 의지를 그의 '대리인들' ——당시 사람들은 의회에 자리잡은 의원들을 그렇게 불렀다——에게 표현했던 청원서도 바로 이 클럽들에서 나왔다. 이 세 요소——클럽·의회·인민——의 연결은 혁명 메커니즘의 힘을 만들었다. 그것은 모델의 가치를 지니고 있었는데, 공화국 내에서 의견을 구분지어 주는 역할을 하는 당이라는 개념이 아직 형성되지 못했기 때문에 더욱 그러했다. 당시에 당이라는 용어는 정당성을 부여받은 형태 안에 있는 특수한 의견의 독특성이 아니라, 다만 정당성의 원칙이나 깃발에 대한 동의만을 지칭하고 있었다. 그래서 사람들은 정통왕당파, 오를레앙주의자, 보나파르티스트 또는 공화주의자가 될 수 있었다. 그러나 공화국은 오직 하나의 당, 주권 인민의 당만을 인정하고 있었다.

파리의 인민과 의회 사이에 생긴 적대감의 급속성과 잔인성은 무엇보다도 분명히 공화국을 보다 잘 무력화시키기 위해서만 공화국의 종임을 자처했던 사람들을 희생시키며 공화국을 급진화하기 위해 이 혁명 메커니즘을 재개하는 것에 모든 희망을 걸었던 사람들을 놀라게 했다. 그리고 그들의 불안감은 정확히 이 메커니즘을 저지하는 보통선거의 능력에 따라 나타나게 된다. 그들은 저명한 선임자들처럼 클럽을 열었으며, 선거가 그들을 의회로 보내기는 했지만 의회에서 소수였던 만큼 더욱 클럽에서 재능과 소신을 펼치게 되었다. 그런데 인민과 의회 사이가 벌어지고 있었으니 그들이 무엇을 할 수 있었겠는가? 그것은 그야말로 그들이 보기에 가장 적절하지 않은 것이라고 해도 인민이 표명한 요구들을 자신들이 다시 떠맡는 것이다. 왜냐하면 그들의 힘은 원칙적으로 파리 인민을 유일한 참된 주권자로 인식하는 것에서, 그리고 파리 인민의 요구를 국가의 일반 의지의 표명으로 이해하는 것에서 나오기 때문이다. 그렇지만 그들은 제헌의회를 정면으로 공격할 수는 없었다. 왜냐하면 그것이 공포 정치의 환상을 다시 부추기고 입헌군주제 지지자들의 모든 비방을 정당화시키며, 공화주의의 이상을 참혹하게 파괴할 위험이 있었기 때문이다.

우리는 혁명 지도자들의 낭패감을 이해한다. 그들은 자신들이 유일한 참된 주권자로 치켜세운 인민으로부터 부정당할 위기에 처해 있으며, 그들을 무시하는 의회에 대항하는 싸움에 인민을 끌어들일 수도 없는데다, 파리 인민의 요구와 염려를 너무 강하게 반영할 때는 의회로부터 민주주의적 자격 박탈의 위협을 받는다. 5월 15일 처음으로 의회가 그들의 명령에 따르기를 거부한 데 화가 난 군중들은 그들 중 두 사람——바르베스와 블랑키——을 시청으로 데려가 새로운 정부의 우두머리라고 선포했다. 그들은 모든 사람이 내부에서 공화주의적 규칙을 받아들이고 있으며, 외부에 있는 어떤 적도 국가를 위협하지 않는 상황에서 그러한 작전이 실패할 수밖에 없음을 잘 알았기에 비관하고서 되는 대로 내버려두었다. 블랑키는 후에 이 사건에 관해, 당시 인민과 의회 사이에서 그처럼 불안정한 위치를 차지하면서 느꼈던 불편함을 잘 말해 주는 어휘로 설명했다. "나는 어깨를 들어올리며 이 시위에 갔다. 그리고 나는 그 모든 것이 강간과 매우 흡사함을 보았다. 그리고 모든 것이 우리에게 불리한 결과를 가져올 수 있음을 알았다. 그러나 내가 거기서 어찌할 수 있었겠는가? 나는 인기를 지킬 수도 잃을 수도 있는 양자택일의 상황에 놓여 있었다. 그런데 나는 그것을 잃고자 할 수가 없었다. 그래서 나는 '시위하러 갑시다' 라고 말했다."[7] 두번째로, 노동자들이 그들의 변두리 지역으로 물러가서 바리케이드를 친 6월의 폭동이 있었다. 도대체 인민의 신임을 받고 있던 의회 의원들은 무엇을 할 수 있었는가? 그들은 반란자들을 진정시키는 말을 하러 가도록 허가해 줄 것을 의회에 요구했다. 허가는 거부되었다. 그것을 요구한 것조차 지나친 것이어서 그들은 지체 없이 투옥되었다. 인민의 주권에 대한 사상가들이

---

7) Blanqui, 《정치적 저술집 *Écrits politiques*》, rééd. Galilée, 1977.

인민과 대표자 사이의 사실상의 결별에 직면할 때마다 그들은 단지 절망적인 연설을 시작할 수 있었을 뿐이고, 옛 조상들의 넋을 불러내거나 국가의 신성한 통일, 주권의 불가분성, 특히 박애, 사회의 모든 구성원들을 하나의 몸, 하나의 의지 속에 단결시켜 줄 이 놀라운 박애를 기원할 수밖에 없었다. 그리고 그 다음날부터 무기한 감옥살이를 할 수밖에 없었다.

  우리는 이렇게 5월 15일부터 6월의 사건까지, 선출된 의회에 대한 인민의 압력에서 진정한 봉기까지, 전권으로서의 중앙 권력의 임명에서 그 권력에 대한 완전한 불신임까지 알아보았다. 의회와 인민 사이에서 보통선거는 클럽들이 만들어 주고 있었던 중개적 고리를 끊어지게 했다. 그리고 거기에서부터 엄청난 가슴졸임 속에서 정치 권력에 적용된, 모든 이의 평등한 주권 개념이 포함하고 있는 놀라운 양면성이 드러났다. 그러나 그 자신이 곧 그 희생자가 된다. 왜냐하면 선출된 의회가 권력의 자주성을 보여주기 위해서 폭동을 일으킨 노동자들의 학살을 명령할 때 의회는 동시에 공화주의의 이상에 대한 노동자들의 지지를 잃어버리기 때문이다. 그래서 의회가 이처럼 만들어 낸 질서는 사회 속에 어떤 질서가 있기를 갈망하던 모든 사람들을 안심시키기에는 충분하지 않았다. 왜냐하면 그것의 본성상 의회는 정치 권력에 사회 변화의 사명을 부여할 권리가 있다고 느끼는 인민의 압력에 노출되어 있기 때문이다. 질서를 선택했기에 의회는 이제 한 당의 질서만을 보장하는 것처럼 보인다. 그 당은 항상 변덕스런 여론의 변동에 따르는 선출된 대표들의 혼란스러운 모습이 아니라 안정된 사람의 평온한 얼굴을 한 자신의 질서를 선호하게 된다. 그렇지만 인민은 그것에 대항하여 봉기하게 되며, 이제부터는 더 이상 스스로에 의해서 외에는 대표될 수 없다고 생각하기에 이른다.

따라서 이 기념비적 사건이 주는 첫번째 교훈은 정치 권력의 새로운 토대가 겪는 극도의 허약함이다. 결국 그 기반은 국민을 대변하는 권력을 중심으로 국민을 결집시키는 데 사용되기는커녕 모든 사람에게 평등하다고 선언된 주권과 가장 다수 계급의 경제적 예속 사이의 대조를 통해 권력에 타격을 준다. 그때까지 권력으로부터 가장 소외되었던 인민의 한 분파가 여전히 자신의 목소리를 낼 수 없다면 인민 모두의 주권이라는 이 유명한 개념은 무슨 가치가 있는가? 특히 주권이 합리적인 방식으로 가장 빈곤한 사람들의 조건을 개선할 능력이 없다면 그것은 하나의 속임수이지 않은가? 바로 주로 이러한 의미에서 사회보장 문제가 규정되게 된다. 즉 공화주의 권력이 또다시 과도한 기대를 받아서 그것에 가장 애착을 보일 사람들의 파괴적인 환멸의 희생자가 되지 않기를 원한다면, 정치질서의 신뢰성과 사회질서의 안정성을 보장하기 위해서 전자의 새로운 토대와 후자의 현실 사이의 이러한 간극을 어떻게 줄일 것인가?

2. 권리의 분열

사회보장 문제는 그러므로 우선 사회 현실이 공화국의 정치적 상상계를 따라가지 못한다는 것을 확인시켜 주는 것이다. 이러한 격차는 환멸과 두려움을, 즉 이러한 정치적 주권의 확대에서 시민 조건의 합리적이고 즉각적인 변화를 기대했던 이들의 환멸과 인민**에 의한** 권력이 나머지 국민에 대한 파리 인민**의** 권력을 세우는 데 사용되지 않을까 두려워하는 이들의 두려움, 나아가 공포를 만들어 낸다. 그래서 1848년에 대한 역사적 분석은 바로 제2공화국의 실패에 있어서 이러한 감정들이 어떤 역할을 했는지에 대한 논쟁에 주로 할애된다.

제2공화국의 이러한 중심 사건에 대해, 제2공화국이 세우고자 했던 민주적 사회주의를 실현시킬 수 없었던 것에 대해, 혁명에 대한 역사 사료는 그토록 아름다운 희망을 파멸로 이끈 한쪽의 순진함과 다른 한쪽의 파렴치함의 믿을 수 없는 혼합을 보여주며 우리에게서 분노의 눈물을 뽑아낸다. 그것은 민주적 사회주의 개척자들의 한없는 서툶, 그들의 너무나 관대한 이론들의 혼동, 그들 체계의 대담함과 정치적 행보의 소심함 사이의 극적인 대조를 말해 준다. 그것은 그들의 적수들, 즉 민주주의적 형태에 활기를 불어넣던 사회주의적 희망으로부터 민주주의적 형태를 더 잘 제거하기 위해서 그 형태 속에 흘러들어온 무자비한 사람들의 뛰어난 수완을 분명히 보여준다. 따라서 한편에는 취로사업장이 인민을 자신들과 결합시켜 그곳의 노동자들을 일종의 공화주의 의회의 친위대로 만들어 줄 것이라고 믿은 이들의 순진함이 있었을 것이다. 다른 한편에는 단지 더 참되고 더 솔직하게 사회주의적인, 따라서 그들에게는 더욱 무서운 빈곤을 피하기 위해 빈곤에 대한 이 잘못된 해결책을 재정 지원하는 데 투표했던 이들의 파렴치함이 있었을 것이다. 게다가 그들은 빈곤을 통해, 이 해결책에 드는 비용의 증명을 통해 유권자들이 사회주의자들의 생각을 불신임하게 만들고자 했다. 이 두 잉크병 속에 교대로 펜을 담그면서 혁명에 관한 역사 자료는 그렇게 공화국을 독재 정치로 이끄는 비극적인 길을 서술하며, 우리에게 한쪽의 순진한 사상과 다른 한쪽의 음험한 속셈의 냉혹한 관계를 이야기해 주고 있다.[8]

이런 종류의 역사적 이야기를 따라가 보면 오직 하나의 질문이 늘

---

8) 혁명에 대한 역사 사료의 일반적 비판에 대해서는 François Furet, *op. cit.* 참고.

화제에 오르게 된다. 즉 실패는 피할 수 있는 것이었는가, 아닌가? 피할 수 있는 것이었다. 사건의 전환기마다 사람들은 우리에게 이렇게 말하는 것 같다. 만약 그때 어떤 정치인이 다른 태도를 취했다면 사건의 흐름은 바뀌었을 수도 있었을 것이라고. 우리는 결국 당시 사람들이 너무나 준비되어 있지 않았었고, 이해 관계의 저항이 너무나 컸기 때문에 실패를 피할 수 없었을 것이라고 결론짓는다. 제2공화국이 민주적 사회주의를 실현하려는 시도에서 실패했으므로 왜 그처럼 숭고한 사상이 실제로는 받아 마땅한 대접을 받지 못했는가를 자문하고, 사상의 불충분함과 이기주의의 무게에서 그 이유를 찾아야 할 것이다. 이런 실패로부터 희망의 횃불과 역사에 필요한 느림의 교훈만을 기억해야 할 것이다. 혁명적 상상계는 언제나 숙명론과 사이가 좋아서, 혁명 논리의 승리를 숙명적으로 보장해 줄 반대 급부를 기대하며 실패의 이유를 숙명론에 돌린다.

이러한 역사가 사실(史實)만을 기록한 것이 아니라는 것은 더 이상 말할 필요가 없다. 또 이러한 역사가 가능성에 도취되어 세부 사항을 보고 숙명성에 대한 확신으로 전체를 보는 두 극단——실패는 아직 구체화되지 못한 잠재성에 더 큰 힘을 부여할 뿐이므로——을 통해 사건을 지운다는 것도 더 이상 말할 필요가 없다. 우리는 **이 실패**를 하나의 사건으로 간주하고자 한다. 그것은 그 실패에 대한 설명을 찾기보다는 **그 실패가 야기한 것**을 있는 그대로 검토하고, 그 실패가 공화주의적 기획에 영향을 주고 그 기획이 간직하던 확신에 영향을 미친 방식을 검토하고자 한다는 것을 의미한다. 그런데 공화주의적 이상과 민주주의적 형태가 처음으로 서로 만나서 적어도 다음과 같은 것은 만들어 낸다. 즉 그때까지 사람들이 법에 부여했던, 그리고 사회의 공화주의적 조직화의 훌륭한 도구로 삼고 있었던 합의 능력의 분열이 그것이다. 바로 그러한 법의 분열 속에서, 거기서 파생되는 모순적인 의미 앞에서 공화주의의 희망이 처하게 되는 막다른 길에서 단순히 다소간의 선의나, 서로간의 다소간 인내의 문제가 아니라 공화국에 있어서 취약한 문제인 사회보장 문제가 발생한다.

　사회 속에 새로운 열망과 정치 안의 새로운 정당성을 결합시키고 파리 인민과 제헌의회를 결합시키는 것은 분명 1848년의 공화주의 이상에 따른 노동의 권리이다. 그 권리는 시민의 영역과 정치적 영역 사이에 즉각적인 접점을 세운다. 이러한 접점은 그것을 중심으로 합의를 이끌어 내는데 권리의 총칭적 주제는 1789년 이래로 특권에 반대해 항상 이러한 합의의 혜택을 받았다. 왜냐하면 본질적으로 1848년까지 계속된 계몽 정신에 따르면 전제 정치는 단지 권리에 대한 무시를 통해, 폭력을 통해, 사회의 자연스러운 질서를 왜곡하는 부당한 강탈을 통해서만 존재하기 때문이다. 따라서 제거된 특권과 복원된 자연적 질서는 당연히 공표된 모든 권리에 상응해야 했다. 그러기는커녕 노동에 대한 권리는 공표되자마자 파리 인민과 의회 사이에서, 공화주의적 이상과 민주주의적 형태 사이에서 공화국의 죽음을 야기할 정도의 대립을 불러오게 된다.

　파리 인민에게 있어서 이 노동의 권리에 대한 승인은 대혁명의 주요한 결과이며, 그들이 공화국을 지지하는 본질적인 이유가 된다. 이 권리가 선포되자 파리 인민은 이 권리가 즉각 실현되어 대혁명 당시 귀족들의 특권의 폐지가 가져왔던 것만큼이나 신속하고도 본질적인 생활의 개선이 있기를 기대한다. 승인된 권리는 단지 폐지된 특권일 뿐이므로 필연적으로 상황의 당연한 변화를 요구한다. 이러한 변화가 지체될 때마다 인민들은 특권자들의 음모가 반드시 그 원인이라고 생각한다. 권리의 시효가 획득된 이상 권리는 절대적이며, 권리를 구체화시키는 데 있어서 권리를 사용할 임무를 가진 사람들의 배반을 의심하는 경우를 제외하고는 지체는 없다. 2월에 임시정부가 이루어지자마자, 임시정부가 이 노동의 권리를 선포하자마자, 정부는 이 새로운 원칙을 실제로 나타내는 데 적합한 즉각적인 조치들의 실행을 강제적으로 요구하는 노동자 대표단에 의해 공격을 받게 되었다. 증언자들은 동료들의 부추김을 받은 노동자 마르슈가 어떻게 '한 시간 안에 노동의 조직을, 노동의 권리를' 요구하기 위해 라마르틴——당시의 주요한 인물이며 임시정부의 수반——의 내각에 총검을 들고 들어갔는지를 증언한다. 아마도 노동자 마르슈는 라마르틴의 달변과 그가 보여준 교훈적인 인내에 현혹되었을 것이다. 왜냐하면 몇 시간 후 나오면서 그는 다음과 같은 역사적인 말을 했기 때문이다. "인민은 공화국을 위해 3개월 동안의 빈곤을 참을 것이다." 3개월, 그것은 대략 6월의 사건에 이를 때까지 취로사업장이 지속된 기간이다.

제헌의회에게 있어서 노동의 권리는 특히 사회적 공화국에 대한 의원들의 애착을 보이기 위한 선거용 문구였다. 진지하든 진지하지 않든 그들 중 대다수는 선전 활동에 그것을 포함시켰다. 그후 그들이 강경한 입장을 취해 결국은 간단하게 이 권리를 거부하기에 이른다면, 그것은 주로 그 권리의 성급한 구체화였던 취로사업장 제도가 야기한 재정적·정치적인 심각한 결과들 때문이었다. 이 노동의 권리에 즉각적 내용을 부여할 수 있는 유일한 형식으로 인민의 압력하에서 2월말에 만들어진 취로사업장이 받아들인 인원은 매우 빠르게 증가했다. 처음에는 몇천 명이던 것이 6월에는 10만 명 이상이 되었다. 취로사업장이 야기한 무거운 재정 부담으로 인해 의원들은 유권자들 앞에서 불안정한 위치에 놓이게 되었다. 재정 적자를 줄이기 위해 임시정부는 유명한 '45상팀세'(1프랑의 세금마다 45상팀을 추가하는 것)를 정했다. 이 세금은 가장 큰 유권자층인 농민들에게 심한 타격을 주었다. 그것은 19세기 중반의 경제 공황으로 인해 가장 심각하게 타격을 입은 파리 사람들만을 위한 것이었는데, 결국은 그들에게 단지 노동의 환상만을 제공하는 것이었다.

또한 노동의 권리를 명분으로 한 파리 인민이 의회에 대해 가한 압력은 의회가 보기에 점점 더 용납할 수 없는 반민주주의적 행동의 표현 같았으며, 그 인민들 중 가장 난폭하며 가장 시민 의식이 없는 분파에 의해 저질러진 인민에 대한 불경죄처럼 보였다. 파리의 노동자들 경우에는 자신들의 노동의 권리를 인정한 유일한 제도가 붕괴되는 것은 그들의 정치적 능력을 부인하는 것이며, 정치에 당연히 들어있는 것을 실제로 사회에 포함하기를 거절하는 것, 즉 공화주의적 이상에 대한 의회의 배반이었다. 따라서 노동의 권리는 기대했던 것처럼 사회와 정치, 인민과 의회를 결합시키지는 못했다. 오히려 쌍방이 모두 공화주의의 정당한 권리를 대표한다는 확신을 가진 채 서로 대립하도록 만들었다.

1848년 6월 이후 이러한 권리의 분열과 이 분열이 공화국의 지지자들에게 준 결정적인 불편함에 대한 하나의 충격적인 예증은 1848년 가을, 이 노동의 권리를 헌법 속에 갱신하는 문제가 제기되었을 때 발생한 의회의 논쟁에서 볼 수 있다. 임시정부는 이 권리를 선포했다. 그러나 그 권리가 분열을 야기한 후에 의회가 그것을 다시 책임져야 했는가?[9]

의회 안에서 이 권리의 갱신을 지지하는 이들은 공화주의적 관용의 이상에 자신을 가장 동일시한 사람들이며, 자유적인 경향과 사회적인 경향 사이의 균형을 유지하는 것에 대해 가장 염려하는 사람들이다. 이러한 흐름의 주요 대변인은 라마르틴과 빅토르 위고이다. 대단히 서정적이고 웅변적이었을 것임을 짐작할 수 있는 그들의 연설은 모든 진영으로부터 박수를 받았다. 그러나 그들이 자신들의 제안들을 열거할 때 이르러서는 쓰라린 실패를 겪어야 했다.

그들의 주장의 본질은 소유권과 노동권 사이에 자리잡은 극단적인 적대감을 줄이고자 한 것이다. 라마르틴은 이렇게 외친다. "나는 소유를 사랑한다. 그리고 나는 '소유를 도둑질로, 총을 이념으로' 여기는 사람들에 대해서는 경멸할 뿐이다. 그러나 사회의 대다수가 재산이 전혀 없어서 생존 자체를 위협받고, 따라서 가장 기본적인 보호를 박탈당한 채 있다면 사회 안에서 소유를 어떻게 유지할 것인가? 소유는 그것이 노동과 어떤 관계 속에 들어갈 때만 모든 이에게, 특히 그것을 박탈당한 이들에게 노력에 의해 실제적으로 얻을 수 있는 보상처럼 제시될 때에만 보호되고 정당화될 수 있다. 그런데 아무런 소유도 없는 이들은 또한 일을 찾지 못할 위험에 가장 많이 처해 있다. 실직자들이 반드시 전혀 소유물이 없는 상태에 있는 것은 아닌 만큼 바로 거기에 공화국이 쉽게 다룰 수 없을 비정상성이 있다. 그들은 모든 이와 공동으로 공유 재산을 소유하며, 일반적으로 국가 재산을 소

---

9) 이 논쟁에 대한 두 권의 주요 저술이 있다. Léon Faucher, 〈국민의회에서의 노동권 Le droit au travail à l'assemblée nationale〉, Paris, 1848, 그리고 J. Garnier, 〈국민의회에서의 노동권, 이 역사적 논의에서 행해진 모든 연설 모음 Le droit au travail à l'assemblée nationale, recueil complet de tous les discours prononcés dans cette mémorable discussion〉, Paris, 1848. 또한 이 노동권 문제에 대해 룩셈부르크 회의에서 출판된 연설 선집이 있다. E. de Girardin, 〈룩셈부르크 회의의 연설들 Discours à la commission du Luxembourg〉, Paris, 1848.

유하지 않는가? 게다가 사회 속에 축적된 부는 그 안에 그들 조상들의 노동이 필연적으로 어딘가에 들어가 있다는 점에서 약간은 그들의 것이 아닌가? 그리고 그것 때문에 그들이 사회의 부에 대해 약간의 접근을 할 수 있게 만들어 줘야만 하지 않은가?" 같은 경향의 한 의원도 이러한 주장을 전개한다. 마티유 드 라 드롬은 재산도 직업도 없는 모든 이들에게 이주를 제안하는 사람들에 대한 답변에서 그전에 공동 기금으로 그들에게 돈을 지불해 줘야 하고, 그들을 추방할 경우에는 돈으로 보상해야 할 것이라고 말한다.

이러한 도덕적 서문 뒤에 정치적이거나 시민적인 의미의 호소가 이어졌다. 당시의 표현에 따르면 아주 '흥미로운' 부류의 인민이 상속인의 부재·방황, 그리고 빈곤 속에 빠지도록 내버려둔다면, 위험에 처하는 것은 바로 공화주의 헌법의 원리 자체임을 보지 못하는가? 왜냐하면 공화국이 생계 수단을 주지도 않는 사람들에게 공화국을 지키기 위해 죽으러 가라고 요구하는 공화국을 어떻게 신뢰할 수 있게 만들겠는가? 그리고 내부적인 측면에서 이 인민의 모든 분파들을 슬픈 운명에 버려두는 것이 6월의 사건이 보여준 것처럼 그들을 전복 음모에 동참하도록 만드는 것을 어떻게 피할 것인가?

이 정도까지 라마르틴과 위고의 연설은 의회에서 승리를 얻는다. 제안으로 넘어가는 일이 남아 있다. 그렇다면 소유권에 대한 존중을 유지하기 위해서, 동시에 소유권을 갖지 못하고 자신의 노동만으로 살며 일이 없을 때는 전혀 생계 수단이 없는 사회의 부분을 고려하기 위해서 어떻게 할 것인가? 그들에게 노동권의 선언을 거부할 수 없다. 그것은 바로 공화국의 일관성에 필요한 원리이기 때문이다. 그러나 한편 과도한 세금징수나 더 나쁜 것을 통해 국가가 사적 소유를 강탈할 위험을 빨리 무릅쓰는 것을 제외한다면, 이 권리를 즉각 구체화하기가 불가능하다는 것이 밝혀진다. 또한 공화국이 모든 사람의 운명을 얼마나 염려하는지를 잘 보여주기 위해서는 이 노동권의 원리를 크게 확언해야 하지만, 그것의 실제적인 적용은 공화국의 유효한 재원의 발전에 달려 있음을 분명하게 명시해야 한다고 이 연설자들은 결론짓는다.

그러자 분노의 함성이 터져 나온다. 봉기에서 벗어난 지 얼마 되지 않는 의회는 이렇게 소리친다. 도대체 실행 불가능한 권리의 선언이 무슨 소용이 있는가? 그리고 그것은 6월의 사건과 비슷한 폭동의 재발이 아니라면 무엇을 가져오겠는가? 또 더 심각한 것은, 국가의 재원에 따라 그러한 문제에 대답할 것이라고 확언하는 것은 국가의 기능에 대한 허울 좋은 원리를 제시하는 것이다. 왜냐하면 이 재원은 특성상 규정되어 있지 않으며, 원칙상 한계가 없으므로 어떠한 노력을 하더라도 언제나 의도가 나쁘다는 비난을 받을 수 있을 것이기 때문이다!

이것이 바로 6월의 사건 후에 의회에서 구성된 다수당의 연설자들이 되풀이하게 될 주장이다. 이 다수당은 라마르틴의 서정적 비약을 경계하고, 티에르나 토크빌의 말에 훨씬 더 공감한다. 6월의 봉기자들에 의해 구현된 전복에 반대하여 그들은, 민주주의에 대한 애착이 정치경제학의 법칙과 기독교 도덕률 사이의 일종의 화해를 수반하기 때문에 오늘날의 어휘로 기독-민주주의자라고 규정지을 수 있을 입장을 전개한다.

티에르가 민주주의자인가? 그는 오히려 준법주의자일 것이다. 그 때문에 그는 거의 처음부터 끝까지 그가 답파한 이 파라 많은 세기 동안 주요한 학살 지휘자의 역할을 해냈다. 그가 공화국에 가담한 것은 무엇보다 먼저 이 새로운 정당성 위에 사회적 질서를 확립하려는 그의 의지를 나타낸다. 그는 적어도 경제에 관한 한 그가 보기에는 노동권의 선언이 만들어 내는, 자유 질서 내부에 있는 '트로이의 목마'에 반대하여 자유로운 조직화를 보장하고자 한다. 그의 모든 주장은 이 노동권의 근본적으로 반자유적이고, 따라서 반민주적인 성격을 대상으로 하고 있다. 그는 여기에서 문제가 되는 것은 재산과 사람의 안전, 왕래의 자유, 상업하고 소유할 가능성과 관계된 것들과 비슷한 권리가 아니라고 주장한다. 그것은 몇몇 사람들이 주장하는 것처럼 다른 권리들을 보완하거나 견고하게 하는 부가적인 권리가 아니다. 오히려 반대로 그것은 다른 권리들을 점진적으로 파괴하는 원리를 구성한다. 그리고 그가 보기에는 그것을 증명하기 위한 긴 예시들은 전혀 필요하지 않다. 어떤 순간에 사람들이 이 권리를 요구하게 되는지를 보는 것으로 충분하다. 그것은 경제가 잘 돌아가는 때가 아니라 경제가 위기에 처해 있을 때, 재원을 지출하고 세금을 징수하기가 어느 때보다도 더 어려워 보일 때 나타난다. 따라서 그것은 사람들이 정부 자체를 노리는 것이다. 그것은 사실상 정부의 자격을 박탈하고, 자유 · 소유 · 경쟁에 반대하는 강제적 조치들을 취하기로 결정한 특정 분파의 인민이 정부를 쉽게 장악하도록 하는 것이다.

티에르의 주장은 특히 상황적이고 전술적이다. 그것은 옹건파들이 혁명가들에게 반박할 수 있는 수단을 제공해 준다. 그 주장은 본질적 문제를 제기하기보다는 가진 자들의 공포를 합리화시킨다. 아마도 각자가 자기의 입장을 갖고 있을 것이다. 그리고 논쟁을 일으키는 것이 문제라면 토크빌이 거기에 있다. 자신이 근대 사회의 돌이킬 수 없는 지평으로 간주하는 민주주의의 가능한 운명들을 매우 자세히 조사하는 토크빌은 의회가 노동권에 대한 책임을 다시 지는 경우, 이 노동권의 선언이 인도할 수 있는 특별히 위험한 두 가지 막다른 길을 알아차린다. 그러한 권리는 국가를 두 가지의 고약한 방향으로 이끌어 갈 수밖에 없다고 그는 말한다. 첫번째 가설은 이 권리를 공표한 국가가 그것의 실현을 위한 수단을 제공하고 결과적으로 기업가가 되는 것이다. 그러면 당시 겪고 있던 것과 같은 경제적 불안기의 경우, 이러한 역할이 어떻게 신속하게 국가가 프랑스의 가장 중요한 고용주, 게다가 유일한 고용주가 되도록 만드는지를 쉽게 상상할 수 있다. 국가가 점진적으로 온갖 것의 유일한 소유자가 되도록 하는 과정은 출발할 때는 선택하지 않았지만 결국은 공산주의를 세우도록 만든다. 두번째 가설은 이러한 일을 피하기 위해 국가가 직접 고용을 창출하는 것을 거부하는 것이다. 그러면 국가는 기존의 산업체로 하여금 이 권리를 지키게 하도록 애쓰겠지만 생산의 모든 영역을, 특히 가격과 임금을 매우 엄격하게 규제함으로써만 그것에 이를 수 있을 것이다. 이것은 '평등배분론자'로 취급되는 것을 분개하며 거부하는 사회주의자들에게 첫번째 안보다 더 부합하는 것 같다. 그러나 그것은 경직된 신분, 상업과 산업에 너무 해로운 결과를 미친 동업조합, 그리고 결과적으로 진지하게 직업을 찾지만 무거운 규제의 장벽에 부딪쳤던 이들에게 일자리를 제공하지 못하는 무능함을 통해 단순히 시민 생활 영역에 구체제를 다시 세우게 되는 것은 아닌가?

결론적으로 토크빌은 민주주의 체제를 위협하는 이러한 이중의 위험에서 벗어나기 위해 권리의 영역과 도덕의 영역을 엄격하게 분리시키는 것 외의 다른 해결책을 발견하지 못한다. "재능보다는 필요를 충족시킨다"고 주장하면서 노동의 권리와 사회주의는 그것들이 서로에게 제공하는 실천적인 방향이 어떤 것이든가에 '자유의 몰수'를 실행하고 '새로운 형태의 예속'을 만든다. 노동을 통한 구제를 포함한 **구제**를 권리가 아니라 하나의 '도덕적 의무'로 간주하는 것이 더 낫다. 왜냐하면 도덕을 권리로 전환하는 것은 국가를 공적 행복의 조직자로 만드는 것이며, 국가에게 다소간 신의 자리를 부여하는 것이기 때문이다. 그리고 이처럼 사회주의적 공화주의자들에게서 분명히 드러난 이러한 지나침 때문에 경제적 분야의 자유주의는 사회적 분야에서 기독교의 덕목을 재발견하게 된다.

근대적 의미에서의 전복적 입장이 그처럼 때이르게 출현한 것이 의심스럽게 느껴진다면, 그것을 납득하기 위해서는 6월의 사건 이후에 1848년 혁명의 중요한 사상가들의 변천을 따라가 보는 것으로 충분할 것이다. 그때까지 공화국의 정리론자(doctrinaire)들은 사회주의를 별로 중요시하지 않았다. 중요한 문제는 공화국이었고 인민의 정당성의 승리였다. 그들은 전제에서부터 결론에 도달하듯이 나머지는 그 위에 거저 주어지는 것이라 생각하고 있었다. 선거를 통해 그들에게 조금도 찬성하지 않는 사람들에 직면하게 되고, 의회에서는 언제나 의심의 대상이 되는 소수파로서 공화주의의 이상의 수탁자가 되기를 원하는 바르베스 · 블랑키 혹은 라스파일 같은 사람들은 제2공화국 안에서 체제의 모습을 발견하지 못한다. 그들은 그 체제의 도래를 위해 수많은 세월을 루이 필리프의 감옥에서 보냈다. 그들이 꿈꾸던 공화국은 명백하든 잠재적이든 적에게는 더 엄격하고, 진정한 친구에게는 더 우정어린 것이다. 인민으로부터 출발했으므로 공화국은 인민에게로 되돌아와야 하며, 따라서 급진화됨으로써만 실현될 수 있을 뿐이다. 그런데 그들이 매우 혼란스러움을 느끼게도, 이 급진화와 관계된 문제는 더 이상 1792년에서처럼 공화주의 원리를 주장하던 모든 이들을 규합할 수 있게 만들어 준 외국의 음모와 왕정복고 위협의 문제가 아니었다. 중심 문제는 이제 노동권의 문제이며, 이 노동의 권리가 형식적으로는 공화국을 지지하면서도 여기에 반대하는 이들에 대항하여 불가피하게 공화국에 부여하게 되는 사회주의적 내용의 문제이다. 따라서 공화국을 옹호하려는 모든 이들을 결합시키는 것이 문제가 아니라, 사회주의를 타도하기 위해 공화국을 이용하는 이들을 방해하는 것이 문제이다. 이것은 이 싸움을 누그러뜨릴 뿐인 공화주의적 용어들에 대한 순진한 애착과 단절할 것을 요구한다.

공화주의적 어휘에 대한 혁명가들의 이탈은 대통령 선거에서 명백히 사회주의적 내용을 가진 프로그램을 바탕으로 바르베스가 후보로 나서는 1848년 가을부터 나타났으며, 6월의 탄압을 인가하지 않은 당원들을 지칭하기 위해 '빨갱이(rouges)'——이 명칭은 공화국에서 처음으로 좌파에서 적들이 생기게 했다——라는 명칭을 쓰면서 나타났다. 그리고 사람들은 곧 공화국의 옛 예언자들이 그들 안에서 계몽주의 이데올로기를 먹고 살아가던 모든 것을 고발하고, 순수하지만 순진한 공화주의를 명백한 확언——사회주의가 장차 그들의 유일한 목적이라는 확언, 공화주의자들이 크게 기뻐했던 모든 과장된 말들이 보수파들에게 방패 역할을 한 속임수일 뿐이라는 확언——으로 대체하는 것을 보게 된다. 1852년 감옥에서 블랑키가 마이야르에게 쓴 편지가 그것을 증언하고 있는데, 거기서 그는 공화국과 관계되는 모든 것을 거부하고 있다. "당신은 스스로 혁명적 공화주의자라고 말합니다. 하지만 빈말만으로 만족하거나 속지 않도록 조심하시오. 바로 그것이 혁명주의자도 아니며, 아마도 공화주의자도 아닌 자들이 혁명과 공화국을 배반하고 타락시킨 자들이 쓰고자 하는 칭호요. 그들은 자신들이 축출하는 사회주의자들의 칭호에 반대하여 그것을 취하고 있소. 당신은 민주주의의 분열을 슬퍼할 것이오. 당신은 내게 나는 부르주아도, 프롤레타리아도 아니라 민주주의자입니다라고 말합니다. 그들이 바라는 모호함을 즐기는 말들을 피합시다. 바로 그런 이유에서 그들은 부르주아와 프롤레타리아라는 단어들을 금하는 것이오. 사람들은 내전의 선동자인 것처럼 그들을 거부하고 있소. 그러나 내전이 아니라면 우리가 무엇을 해야 한단 말이오? 당신은 사회주의자 혁명가요. 사회주의자가 아니고서는 혁명가일 수 없으며, 그 반대도 마찬가지요."[10]

이것은 특히 마르크스의 분석에서 이론화되고 있는데, 그에 따르면 프랑스에서 공화주의적 봉기에서 부르주아 사회의 전복으로 이행된 것은 바로 1848년이다. "1848년 2월 25일은 프랑스에 공화국을 수여했으며, 6월 25일은 대혁명을 강요했다. 그리고 6월 이후 혁명은 부르주아 사회의 전복을 의미하고 있었다."[11] 특권들과 독재주의에 대항해서 모든 시민들을 결속시키는 권리는 6월의 바리케이드 위에서 죽었다. 그날부터 그 권리는 더 이상 결속하는 것이 아니라 분열시킨다. 공화주의적 이상의 잔해 위에서 사회주의를 향해 혁명을 이끌어 가고자 하는 마르크스에 의하면, 이 사건의 교훈을 구성하는 것은 바로 이 권리의 전복적인 덕목이다. 그리고 마르크스에게 있어서 이 사실을 인식하는 것은 (신중한) 자아 비판 없이 일어나지 않는다. 1847년에 출판된 《공산당 선언》에서 그는 진정으로 혁명적인 유일한 슬로건은 임금제도의 폐지라고 주장했다. 그러나 그 책은 프랑스에서는 전혀 성공을 거두지 못했는데, 그것은 그가 보기에는 프랑

---

10) Blanqui, 〈마이야르에게 보내는 편지 Lettre à Maillard〉, in. 《혁명에 대한 기술 Écrits sur la Révolution》, p.351, Galilée, 1977.

11) Marx, 《프랑스에서의 계급 투쟁 La Lutte des classes en France》, Éd. sociales, p.1.

스에서 혁명적 운동이 약했다는 분명한 증거이다. 당시 프랑스에서 사람들은 반대로 프루동·루이 블랑 혹은 푸리에류의 이상주의적 거짓말에 열중하고 있었다. 2월 사건에서 비롯된 공화국에 대한 파리 인민의 열렬한 지지와 보통선거의 덕목에 대한 순진한 믿음은 파리 인민의 다룰 길 없는 정치적 순진함에 대한 마르크스의 생각을 강화시킬 뿐이었다. 그러나 6월의 사건들은 마르크스의 생각을 바꾸어 놓는다. 극도의 순진함 속에서도 파리의 노동자들은 노동권이라는 슬로건을 휘두르면서 부르주아 민주주의의 약점을 지적할 줄 알았다. 분명히 그들 자신은 거기에서 공화주의적 이상의 결과만을, 계몽주의 시대에서 나온 하나의 신성한 원리만을 볼 뿐이었다. 그러나 이 슬로건의 전복적인 가치를 포착하기 위해서는 바로 민주주의 한복판에서 이 슬로건이 부추기는 반응을 보는 것으로 충분하다. "노동권 뒤에는 자본에 대한 권력, 생산 수단의 전유, 연합된 노동 계급에 생산 수단이 종속됨, 즉 임금제도의 폐지, 자본의 폐지, 그리고 그것들의 상호 관계의 폐지가 있다. 노동권 뒤에는 6월의 봉기가 있다. 사실 혁명적 프롤레타리아를 불법적인 것으로 만든 제헌 의회는 법들의 법인 헌법의 한 구절을 원칙적으로 기각할 수밖에 없었으며, '노동권'을 맹렬히 비난할 수밖에 없었다."[12]

3. 사회보장의 부재

사회보장 문제는 그러므로 단순히 공화국의 정치적 이상에 비해

---

12) Marx, *op. cit.*, p.81.

사회 현실이 따라오지 못한다는 사실보다는 공화국의 전형적인 도구를 구성하는 것——권리의 언어——의 내적인 모순을 드러낸다. 이 언어는 소수의 특권층에 반대하여 인민과 깨우친 엘리트를 모으고 집결시켜야 했다. 그러기는커녕 그것은 그 명목하에 정부로 하여금 자신들의 평등주의적 관점에 따라 사회를 재조직하라고 명하는 이들과 국가의 침해에 반대하여, 일종의 대중의 독재에 반대하여 개인의 자유와 사회의 자율성을 수호하는 데 그것을 사용하려는 이들을 돌이킬 수 없을 정도로 분열시키고 대립시킨다. 그러나 만약 이러한 모순이 결정적으로 공화주의적 기획에 영향을 주게 된다면 그것은 더욱 심각하게도 그 모순이, 모든 이의 의지로부터 유추될 수 있고 각자의 자유를 존중할 수 있을 사회 계약에 기반을 둔 사회에 대한 루소의 모델을 불신하면서 사회 생활의 문제에 대한 공화주의의 답변을 무효화시키기 때문이다.

만약 권리가 그때까지는 모든 사회 문제에 대한 놀라운 조정자로 여겨질 수 있었다면, 그것은 이 권리가 사회의 톱니바퀴들이 자연스러운 기능을 되찾도록 해주기 위해 톱니바퀴들에 삽입된 인공물의 효과를 과도한 특권을 가지고서 제거해 버린 조화로운 사회라는 긍정적인 모델을——암시적으로나 명시적으로나——지칭하기 때문이다. 한 사람의 전횡을 모든 이의 주권이 대신하게 되고, 권리가 점진적으로 특권들을 제압하게 되는 것과 마찬가지로 모든 이의 의지에 기초한 자유롭게 계약된 사회질서가 숙명과 예속의 질서를 대체하는 것을 보게 될 것이다. 1848년의 공화주의 사상을 북돋우는 두 노선들, 즉 '민주주의 노선'과 '사회주의 노선'의 기초가 되는 것은 언제나 사회 계약에 대한 루소의 모델이다. 그리고 바로 그것이 1848년의 혁명주의자들이 선호하는 문구에 따르자면 "공화국은 민주주의적·사회적이 될 것이며, 그렇지 않으면 공화국이 아닐 것이다"라는 계획을 세우도록 그들을 결합시켜 주었던 것이다.

1848년의 공화주의자들 중의 민주주의 분파——르드뤼 롤랭이나 가르니에 파제스 같은 사람들로 대표된다——는 정치에 대한 루소 사상의 직접적인 연장선상에 자리잡고 있다. 그들이 보기에 유일한 문제는 권력의 실제 현실이 아니라 권력의 토대이다. 그리고 권력의 행정 수단은 새로운 양식의 정당성으로부터 논리적으로 추론되어야 할 것이다. 르드뤼 롤랭의 사상은 처음부터 끝까지 법률적이다. 즉 결사의 권리는 클럽과 점점 더 직접적인 민주주의의 발전을 용이하게 하면서 정치적 영역뿐 아니라, 노동의 새로운 조직화를 가능하게 하면서 시민적 영역에서도 유익한 효과를 발휘할 것임에 틀림없다는 것이다.

아마도 자유주의적 비판이 이미 루소의 사상을 심하게 공격했을 것이다. 특히 벵자맹 콩스탕은 루소가 사회 계약 이론에서 국가의 문제를 회피하는 데 이용한 위험한 방식들에 대해 강조했다. 만인의 주권은 사회의 각 구성원들에 대한 무제한적인 지배력을 국가에 부여하고, 사실상 개인의 자유를 부인하게 된다고 콩스탕은 지적하고 있다. 그러한 새로운 형태의 독재주의를 불가능하게 할 형식적인 미봉책을 찾으면서 루소는 주권이란 양도되어서도, 위임되어서도, 대표되어서도 안 된다고 선언했다. 그러나 바로 그것은 루소가 선언했었던 원리 자체를 무효화시키는 것이라고 벵자맹 콩스탕은 말한다. 그러한 모순에서 벗어나기 위해서는 콩스탕은 국가의 역할을 재산과 개인의 안전을 지키는 데에만, 그의 표현을 따르자면 '사회의 안녕'을 보장하는 데만 제한하는 것 외에는 다른 해결책이 없다고 본다. 그래서 사회는 사회에 생기를 불어넣는 상업 덕분에 번영할 수 있다. 거기에 "계몽의 획득과 판단의 정확성에 필수 불가결한 여가를 가진 이들에게만 정치적 능력을 주는 것이 추가되었다. 소유만이 이러한 여가를 주고, 사람들이 정치적 권리를 사용할 수 있도록 해준다."[13] 바로 이러한 비판의 부정적 속성과 이 비판이 공화국의 적들을 정당화시킬 수 있다는 점 때문에 그는 공화주의자들 속에 끼이지 못한 것이다. 공화주의자들은 19세기 중엽까지 사회질서의 계약적 수립이라는 자신들의 원대한 계획을 위해 국가의 문제를 얼버무리려 노력했다.

사회주의적이고 공상적인 1848년 2월 혁명 사상의 또 다른 분파는 먼저 루소주의의 노선과 매우 분명하게 구분된다. 19세기 전반기의 사회주의 사상가들은 공상적인데, 왜냐하면 그들은 골수 공화주의자들이 소중히 여기는 일반 의지라는 정치적 주제를 우선적으로 거부하기 때문이다. 그러나 그들이 보기에 그러한 거부는 신중함과 현실주의의 표시이며, 많은 것을 약속했고 많이 실망시킨 장르에 대한 불신의 표시이다. 이 장르는 사회를 완전히 변화시키려 했지만 사회의 실제적 메커니즘이나 심층적 원동력은 전혀 모른 채 사회의 겉모습과 사회가 반영되고 분열되는 기호들만을 안다. 왜냐하면 그들이 보기에 사회는 경제이기 때문이다. 그런데 경제에 대해 공화국 사상가들의 스승인 루소는 한마디도 하지 않는다. 따라서 이 학문을 설파했던 사람들을 향해 몸을 돌리는 것이 더 낫다. 정치경제학의 주창자들은 국민의 부와 사회의 도덕을 동시에 만족시킬 만한 상업과 생산의 자유화를 통해 사회의 합리적인 국가를 창조하는 것을 계획

---

13) B. Constant, 《모든 대표 정부에, 특히 프랑스의 현행 헌법에 적용될 수 있는 정치의 원리들 Principes de politique applicables à tous les gouverments représentatifs et particulièrement à la Constitution actuelle de la France》, 1815, chap. VII.

했었다. 그런데 냉혹한 경쟁에 의해 19세기초에 야기된 공황과 빈곤의 광경은 이 사상이 처음부터 자연스러운 것이라 여겼던 경제적 법칙과 도덕률 사이의 연관 관계를 파열시켰다 '부르주아'를 포함한 대부분의 관찰자들처럼 사회주의자들은 경제가 다소간 사회를 망쳤음을 확인한다. 경제의 법칙들은 내적인 일관성을 갖고 있지만 그것들의 적용은 사회 자체의 일관성을 파괴하는 것처럼 보인다. 따라서 공상적 사회주의자들은 다음과 같이 말하게 된다. 이처럼 사회의 본질을 비켜 가고, 사회의 관계들을 너무나 위험하게 분열시킨다는 것은 정치경제학이 사회의 법칙들을 모른다는 것이다. 따라서 경제 이론의 구성 순서를 전복시키고, 사회적 관계들을 지배하는 법칙들로부터 출발해 건강한 경제의 규범들을 끌어내야 한다.

그렇다면 이 유명한 사회의 법칙들은 무엇인가? 어디에서 사회주의자들은 그 비밀을 찾을 것인가? 그들은 주권과 같은 추상적인 원리보다는 사람들의 구체적인 조화를 기반으로 사람들을 결합시키고, 상징적인 허구를 중심으로 해서가 아니라 하나의 실증적인 협약을 통해 사람들을 연결시키고자 한다. 그러나 이 협약의 내재적 가치와 각자가 그것에서 얻게 될 이익을 강조하면서, 따라서 개인의 의지에 기대면서 이 협약을 이용하는 것 외에는 협약을 이용할 다른 방법이 없다. 사람들은 개인에게 그의 존재를 조이는 예속——그가 가난하든 부유하든——에 맞서 그의 자유를 위해, 그의 발전을 위해 이 협약의 장점들을 제시할 것이다. 자발적인 사회 계약에 대한 루소 모델의 흔적은 사회주의 사상 어디에나 있어서 이 시기의 사회주의자들이 쓴 저술들을 오랫동안 뒤질 필요가 전혀 없다. 사람들이 자신에게 가장 적합한 자리를 찾기 위해 어떻게 하는가에 대해 별로 명확히 설명하지 않는 생시몽을 제외하고, 이 시기의 저자들은 모두 루소의 모델을 다가올 사회적 · 경제적 질서의 기반으로 삼고 대부분 간접적으로 찬사를 보낸다. 카베는 자신의 《이카리아 여행》에서, 인간 관계의 참되고 자연적인 질서 위에 기반하고 있기 때문에 불변하는 규칙들을 가진 협약에 대한 자유로운 동의를 가정한다. 푸리에도 마찬가지이다. 다만 그는 개인들의 극도의 유동성을 이 계약에 부여하는 점이 다르다. 이러한 유동성 속에서 개인들의 자유는 가장 본질적인 것에서 가장 미세한 것에 이르는 모든 열정들을 사회적으로 연결하는 과정에서 완전히 소진되게 된다. 그리고 프루동은 긍정적인 사회를 "자유롭고 자발적으로 그들의 공통 이해 관계를 위해 연합하기로 결정한 사람들의 모임"으로 정의한다. 그래서 정치적 루소주의를 혐오한다고 말하면서 이 모든 저자들은 재발견해야 하든 발명해야 하든 사회의 자연적 질서는 존재하며, 우리는 개인들 사이의 자발적인 계약의 형식을 통해서만 이 질서에 접근할 수 있다는 확신을 통해 그들의 경제적 · 사회적 체제를 루소와 비슷한 사상적 전통에 기대어 내세운다.[14]

따라서 이러한 두 가지 노선들 모두에서 1848년의 사상가들은 사회 계약 이론에 결부되어 있다. 바로 이러한 공통의 토대 때문에 '정치가'와 '경제학자,' 민주주의자와 사회주의자가 서로를 보완할 수 있는데, 이것은 '민주주의적 · 사회적이 될 것이며, 그렇지 않으면 공화국이 아닐' 공화국의 이상을 완전히 실현하기 위해서이다. 민주주의적 사회주의를 세우려는 그들의 꿈은 정치적 질서와 시민적 질서를 **즉각적으로** 접목하고, 그것들을 서로 쇄신시킬 수 있는 가능성에

---

14) 공상적 사회주의자들이 공화주의 사상과 계약의 주제에 대해 유지했던 관계에 대해서: Eugène Fournière, 《19세기에서 사회주의 이론 *Les Théories socialistes au XIXe siècle*》, Paris, 1902.

대한 믿음에 의해 좌우된다. 그래서 노동의 권리는 정치적인 획득에서 생긴다. 즉 노동의 권리는 보통선거를 가능하게 하는 조건처럼 제시된다. 왜냐하면 그것은 한 사람을 어떤 자선이 아니라 자신의 노력으로 살 수 있는 시민으로 만들기 때문이다. 자선은 원칙상 모욕적인데다 주권의 완전한 행사와는 양립될 수 없는 충성을 만드는 것이다. 그래서 결사의 권리도 그것이 시민적 획득이라면 분명한 정치적 효과를 갖는다. 왜냐하면 그것은 여론의 생성을 좌우하기 때문이다. 그 대신 공화주의적 질서는 어떠한 무질서도 더 이상 위협할 수 없을 사회적 관계의 조화에 의해 보장된다.

따라서 순전히 자발적이고 계약적인 사회의 모델은 2월 혁명의 사상 전체를 사로잡고 있다. 그리고 이것은 국가에 대한 질문의 소멸과 함께 이루어진다. 루소의 사상에서 국가는 모든 것인 동시에 아무것도 아니다. 즉 국가는 사회의 모든 권력이 집중되는 일반 의지의 결과인 동시에, 각자가 개인의 양도할 수 없는 주권의 이름으로 거부할 수 있는 기관이다. 그래서 1848년 직전에 유행한 이론들 안에는 국가에 대한 초중앙집권적 안과 완전히 무정부주의적 안이 공존할 수 있었다. 이 두 안의 구애 대상인 사람들은 국가의 역할에 대한 질문을 통해 어느 안이 더 나은지 결정내릴 수 없었다. 푸리에의 사회주의적 공동생활체(phalanstère)와 카베의 이카리아 사이의 거리는 상당하다. 한쪽에는 전적으로 개인에 기초한 프로그램이 있고, 다른 한쪽에는 행동과 의식을 만들어 낼 사명을 가진 중앙기구에 모든 것이 달려 있는 모델이 있다. 그 분야에서 순진함의 극치는 아마도 루이 블랑의 이중적인 입장일 것이다. 그는 정치에서는 자코뱅파의 이론가였고, 사회적인 면에서는 노동자들의 자유연합의 전도사였다 [15]

그런데 사회보장 문제의 근원에서 계약적 모델의 실패를 발견하도

록 만든 것은 바로 1848년에 나타난 국가의 문제이다. 국가의 문제
는 권리의 두 가지 의미가 대립하는 분열에서 나타나고, 그러한 대립
의 주요 목적을 구성한다. 임시적으로 갈등을 종결시킨 쿠데타는 그
때까지 유일한 원리들의 연속에 의해 지배된다고 믿어져 왔던 역사
안에서의 국가의 중심 역할을 갑자기 폭로한다. 혁명의 시대와 함께
열린 그 모든 역사 속에서 유일한 정복자로 나타난 것은 바로 국가
이다. 그러나 사회의 조직, 사회의 흐름에 영향을 미치는 운동, 그 운
동이 사회를 이끌어 가는 방향에 비추어 볼 때 그것은 무엇을 의미하
는가? 바로 이러한 질문과 관계하여 1848년 이후에 주요한 입장들
이 나누어진다. 즉 한쪽은 계약 개념이 정치로 확대된 것을 그러한 국
가 팽창의 원인으로 삼았고, 다른 한쪽은 반대로 그것을 국가를 상
업적으로 이해하는 것의 파괴적 효과로 본다. 그러나 모든 이들은
개인에 맞서 국가 안에 자리잡은 사회보장의 부재를 확인하고, 그것
이 공화주의 모델의 실패라고 보는 데 동의한다.

1848년의 사회에 영향을 미쳤던 분열에 대해 자문하면서, 토크
빌·프레보 파라돌·오딜롱 바로를 포함한 자유주의학파는 구체제
로 거슬러 올라가는 진화의 연장선상에서 사회를 희생시키며 국가
가 차지한 지나친 지위에서 분열의 원인을 발견하게 된다. 사회를 사
로잡았던 이 열병의 원인은 바로 더 이상 사회가 없다는 것, 국가와
개인 사이에서 더 이상 아무것도 찾아볼 수 없다는 것, 개인을 그 망
사이에 붙들어 놓을 만큼 충분히 강력한 아무런 기구도 더 이상 없다
는 것에 있다고 그들은 평가한다. 국지적으로 개인들을 결집시키고,

---

15) Cf. 《노동의 권리, 노동의 조직 Droit au travail, Organisation du travail》, Paris,
1848.

그렇게 해서 국가와 개인들 사이에 삽입되어 있던 단체들과 연합들이 해체되거나 사라졌다. 그러한 단체들의 존재의 급속한 축소, 혹은 적어도 개인들을 수용하는 그들의 능력의 급속한 축소는 개인과 국가가 직접 대면하는 관계를 만든다. 국가는 무엇으로도 보호받지 못하는 이들에게는 그토록 꿈꾸던 보호의 도구가 되며, 그러한 증가하는 권력, 대중이 부여한 확대된 권한, 재산의 안전과 상업의 용이성에 대한 권력의 위협이 두려운 이들에게는 즉각적인 두려움의 대상이 된다.

토크빌은 최초로 '구체제와 혁명' 하에서의 그러한 국가의 계속적인 성장을 강조한다. 이미 구체제하에서 명백하게 시작된 국가의 성장은 중앙집권화를 강화했으며, 행정부의 권력을 증가시켰던 혁명에 의해 가속화되었다. 토크빌이 보기에 이제부터 문제는 예전 사회관계들의 단절을 기반으로 성립된 이러한 국가의 확장이 "평등과 예속을 동시에 준비"[16]하지는 않았는가 하는 것이다. 이러한 토크빌의 분석을 참조하여 오딜롱 바로는 공화주의의 이상이 "그처럼 음산한 사회주의적 기대"[17]를 향해 범람하도록 유도했던 원인들에 대해 질문한다. 그리고 프레보 파라돌은 어떻게 해서 "마치 예전에 국가에게 모든 영혼의 구원의 책임을 물었던 것처럼 모든 이의 복지를 책임지라고 국가에게 요구하기에" 이르렀는지를 자문한다. 이 모든 자유주의 사상가들은 문제가 "적어도 나름대로의 관계 · 위계 · 전통의 영향, 가신 · 후원자 · 도시의 관계를 갖고 있던 이 오래된 사회 조직의 상실 속에" 있다는 것에 동의하고 있으며, 국가가 개인의 운명을 책

---

16) Tocqueville, 《앙시앵 레짐과 프랑스 혁명 *L'Ancien Régime et la Révolution*》, p.301-302(이 책은 1857년에 처음 출판되었다).

17) Odilon Barrot, 《지방분권 *De la décentralisation*》, 1861.

임지리라는 기대만이 그것을 대체했다는 것에 동의한다.[18] 그래서 혁명의 꿈은 사실상 모든 자유의 소멸, 사회의 모든 고유한 힘의 소멸에 다다를 위험이 크다. 다소 완화된 독재주의가 평등이라는 새로운 풍습의 대가라는 것이 드러나기 때문이다.

  예전의 사회 관계가 사라짐에 따라 자유에 대한 관심이 사라진다는 것을 확인한 자유주의자들과 보수주의자들은 모두 오직 한 사람에게 잘못이 있다고 고발하면서 지속적인 동맹을 맺는다. 그 잘못의 책임은 늦게 밝혀진 만큼 더욱 명백한 것으로 보일 뿐이다. 사회 관계의 붕괴와 그 결과로 나타나는 격변은 '루소의 잘못'이다. 그리고 19세기 후반기 내내 이 일반 의지의 전도사에 반대하는 편지들이 쉬지 않고 쏟아져 나온다. 개인을 무례한 동시에 불쌍한, 안정되지 않은 추상물로 만든 것은 바로 루소의 이론과 그것의 적용이다. 개인이 국가에 위임하고자 하는 주권의 양――그리고 이 주권은 원칙적으로 양도불가능하기 때문에 개인은 국가에게서 그것을 다시 찾아올 수 있다――에 비례해서 국가의 원천은 개인 안에서만 발견된다고 루소 이래로 수없이 되풀이되어 온 만큼 개인은 때로는 국가의 권한을 부정하며 봉기하기 때문이다. 때로는 반대로 거절하는 것이 좋지 않은 적선을 얻기 위해서 마치 거지가 부자를 공략하듯이 개인은 국가에게 "누가 너를 왕으로 세웠느냐? 너는 우리에게서 나왔고, 모든 것을 우리에게 빚지고 있다!"라고 말하며 국가를 공략하기도 한다. 국가를 부분을 부정하는 총체로 만들고, 일반 의지의 구현이라는 개념으로 국가를 형이상학적 실체의 지위로 끌어올린 사람 또한 루소이다. 일반 의지의 구현이라는 개념은 이 국가를 기반으로 사회의 재

---

18) Prévost-Paradol, 《새로운 프랑스 *La France nouvelle*》, p.368.

조직에 대한 모든 몽상들을 허용하는 것이다.

이 저명한 제네바인을 향해 사격을 가한 최초의 사람은 아마도 생 마르크 지라르댕일 것이다. 그는 1848년에 소르본대학의 문학 교수 였다. 사건의 절정기에 그는 장 자크 루소에 대한 강의를 시작하는 데, '그의 이론에서 현재 사회를 혼란시키고 있는 오류들 중 가장 심 각한 오류를 공격하는 것'을 분명한 목표로 삼았으며, '전능한 정부 라는 새로운 독트린이 어디에서 연유하는지, 개인에 대한 대단한 멸 시, 우리들 각자에게 있는 자유의 예속화가 어디에서 오는지, 결국 전체를 찬양하고 부분을 폄하하는 이런 체계가 어디에서 오는지를' 탐구하고자 한다고 천명한다.

그러나 멀리서 누구보다도 루소에 반대한 논쟁을 키워 온 사람은 바로 이폴리트 텐이다. 텐은 《현대 프랑스의 기원》이라는 거대한 작 품 한가운데에 루소의 철학에 대한 맹렬한 공격을 끼워 넣었다. 루소 의 철학과 그것에 부여된 지나친 특권 때문에 프랑스 대혁명은 서구 의 다른 나라들에서 일어난 혁명들과는 다른 길을 간다. 프랑스 혁명 가들의 행동은 네덜란드의 1579년 연맹이나 영국의 1688년 권리선 언 등의 역사적인 조약과는 조금도 비슷하지 않았다. 이 조약들은 기 존의 상황들을 승인하고 현존하는 그룹들을 인정하는, 실제 사람들 사이에서 체결된 협정들을 비준하는 것이었다. 그것들은 이미 실행 되던 권리들을 지적하고 명시하고 보장하고 보완하는 것을 사명으로 삼았다. 반대로 루소와 프랑스 혁명가들에게 있어서는 사회 계약제 도 이전에는 어떠한 권리도, 어떠한 획득된 상황도, 어떠한 구성된 사회도 존재하지 않는다. 위장된 불의와 오직 시간의 힘에 의해 정 당화된 권리의 침해가 있을 뿐이며, 자연적 질서에 부합하는 것은 아 무것도 없다. 정당한 유일한 기관은 자발적 사회 계약으로부터 탄생한 국가이다. 국가만이 이성을 구현하며, 국가는 이성이 지배하도록 하기 위해 모든 것에 영향력을 행사해야 한다. 그 점에서 루소의 말과 혁명가들의 행동은 구체제가 한 일을 연장하고 있다. 즉 그들은 지방의 모든 특이성을 쉼없이 없애고, 자발적 · 자연적 · 역사적인 모든 단체들을 불안정하게 한다. 대중들이 루소의 이론을 받아들일 준비가 되어 있었던 것은 아마도 바로 이런 군주제적 전통의 무게 때문일 것이다. 루소의 이론은 정당성의 속성을 바꿈으로써 결국 국가의 국왕적인 권력에 새로운 정당성을 부여해 줄 뿐이며, 국가가 더 높은 단계로 이행하도록 한다. 완전히 평등하고 완전히 자유로운 존재들 사이에서 맺어진 루소의 협약은 개인을 순전히 추상적인 존재로 만들고, 사회를 동일한 가치와 동일한 역할을 가진 요소들로 구성된 수학적 실체로 만든다. 그래서 그 속에서는 어떠한 불평등이나 속박도 협약을 위협하지 않는다. 한마디로 잘라 말하면 가공의 사회이다. 그래서 "계약이 체결되는 순간에 모든 현실적 협약들이 쓸모없어지게 되는 이유가 바로 그것이다. 소유 · 가족 · 교회, 그 어떠한 옛날의 제도도 새로운 국가에 대항해 권리를 주장할 수가 없다." 이러한 비현실성, 말 그대로 유토피아——영토와 영토가 창조하는 관계들을 부인하고 있으므로——의 대가는 아마도 사회의 파괴뿐인 것 같다. 그 과정의 끝에는 "빙빙 돌다가 저항할 수 없이 바람의 분별없는 힘 아래 하나의 덩어리로 구르고 마는 인간 먼지만이 남는다."[19]

제3공화국과 그것의 국가적 과잉 행위에 대항해 일어나게 될 투쟁에서 자유주의자들과 마찬가지로 전통주의자들도 이러한 분석을 수없이 재사용할 것이다. 이 분석은 다양한 형태로, 그러나 언제나 동

---

19) Taine, 《앙시앵 레짐 *L'Ancien Régime*》, t. I, p.517.

일한 확신을 가지고 반복될 것이다. 출발 지점에는 루소가, 사회에 대한 그의 증오가 있다. 그리고 모든 것을 개인에, 즉 실제적인 관계와 자발적인 거래 밖에서 생각되었기 때문에 추상적인 개인에 근거해 보려는 그의 의지가 있다. 사회의 재창조라는 터무니없는 생각은 이런 허구의 개인을 기반으로 만들어졌다. 그러한 생각은 분명히 자신이 그 설립에 기여할 수 있었던 국가라는 추상적인 유일한 실체를 바탕으로 전개된다. 국가의 권력은 더욱더 강하게 되는데, 그 이유는 국가의 새로운 설립 전에 존재했던 모든 것이 정통성이 없다는 의심을 받을 것임에 틀림없고 그것의 파괴적인 위력을 초래하기 때문이다.

제2공화국이 실패한 후 마르크스가 한 분석에서, 우리는 자유주의 학파의 분석과 동일한 출발점을 발견한다. 즉 둘 모두는 공화주의의 이데올로기가 고려하지 않은 권력인 국가를 동일하게 중요하다고 보고 있고 사회적 관계들의 해체가 있었음을 동일하게 확인했다. 그러나 그것에 대한 설명은 서로 완전히 달랐으며, 물론 근본적으로 대립되는 교훈을 이끌어 내고 있다.

마르크스에 의하면 중앙집중화도 '봉건 영주들이 고용된 관리로 바뀌게 된' 구체제에서 시작된 현상이다. 그리고 "모든 정치 혁명은 이 기계를 부수기는커녕 완벽하게 만들었을 뿐이다."[20] 나폴레옹 3세 하에서 국가는 사회에서 완전히 독립되기조차 했다. 거대한 관료 조직과 군대 조직, 다수의 관료와 다수의 군인을 가진 행정부는 "점막

---

20) 《루이 보나빠르트의 브뤼메르 18일 *Der Achtzehnte Brumaire des Louis Bo-naparte*》, Éd. sociales.

으로 프랑스 사회라는 몸을 뒤덮고 모든 구멍을 막아 버리는 하나의 끔찍한 기생체"[21]를 형성한다. 국가 권력은 너무나 자동화되어서 이제 나폴레옹 3세하에서는 "브랜디와 소시지에 매수된 술 취한 오합지졸에 의해 왕위에 오른, 외국에서 온 운좋은 떠돌이인 12월 10일 모임의 우두머리가 수반의 자리에 오르는 것"[22]만으로도 충분했다.

마르크스는 국가의 성장이 시민 사회를 조직하고 있던 관계들을 해체하는 기능을 한다고 분석했다. 마르크스가 보기에는 바로 그 점이 나폴레옹 3세의 성공을 설명해 준다. 나폴레옹 3세는 사회를 표상하는 것이 아니라, 어떤 면에서는 그 사회의 임종을 표상하기 때문이다. 이 사회는 "파편화된 소농민이라는 수적인 다수에 의해 구성된 가장 원자화된 형태이다. 아마도 소농민들이 이루고 있는 거대한 무리는 동일한 신분을 갖고 있다. 그러나 이러한 유사성은 그 외양에만 관계될 뿐이다. 내적으로 그들은 옛날에는 많은 공동체를 만들었던 다양한 관계들에 의해 더 이상 결합하지 않는다. 작은 농토를 개별적으로 경작하는 것은 어떠한 분업도, 어떠한 상호 관계도, 어떠한 사회 관계의 풍요로움도 허락하지 않기 때문에 그들을 서로 분리시킨다. 따라서 감자 자루가 감자로 가득 채워진 것과 거의 같은 방식으로 프랑스 국민 대중은 동일한 이름을 가진 사람들의 단순한 합으로 이루어진다."[23] 그래서 루이 나폴레옹이 선출될 수 있었다면 그것은 바로 어떠한 공동체도, 어떠한 국가적 관계도, 어떠한 조직도 갖지 않은 이 다수 계급이 "스스로를 표상할 수 없고, 따라서 표상되어져야 하기 때문이다." 그의 권력은 정치적 존재에 필수적인 사회

---

21) *Ibid.*
22) *Ibid.*
23) *Ibid.*

적 관계를 박탈당함으로써 실제적인 정치적 존재를 만들지 못한 이 계급의 무능의 대가이다. 그러므로 "이 계급의 대표자들은 주인처럼, 다른 계급들에 맞서 자신을 보호해 줄 절대적인 권위자처럼 나타나야 한다."[24]

그때까지는 자유주의의 주장과 일치하고 있던 마르크스의 분석은 사회 관계의 해체를 고려해야 할 때에 이르러 방향을 바꾼다. 이제 더 이상 '루소의 잘못'이 아니라 자본의 잘못이 문제이다. 토지 분할 소유는 옛날의 예속을 없앰으로써 한때는 평등 사회의 승리를 보여 주는 것 같았다. 그러나 토지의 분화는 사실 농촌을 도시와 비슷하게 만들었을 뿐이었다. 대규모 산업 체제가 결속의 힘과 노동자들의 전문 지식을 점진적으로 파괴한 것과 꼭 마찬가지로, 자유 경쟁 체제는 토지를 부르주아 자본을 위한 팽창의 장으로 만들었다. 그래서 저 당권이 곧 토지의 봉건적 예속을 대신하게 되었다. "발전하면서 불가피하게 자본에 대한 예속 상태에 빠지게 되는 토지 분할 소유는 프랑스 국민 대중을 혈거인으로 바꾸어 놓았다. 1천6백만 농민들이 동굴 같은 집에 사는데 그 대다수는 출입구가 하나밖에 없다. 부르주아의 질서는 세기초에는 국가를 성공적으로 새롭게 분할된 토지를 지키는 임무를 띤 파수병으로 만들었는데, 이제는 그것의 피와 골수를 빨아먹고는 자본이라는 연금술사의 냄비 속에 던져 버리는 흡혈귀가 되었다. 프랑스가 보유한 4백만 명의 공식적 극빈자·떠돌이·범죄자·창녀와 절망에 처한 5백만 명의 사람이 더해진다. 그들은 그들 자신이 시골에 살거나, 혹은 누더기를 걸치고 아이들과 함께 시골에서 도시로 또는 그 반대로 끊임없이 떠돌고 있다."[25] 도시에서나 시

---

24) *Ibid.*, p.127.

골에서나 자본——흡혈귀와 같은——은 사회보장의 피를 빨고 중심에서 주변으로, 주변에서 중심으로 덧없이 헤매며 여기저기 떠도는 잔해들만을 남겨둘 뿐이다. 이 잔해 같은 사람들은 점점 더 많은 사람들을 해체시킴으로써 숙명적으로 그들의 공동의 적을 향해 그들을 내던질 수밖에 없는 해체의 광경을 보는 것 외에는 다른 위안을 결코 찾지 못한다.

그리고 그들의 공동의 적은 국가일 것이다. 왜냐하면 국가가 커지고 유대가 붕괴됨에 따라 국가는 모든 기대와 비난을 집중시키기 때문이다. 그리고 한쪽을 만족시키는 동시에 다른 한쪽을 피할 수는 없으므로 "국가는 결국 모든 파괴력을 자신에게 집중시키게 될 것이다."[26] 바로 그런 이유에서 순진하게도 예전의 예속의 잔해 위에다 평등한 자유 사회를 세우려는 것은 헛된 일이라고 마르크스와 그 후계자들은 말한다. 혹은 오히려 바로 그래서 그런 사회를 세우는 것을 국가를 정복하고 파괴하는 일에 종속시켜야 한다. 국가가 사회의 파괴 원리인 자본의 수혜자인 동시에 보증인인 한은 그렇다. 1848년에 보았듯이 노동자들의 자유연합 원칙이 통용되도록 하려는 모든 시도는 사회에서 가치 있는 유일한 힘인 국가의 저항에 부딪혀 실패하게 되어 있다. 따라서 바로 국가의 정복이라는 전략적 목표에 따라 유토피아적인 말로 사회의 해체 운동을 저지하는 것이 아니라 이 해체 운동과 함께해야 하며, 이 운동의 당연한 과녁인 자본의 국가에 맞서 이 운동을 이끌어야 한다.

국가를 고려함에 있어서, 국가의 역할의 확장을 공동으로 비난하

---

25) *Ibid.*
26) *Ibid.*, p.124.

면서, 자연적이라 일컬어지는 예전의 사회 관계들의 보존이나 재건을 통해 개인의 자유에 대한 보호가 이루어진다는 생각을 하면서 자유주의자들과 전통주의자들 사이의 동맹이 생겨났다. 이러한 예전의 사회 관계들의 장점은 바로 개인들이 자신들의 욕구 충족을 국가에 일임하는 것과 국가의 지배 밑으로 들어가는 것을 막는 것이다. 마찬가지로 사회를 희생시켜서 국가가 점점 더 큰 권력을 가지는 것을 분명히 함으로써 마르크스주의는 국가를 평등 사회의 투명한 대리인으로 만들고자 꿈꾸었던 공화주의의 한 분파를 통합할 수 있었다. 마르크스주의는 국가는 사회의 조화를 위한 꿈의 도구가 아니라 그 길에 장애가 되며, 국가를 도구로 삼고 파괴하기에 앞서 정복해야 하고, 따라서 사회보장 문제는 몇몇 이상형의 선언으로 되는 것이 아니라 전략적 과정에 의해서만 해결이 된다는 것을 보여주면서 그러한 통합을 이끌어 냈다.

따라서 사회보장 문제의 핵심에서 우리는 다음의 내용을 발견하게 된다. 공화국의 설립이 이제 파괴된 옛 관계를 대체하는 사회 조직의 자유롭고 자발적인 새로운 형태의 설립과 부합하기는커녕 공화국이 전달하는 모델——사회 계약의 모델——은 국가의 역할에 대해 그것이 가진 상반되는 결과들의 영향하에서 폭발했다. 이 모델은 모든 이의 평등과 각자의 자유를 보장하고자 했고, 그러기 위해서 국가를 모든 것인 동시에 아무것도 아닌 것으로 만들었다. 이러한 모순적인 요구 앞에서 공화주의 국가는 무기력해졌고, 사회는 공화국이 집합시키고자 했던 두 가지 목표에 따라 극렬히 분열되었고 무질서해졌다, 각 개인의 자유와 모든 이의 의지에 기초하고 있는 사회 계약의 모델은 **국가의 유린에서 자유롭지만 관계들의 숙명 속에**

서 묶여 있는 사회의 모델과 자발적이지만 전체적으로 국가가 관리하는 사회의 모델 사이의 조정된 충돌로 대체되었다. 그리고 공화주의적 해법에 의해 생긴 환멸과 공포에 비례하여 경쟁적으로 확신들을 이끌어 낸 이 두 모델의 갈등으로부터 공화국에 대한 신뢰가 소진되고 사회적 무질서에 대한 해결책으로 단순한 힘을 선호하게 됨에 따라 공화국의 죽음만이 초래되었을 뿐이다.

우리는 사회보장 문제가 어떻게 출현했는지, 그것은 어떤 것인지, 그리고 왜 그것이 그토록 깊이 공화국의 운명에 영향을 주었는지를 생각해 보았다.

사회보장 문제는 공화국의 설립과 함께 나타났다. 처음으로 보통선거를 적용했을 때 모든 이에게 동등한 정치적 주권과 일부 사람들, 경제적으로는 준예속 상태에 있으면서 정치적 자격을 막 획득한 사람들의 시민적 조건의 비극적 열등함 사이의 대립이 두드러지게 되었다. 사회보장 문제는 따라서 그것의 새로운 정치적 기초에 비추어 볼 때 사회 현실의 분명한 결손을 구성했고, 공화국에 전적인 신뢰성을 주기 위해 이 결손을 메울 적절한 수단을 찾을 것을 요구했다.[27] 어떤 사람들은 그것을 인내의 문제라고 보았다. 경제 발전이 기대 가능한 모든 사회 진보를 가져올 것이기 때문이다. 다른 사람들은 그것

---

27) 사회보장 문제에 대해 이야기할 때 제3공화국의 모든 정치인들은 바로 이 대립을 참조한다. 예를 들어 이 부분의 권위자인 장 조레스의 장광설을 들어 보자. "여러분은 공화국을 만들었습니다. 그러나 그럼으로써 여러분은 우리나라의 정치, 경제적인 질서 사이에 진정한 모순을 만들었습니다. 정치적 질서에서 국민은 주권을 가집니다. 여러분은 임금 노동자를 포함해 시민 여러분으로 왕들의 의회를 만들었습니다. […] 그러나 임금 노동자가 정치적 질서에서 주권을 가진 순간에 경제적 질서에서는 일종의 노예 상태로 떨어집니다. 그래서 이 정치적 질서에서의 왕은 언제든지 거리에 내던져질 수 있습니다."(1893년 11월 11일, 하원)

을 결정의 문제로 보았다. 정치 권력은 스스로 필요한 변화를 만들기 때문이다. 그러나 사회 진보의 리듬에 대한 정치적 우파와 좌파 사이의 이런 논쟁은 사회 안에 있는 의도와 이해 관계의 체계를 강조함으로써 민주주의 틀 안에서의 사회보장 문제의 특수성이 무엇인지를 은폐하는 데 기여한다. 즉 어려움은 경제적이라기보다는 오히려 구조적인 것이다. 왜냐하면 그것은 권리의 언어가 국가에게 허용하는 정당하지만 근본적으로는 대립되는 기대들 때문에 민주적인 **국가**를 모순적인 입장에 처하게 만들기 때문이다. 그리고 권리라는 이제까지는 합의된 주제가 분열되기 때문에 공화국은 예전의 사회 관계의 잔해 위에 도래하게 될, 그리고 정치적 주권과 시민적 자유를 즉각적으로 접목하는 **사회 계약의 형식**에 의해 마침내 자연적인 조화를 발견할 수 있을 사회의 표상을, 공화국의 준거 모델을 잃어버린다.

그 대신 현재 국가를 대상으로 하는 서로 대립된 기대들의 게임이 절대로 양립할 수 없는 두 개의 모델을 정면으로 대립시킨다. 그것은 국가의 자취가 전혀 없으며, 과거의 관계들을 재건한 사회의 모델과 자발적이지만 모든 것이 국가를 통해, 국가의 정복을 통해, 국가를 바탕으로 한 사회의 재조직을 통해 이루어지는 사회의 모델이다. 바로 그 때문에 공화국은 이 문제의 해결에 자기 운명이 매여 있다고 보게 된다. 왜냐하면 1848년 민주주의와 처음으로 대면할 때까지 공화주의의 이상은 사회 생활의 문제에 대한 해결책으로 기능할 수 있었지만, 제2공화국의 실패 후에는 더 이상 해결책이 아니라 문제가 되며 심지어 수수께끼가 되었기 때문이다. 그만큼 공화국의 지지자들은 역설적인 상황 앞에 직면하게 된다. 한편으로, 실제로 공화주의자들은 기존의 사회 관계를 보장하는 법을 존중하는 지지자로 자신을 소개하며 자유주의 우파의 분노를 일으킬 만한 아무런 운동도 하지 않는다. 그러나 그들은 6월 사건을 통해, 그리고 곧 코뮌과 공산주의 조직들의 대두를 통해 이미 사람들의 태도 속에 들어 있는 사회 전복의 씨를 싹트게 하고, 따라서 공화국 안에서 새로운 옷을 입은 낡은 사회질서만을 보려 하고, 그들 자신이 사회 혁명의 필요성을 보여주고자 하는 사람들의 독설을 정당화한다. 또 다른 한편으로, 그들은 다소간 사회의 재조직에 있어서 대중의 요구에 부응한다. 그러나 그들은 자유주의자들과 전통주의자들의 공동의 거부에 부딪히게 된다. 자유주의자들과 전통주의자들은 이러한 의미의 모든 국가 개입을 국가 역할의 변질의 시초라고 보며, 개인의 권리와 자유의 보장이라는 국가의 기능을 무시하고 국민의 일부가 다른 일부에 반대해 국가를 소유하고자 하는 음험한 과정이라고 본다. 그들이 어떤 것을 하든 아무것도 안하든 내전은 마찬가지로 결국 일어나는 것 같고, 내전과 함께 공화국은 몰락하게 된다.

이러한 시초의 충격 때문에 공화국은 이전 체제와 비교해서 완전히 새로운 지평을 그리려는 생각에서 나온 확신을 모두 잃었다는 것은 말할 것도 없다. 공화국은 자신의 새로운 **기반**, 즉 사회 안의 갈등을 잠재울 수 있고 혁명의 시대를 마감할 수 있다고 여겨진, 모든 사람에게 확장된 **주권** 개념에 부여했던 신뢰가 붕괴되는 것을 보았다. 그런데 주권 개념은 유지될 수 없는 양면성을 갖고 있고 사회를 통제 불가능하게 만들기에 적합한 것처럼 보인다. 왜냐하면 그것은 정치 권력을 무한한 것으로 정의하면서, 반대로 이 권력에 대한 절대적인 거부도 허용하기 때문이다. 게다가 이 양면성은 이러한 최대한의 의미로부터 누구는 모든 것을 얻고 누구는 모든 것을 잃게 되는 사회에서 효과를 발휘한다. 공화국은 이 **권리의 언어**라는 자신의 **도구** 때문에 고통을 겪었다. 이 **언어**의 합의의 미덕은 그것이 사회 안에서의 국가의 역할에 대한 다르거나, 심지어는 반대되는 의미를 사용하자마자 사라진다. 결국 이 권리의 분열을 통해 산산조각나는 것은 공화국의 **사회적 모델**, **사회 계약**의 루소적인 도식이다. 그것은 어떤 이들에게는 유토피아적이고 다른 이들에게는 악마적인 것처럼 보인다. 사실 그것은 사회에서는 찾아볼 수 없는 일반 의지를 가정하거나 개인의 자유를 희생시켜서 국가의 도움으로 그것을 만들 것을 요구한다.

공화국의 굳건한 설립이 당면하고 있는 문제들은 따라서 공화주의적 이상을 구성하는 모순들의 균형을 맞추는 데 적합한 개념·실천·도식들을 발명해야 한발 한발 전진할 수 있는 능선에 표지를 세우는 일인 것처럼 보인다.

주권 개념이 공화국의 틀 안에서 사회를 지배할 수 있도록 만드는 데 있어서 둘 다 위험한 양극단 사이에서 진동하는 운동의 개입에 영향을 줄 수밖에 없을 때, 우선 **무엇을 명분으로** 우리는 국가의 개입을 합리화하고 국가의 권한을 보장하며 국가가 불러일으키는 두려움을 잠재울 수 있는가?

권리의 고전적인 언어가 국가를 기존 질서를 보장하기만 할 수 있거나, 당파적 이익을 위해서만 봉사할 수 있는 참을 수 없는 상황에 위치시킨다면 **어떻게** 우리는 국가의 행위를 도구화할 수 있는가? 달리 말해 정치적 조건에 비해 시민적 조건이 열등해서 고통받는 사람들에게 국가에 대한 권리는 부여하지 않는 그러한 권리를 어떻게 부여할 수 있는가?

마지막으로, 사회 계약이라는 신화적인 형식으로는 이 문제에 대한 자연적인 해결을 기대하기가 불가능해졌음을 알면서도 예전 사회 관계의 폐허를 기반으로, 국가에 대한 기대와 두려움의 작용을 사회 안에서 양립할 수 있도록 하기 위해 어떤 형식에 따라, **어떤 모델에 따라** 사회 관계의 구성을 유도할 수 있는가?

나는 이 질문들에 대한 답이 어떻게 국가의 개입에 기반을 제공하는 **연대성**(solidarité) 개념과 함께, 이러한 개입의 양태로서의 **사회법**의 기술과 함께, 집단과 개인 사이의 기대와 두려움의 체계를 사회 안에서 풀 수 있는 것으로서의 **협상**(négociation)의 형식——태초의 계약에 대한 오래된 꿈을 의례의 항구성으로 대체하는 사회 생활의 새로운 패러다임——과 함께 나타났는지를 보여주고자 한다. 그러나 특히 나는 이 개념, 이 기술, 이 과정을 중심으로 어떻게 사회의 조직화의 특수한 양식인 **사회보장**이 시민적인 것과 정치적인 것의 교차점에서——사람들이 처음에 시민적인 것과 정치적인 것의 직접적인 접목이 가능하다고 믿었던 곳에서 이 두 영역을 중개해서, 이 둘을 바탕으로 점차 그 둘의 공동 소멸을 만들어 내는 것이 될 수 있는 혼성 장르를 만들어서——구성되었는지 보여주고자 한다.

제II장

연대성의 발명

앞에서 봤듯이 사회보장 문제의 첫번째 측면은 공화국의 근본 개념, 즉 **주권** 개념에 내재해 있는 양면성이 극적으로———국가 개입의 정당한 영역을 명확히 규정하기가 불가능할 정도로———드러나는데 있다. 모든 권한(autorité)의 원천이 모두에게, 그리고 동시에 각자에게 있다고 하면서 주권은 그 결과로 국가가 모든 것을 하거나 또는 아무것도 하지 않도록 만든다.

모든 이의 주권의 구현, 일반 의지의 표현, 사회의 '공동체 나 (moi commun)'의 표명, 이 모든 것은 국가의 역할을 무제한적인 것으로 생각하게 만들고, 이러한 국가의 개념은 1848년 4월에 그랬던 것처럼 의회에 대해 인민이 압력을 가하도록 유발할 수밖에 없다. 내부로부터, 그리고 외부로부터 억압받는 자에 대한 사회 전체의 순수하고도 견고한 박애가 구체화되는 것을 제한하는 것은 주권 국민의 온순한 '사무원'에 지나지 않아야 할 자들이 꾸민 반동의 음모에 대한 환상을 키운다. 그러나 또한 동시에 주권에 대한 이러한 개념은 새로운 모습의 독재 정치가 나타나는 것을 보지 않을까 하는 두려움을 낳는다. 부유한 계급들 안에서 나타나는 국가 사회주의에 대한 강박 관념은 새로운 정치적 정당성을 통해 국가 권력에 대한 억제력이 없어졌다는 사실 때문에 더욱 커져 간다.

각 개인의 주권의 발현, 이제는 동등하게 나누어진 이 신성한 작은 부분의 발현으로서 국가 권력은 위임된 것에 지나지 않으며, 따라서 모든 이에 의해 거부될 수 있다. 만약 공화국의 공식적인 정치적 선택들이 시민들을 실망시킨다면, 시민들은 정당성을 위장할 뿐인 이러한 권력의 모든 권한을 거부하고, 그들이 보기에는 '부르주아' 공화국의 형태가 저버리는 듯한 주권을 다시 차지할 권리가 있다고 느낀다. 바로 이러한 관점에서 1848년 6월 봉기, 1871년 코뮌, 그리고 무정부-조합주의 운동에 대해 생각해야 한다. 그것들은 공식 공화국 안에서 자신들의 모습을 발견하지 못하기 때문에 공화국에 대한 모든 신뢰를 철회하고 자신들의 요구에 맞는 공화국을 세우려 기도할 것이다.

주권 개념에 대한 두 가지 대립되는 해석 사이에서 이렇게 흔들리는 것은 공화국을 무서운 것인 동시에 실망스러운 것처럼 보이게 만든다. 1848년의 역사가 바로 그러하다. 당시 제1공화국은 그것이 낳은 두려움의 결과에 의해서만큼이나 그것이 실망시킨 기대에 의해서 와해되었다. 따라서 공화국을 영속시키기 위해서는 이러한 흔들림을 억제하고 국가의 권한과 한계를 명확하게 규정하는 데 적합한 안정된 통치 원리를 발견하는 일이 문제이다.

이 문제에 대해 제3공화국의 사람들은 **연대성**이라는 개념을 만듦으로써 답했다. 이 용어는 1880년대 초기에 유포되기 시작했다. 심리학자 루이 마리옹의 논문은 이 용어를 사회 안에서의 개인의 행동을 설명하는 원리로 삼았다. 10년 뒤 에밀 뒤르켐은 《사회분업론》(1893)

에서 이 용어에 이론적인 고상함을 부여했다. 그때부터 연대성은 중앙에서든, 지방에서든 모든 공화주의적 모임에서 열광적인 반응을 얻게 된다. 그것은 개회식, 추도식, 농사공진회, 중고등학교의 상장 수여식과 같은 온갖 행사들에서 사용된다. 매번 이 용어는 연설자가 말을 마칠 때 군중이 일어나 박수치는 순간을 알려 줌으로써 공화국의 대표자들에게 너무나 소중한 서정적 고양에 반드시 필요한 시간을 제공해 주었다. 연대성이라는 용어는 또한 법학자·사회학자·역사학자들이 사용하는 학술 언어를 침범했다. 20세기초에 이 용어는 급진적 사회주의자 레옹 부르주아의 '연대주의(solidarisme)'와 함께 제3공화국이 만들어 낸 첫번째 국가철학의 중심 개념이 되기까지 한다.

공화주의가 사용하는 말에서 연대성이라는 용어가 그토록 빠르고 널리 사용되게 된 것에 대해 우리는 공화국이 당면해 온 근본적인 어려움에 비추어 볼 때 그 의미가 무엇인가, 그것은 어떤 전략적 호기에 부응했는가를 생각해 볼 수 있다. 공화주의적 이상은 자유주의와 마르크스주의라는 두 개의 거대한 경쟁 체계의 등장 앞에서 이론적 취약함을 보이고 있었다. 연대성이라는 개념은 공화국에 결핍되어 있는 듯 보이는 사회적 질서에 대한 조리 있는 이론을 가져다 줄 수 있었을까? 이러한 이데올로기적인 사용을 넘어 이 개념은 주권 개념의 양면성에 의해 제기된 어려움들을 제거해 줄 수 있었을까? 제3공화국의 '전문가'들·사회학자들·법학자들은 연대성 개념을 법의 철학에 대한 근본적인 개정을 위한 핵심적 부분으로 삼았다. 그러나 그렇게 함으로써 그들은 사회에 대해서 국가가 행사하는 특권의 문제, 이 특권을 저지할 한계의 문제를 어느 수준까지 진보시켰는가? 한마디로 잘라 말하면 어느 정도까지, 어떤 조건에서 연대성과 주권은 양립 가능한가? 왜냐하면 정치 권력의 기반은 항상 주권 위에 놓여 있기 때문이다.

1. 에밀 뒤르켕

뒤르켕과 함께 형성된 학문으로서의 사회학의 탄생에 대해, 사회성(le social)──연대성 개념, 아노미 개념과 함께──이 연구 대상으로서의 특수한 견고함을 갖는다는 것을 뒤르켕이 분명히 한 것에 대해서 사람들은 과학의 한 단계, 하나의 **발견**이라고 관례적으로 말한다. 즉 뒤르켕의 이론은 따라서 상황을 혼란스럽게 하고, 사회성을 있는 그대로 지각하는 것을 방해하던 잘못된 표상들을 점진적으로 해체시킨 결과일 것이라고 말한다. 사회성은 편견의 그늘에 가려진 채 마침내 올바로 볼 수 있는 학자의 눈을 기다렸으리라. 이러한 새로운 수단을 가지고서, 이제 실무전문가는 사회의 법칙들에 대한 마침내 실증적 지식을 이용해 사회에 대해 행동할 수 있을 것이다.

그렇지만 제3공화국에 있어서 연대성이라는 개념이 시의적절한 것이 될 수 있었던 이유들을 이해하고 싶다면, 아마도 이 개념을 보수적 입장이나 혁명적인 입장과 대립한 논쟁 속에서 태어난 하나의 **전략적 발명**으로, 그 기반과 지평에 확신을 갖지 못한 공화주의적 실천에 대한 합리화로 분석하는 편이 좋을 것이다. 이러한 이유에서 **사회성을 효과적인 허구**라고 말하는 것이 더 적절할 것이다. 사회들의 작동에 대한 이 개념의 설명력은 사회 현실을 이해 가능하게 하는 원리로서의 **개인**과 역사의 동인으로서의 **계급 투쟁**이라는 두 가지 허구와의 관계에 의해서만 가치를 가진다.[1]

제3공화국하에서 이러한 연대성 이론의 정치적인 시의성을 온전히 측정하기 위해서는 그것을 당시에 크게는 두 영역으로 서로 대치하고 있던 역학 관계 속에 재위치시켜야 한다. 한쪽에는 자유주의자들이 있다. 보수주의자들과 마찬가지로 그들은 국가의 개입을 적대시하기 때문에 보수주의자들과 연합했다. 자유주의자들은 개인의 자유로운 동기 위에 기초한 시장 경제의 이름으로 국가 개입을 거부한다. 보수주의자들은 그들이 '자연적인 것'이라 일컫는 인간 단체——가족·공동체 등——가 국가보다 오래되었다는 명목으로 국가 개입을 거부한다. 그리고 그들은 그것들이 보장하는 관계의 견고함을 사회질서의 유일한 보증이라 보고, 이 견고함을 보존하고자 한다. 내용 면에서는 한쪽이 내세우는 자유의 이상과, 다른 한쪽이 주장하는 질서에 대한 관심 사이에는 분명히 모순이 있다. 그러나 사회 문제의 해결에 있어서 국가의 개입보다는 개인적인 자발성에 우선권을 부여하고자 하는 점에서 두 진영은 일치하고 있다.

다른 한편에는 마르크스주의자들이 있다. 그들은 '부르주아' 공화국의 압제적인 성격을 고발한다는 점에서 다양한 여러 혁명적 경향들(무정부주의자·프루동주의자·블랑키주의자 등)과 결합한다. 루소의 이상에 충실한 혁명주의자들은 노동자들의 자유로운 연합 위에 세워진 자발적인 사회를 꿈꾸고, '부르주아' 국가의 강제권을 그러한 목표에 대한 방해물로 여긴다. 계급의 분석에서 출발하여 국가를 한 계급의 다른 계급에 대한 지배 기구라고 고발하는 마르크스주

---

1) 뒤르켕의 저작에 대한 정치적 독해로는 베르나르 라크루아, 《뒤르켕과 정치 Durkheim et le politique》, 몬트리올대학출판사, 1981을 참조할 수 있다. 또한 《프랑스 사회학 잡지 Revue française de sociologie》 1976년 4~6월호, 〈뒤르켕에 대하여 A propos de Durkheim〉에서 특히 피에르 번바움의 논문, 〈국가에 대한 뒤르켕의 개념 La conception durkheimienne de l'Etat〉을 참조하라.

의자들은 국가의 강제적 능력으로 사회 전체를 재조직하기 위해 권력을 탈취하고자 한다. 여기에도 물론 혁명주의자들의 계약 이데올로기와 마르크스주의자들의 독재 이론 사이에 모순이 있다. 그러나 둘 모두는 현존하는 국가의 지배에 대항하여 싸울 필요에 대해 동의하고 있다.

공화주의자들은 이러한 장치 한가운데에 있으며, 이 두 영역 각각에 있는 내부 모순을 이용함으로써 권력을 유지하고 있다. 그러나 자신들의 공화국의 속성 자체에 대한, 그것의 기반과 목표에 대한 분명한 강령이 없기 때문에 그들은 체제를 위협하는 극단적 진영들과 대결하기를 거부함으로써 부정적인 방식으로 규정될 뿐이다. 바로 이 두 진영 사이에 다리를 놓음으로써, 두 진영 사이의 상황적인 타협을 이룸으로써 급진주의자들, 특히 급진적 사회주의자들이 지배한다. "하나의 개혁은 혁명적 사회주의에게서 무기 하나를 제거하는 것이다. 개혁 없는 하루는 혁명적 사회주의에게는 하나의 기회이다"라는 말이 지배 정당에서 회자된다.[2] 그러나 자유방임주의학파에 맞서기 위해서뿐만 아니라 또한 집산주의학파를 무력화시키기 위해 시도된 이러한 개혁들은 어디로 향하고 있는가? 그들은 클럽에 참여하던 정치 집단들을 희생시키면서 동업조합적 사회 관계를 강화하기 위해 직업 노동조합을 허용했다. 마찬가지로 특히 학교를 통해 어린이를 보호하기 위해 가정에 대한 국가의 개입을 용이하게 했다. 이 두 가지 경우는 모두 서로 다른 방식으로 개인에 대한 사회적 관심을 위태롭게 하고 있다. 그러나 이러한 정치는 그런 만큼 전체적 일관성,

---

2) 이것은 특히 폴 데샤넬이 좋아한 말이다. 그는 사회주의자와 보수주의자와 같은 극단주의자들에 대항해 급진주의자들과 함께 지배 정당을 만든 '중도적 공화주의자들'의 뛰어난 대표자이다.

지속적인 기반, 지평을 가지고 있는가?

바로 이러한 질문들과 관계하여 에밀 뒤르켕의 모든 생각이 구성된 것 같다. 숙명적 질서에 대한 향수와 순수하게 자발적인 질서에 대한 몽상 사이에서 하나를 선택해야 할 것이라고 보수주의자들과 혁명주의자들은 말한다. 하지만 그러면 왜?라고 뒤르켕은 질문한다. 그리고 《사회분업론》을 통해 현대 사회의 실제적 진보라는 관점에서 이 두 개념 모두를 근거 없는 것으로 거부하려 시도한다.

뒤르켕은 사회는 자발적인 의지의 산물이 아니며, 그것은 단순히 사회가 그런 적이 없었기 때문이라고 설명한다. 왜냐하면 "어떤 사회에 들어갈 것인지 말 것인지를, 저 사회보다는 이 사회에 들어갈 것인지를 알기 위해서 사람들이 숙고하는 것을 본 적이 있는가?"[3] 뒤르켕에 의하면 루소의 뒤를 이어 거의 모든 정치철학이 그러한 전제에서부터 추론하면서 길을 잃는다. 또한 사회는 종교 담론이 성례를 통해 보호하려고 하는 원초적인, 게다가 자연적인 어떤 집합의 결과도 아니라고 그는 덧붙인다. 또는 적어도 사회는 더 이상 그러한 집합의 결과가 아니다. 왜냐하면 기초적인 형태로부터 출발해서 사회는 인구 증가와 인적·물적 교류의 확대의 영향하에서, 업무의 분화 원리와 구성의 복잡화 원리를 따라 진화했기 때문이다. 그러나 기초적인 형태에서 복잡하고 현대적인 형태로 이행하면서도 사회는 응집력을 잃지는 않았다. 사회는 단순히 조건의 유사성에 기초한 연대성의 형태에서 업무의 특수성을 증가시키지만, 또한 동시에 전체에 대한 각자의 의존성을 증가시키는 노동의 사회적 분업에 기초한 다른

---

3) Durkheim, 《사회학적 방법의 규준 Les Règles de la Méthode sociologique》, 1895, p.104. 《사회분업론》은 1893년에 출판되었다.

형태의 연대성, 즉 유기적인 연대성으로 이행한 것이다. 하나의 사회 형식에서 다른 형식으로 연대성은 속성이 변한다. 그러나 연대성은 여전히 사회를 구성하는 법칙으로 남는다. 아마도 현대 사회는 계약적 형태에 점점 더 많은 자리를 내주고 있는 것 같다. 그러나 그러한 사실로부터 이 형태가 사회의 유일한 기반이거나 기반이 되어야 한다고 연역하는 것은 오류일 것이다. 그보다는 그것이 발전하는 원인이 무엇인가를 자문하는 것이 적절하다. 주의 깊게 관찰해 보면, 그것은 개인들간의 자유로운 합의 도출을 요구하는 노동 분업의 발전으로부터 발생한다는 것을 알 수 있다. 달리 말하면 계약적 형태 아래에서, 자발적인 개인적 관계들의 골조 아래에서, 우리는 바로 모든 이의 상호 의존성이 증가한다는 사회적 사실을 보게 된다. 그러므로 개인간의 **자유 계약**보다 더 근본적인 것은 사회의 **유기적 연대성**이다.

자유로운 사회 계약의 혁명적인 이상이나, 혹은 기존의 관계들의 성스러운 숙명을 보존하자는 주장을 선택해야 할 필요가 없는 만큼 자유주의자들의 개인주의적 시각과 사회 안의 역학 관계만을 고려하는 마르크스주의자들의 시각 사이에서 어느 하나를 선택할 필요는 없다. 이미 《사회분업론》에서 뒤르켕은 그러한 이론적 대립을 반박하고 있다. 개인은 사회에 비해 이차적이므로 사회의 기초를 구성할 수도 없고, 사회에 대립할 수도 없다. 개인에 대해 사회가 우선하는 것은 '동족의' 연대성(solidarité de similitude)이 지배하던 옛날 사회에서 분명히 드러난다. 이러한 연대성은 하나의 유일한 틀에 따라 개인적 행동들을 결정하기 때문이다. 그러나 개인은 현시대에도 사회에 의해서 결정된다. 왜냐하면 개인적 정체성을 점점 더 정교하게 만드는 업무의 개별화로 인한 사회의 분류 원리 속에 사회가 있기 때

문이다. 따라서 마르크스주의자들이 희망하듯 개인을 사회에 대립시
키고자 하는 것이나, 자유주의자들의 요구처럼 개인을 사회의 기초
에 위치시키려는 것은 터무니없는 일이다.

그렇지만 개인과 사회 간의 관계에 대한 문제가 뒤르켕이 저술하
던 시기에 그토록 날카롭게 제기되었다면, 그것은 범죄와 자살 같은
단절 현상의 형태로 그 둘 사이의 대립이 점점 더 격렬하게 나타났
기 때문이다. 그런데 연대성을 사회를 구성하는 법칙으로 인정한다
면 범죄와 자살은 무엇을 의미할 수 있는가? 뒤르켕은 《자살론》에서
이렇게 설명하고 있다. 그것들은 바로 사회의 구성원에게서 나타나
는 연대성에 대한 지각 상실, '아노미,' 개인이 사회 내의 자기 자리
에 대해 갖는 표상의 실패, 사회가 개인에게 기대할 수 있는 것에 대
한 표상의 실패를 의미한다.[4] 그래서 노동자와 고용주 사이의 격렬한
대립은 충분히 명확하고 모두를 만족시킬 만한 법규의 부재, 각자가
분업에 의해 도달한 상태를 참작하여 기대할 수 있는 것의 부재에서
기인한다. 그래서 상당 부분의 자살은——이것들은 바로 뒤르켕이
'아노미적'이라 부르는 것이다——본질적으로 무제한적인 욕망을
가진 개인을 사로잡을 수 있는 절망과 관계가 있다. 개인이 정당하
게 욕망해야 할 것을 더 이상 알지 못할 때, 그는 그 결과로 모든 것
을 박탈당했다고 느끼고서 생명 자체를 스스로 박탈하기에 이르는
것이다.

따라서 사회의 병리학, 사회가 겪는 심각한 대립, 개인간의 관계의
단절은 구조의 문제라기보다는 표상의 문제일 것이다. 그렇다면 집
단의 균형을 보장하는 데 적절한 표상의 존재나 부재는 어디에서 생

---

4) Durkheim, 《자살론》, 1897.

기는가? 인간을 말 그대로 서로 연결시키는 것은 **종교적인 것**의 강함이거나 약함이라고 뒤르켕은 대답한다. 이것은 대종교들의 점진적인 소멸이 사회의 응집력을 위협하리라는 말인가? 뒤르켕에 따르면 그러한 염려는 종교 현상 자체에 대한 무지를 드러내는 것일 수 있다. 자신의 마지막 대저작인 《종교 생활의 기본 형태》에서 뒤르켕은 가장 원시적인 것을 비롯한 모든 종교적인 신앙은 순전히 "사회적 삶의 상징화된 표현"[5]이었을 뿐이라는 것을 보여주려 했다. "신성 속에는 상징적으로 변형되고 생각된 사회가 있을 뿐이다."[6] 그래서 19세기말에 종교적 학파와 세속적 학파 사이에, 교회와 국가 사이에 있었던 논쟁에서 문제는 본질적으로 종교적인 권한을 전자에서 후자로 이전시키는 것, 보다 정확히는 종교적인 것을 그 원천으로 되돌리는 것, 사회를 종교적 숭배의 대상으로 만들고 국가를 그 도구로 만드는 것일 뿐이었다. 뒤르켕의 말에 따라 '신과 사회 사이에서 선택해야' 한다면, 바로 이러한 유일하며 결정적인 이유 때문에 전자는 후자의 이상화된 표현일 뿐이었다.

뒤르켕의 저작에서 우리는 이제 어떻게 해서 공화주의적 입장을 위한 **과학적 기반**과 동시에 **그것의 정치를 위한 정당한 '빈 공간'**과 공**화주의적 국가의 역할에 대한 규정**이 나오게 되었는지를 알 수 있다.

연대성의 이론은 사회가 고유한 법칙에 따라 살고 진화함을, 따라서 사회를 옛날 상태대로 유지할 수도 없고, 정치적 의지에 따라 그 형태를 선포할 수도 없음을 입증해 준다. 이 이론은 현대 사회 안에 필연적으로 사회질서의 재건을 부르게 되는 사회질서의 위험한 해체

---

5) 《종교 생활의 기본 형태 *Les Formes élémentaires de la vie religieuse*》, Paris, 1912.

6) *Ibid.*

의 산물이 있다고 보지 않으면서 현대 사회를 이해할 수 있다는 점에서 보수적 이론들보다 우위에 있다. 또한 연대성 이론은 계약적 교환이 사회의 표현일 뿐인데도 계약적 교환을 사회의 근원으로 삼고 있는 혁명적 이론들이 결과를 원인으로 착각하고 있다는 것을 보여준다. 계약적 형태가 분업의 결과인 순간부터 사회적 생성의 법칙을 무시하는 초시간적 공산주의의 몽상을 내세우며 분업을 고발하기 위해 계약적 형태를 이용하고자 하는 것은 쓸모없으며 위험하기까지하다. 이렇게 뒤르켕은 사회의 법칙과 고유한 삶에 대한 지식에 기반한 개량주의적 공화주의 정치의 기초를 제공하고 있다.

뒤르켕의 분석은 또한 이러한 정치에서 국가 개입이 정당화되는 영역을 합리적으로 결정하게 해준다. 사회 구조의 영역이 아니라 **관계들의 표상** 영역에서 사회가 문제를 일으키는 이상 바로 그곳, 단지 그곳에만 개입할 수 있다. 만약 사회 문제가 사회 안에 존재하는 **사실의 연대성**(solidarité de fait)에 대한 개인이나 집단의 지각 상실에서 비롯된다면, 개인과 사회를 대립시키는 것은 부조리한 일이 된다. 즉 모든 문제는 실제로 사회적 관계의 양식의 문제, 그러한 지각을 전달하는 능력의 문제이지 사회의 구조 자체 문제나 개인의 본성 문제가 전혀 아니다. 그리고 이러한 올바른 지각은 사회적 관계들의 고정되고 경직된 결정에 따르는 것이 아니라 양 극단 사이의, 최대와 최소 사이의 정중심에 따른다. 개인은 사회가 너무 치밀할 때, 사회가 개인을 사회의 고유한 목적에 너무 긴밀하게 종속시킬 때 자기를 상실할 수 있다('이타적' 자살). 그러나 또한 정반대로 개인 주위의 사회적 조직이 너무 느슨해서 개인이 자신의 욕망에 대해 한계를 정하지 못하도록 할 때도 그렇게 된다('아노미적' 자살)

이러한 분석은 사회 구조에 대한 경직된 조작에 의해서나 혹은 반대로 자의적인 변형에 의해서보다는 '지나치지도 않고, 너무 모자라지도 않음'에 의해서, 사회적 관계의 조절에 의해서 통치하는 기술에 도입된다. 어떻게 이 분석 안에서 가장 경험적인 공화주의 정치의 합리화, 가장 실용적인 선택의 합리화를 보지 않겠는가? 맹목적인 것처럼 보이는 것 속에서 사실은 이 합리화를 인도하는 깊은 의미가 있다고 뒤르켕은 말하는 것 같다. 연대성에 대한 모든 지각이 사라진 곳에서 조합은 기초가 되는 동족의 연대성을 재구성한다. 그러나 이것은 직업에 제한된 연대성이며, 바로 이 연대성이 직업들 전체의 연대성과 그것들의 유기적 상호 의존성을 가장 잘 나타내 주고, 결과적으로 그것들의 대립에 대한 중재를 조직하도록 해준다. 특히 학교를 이용해 가정에 국가가 개입하는 것은 아동과 여성을 사회 전체에 연결시킨다. 그렇게 해서 이 개입은 전통적 가정의 숨 막히는 밀도를, 그리고 또한 사회적 분업의 현대적 틀 안에서 각자의 개인화 가능성에 대한 집단의 과도한 영향력을 줄여 준다. 따라서 개인의 현대적 자유와 사회의 연대성 유지는 뒤르켕의 시각과 일치할 수밖에 없다.

  마지막으로, 그리고 특히 이 이론을 통해 공화주의 국가는 자신이 한편에서는 자유주의자들이, 다른 한편에서는 혁명주의자들이 국가에게 위임한 것과는 완전히 다른 사명을 부여받았음을 알게 된다. 국가는 자유주의자들이 원하는 형식적인 구조, 사회가 자발적으로 부여받은 법칙만을 보장하는 형식적인 구조일 수가 없다. 사회를 조직하는 사실의 연대성에 대한 지각을 가장 잘 유지할 필요성에 처한 국가는 사회를 결정하는 근본적 법칙들의 보장이라는 유일한 기능을 초월한다. 그러나 바로 이 이유 때문에 사회적 관계의 양식들이 사회의 통일성과 연대성에 대한 각자의 지각을 지배한다는 점에서 국가의 개입은 사회적 관계의 양식들에 국한될 수 있으며 국한되어야 한다. 그리고 이러한 이유로 국가는 사회의 주인이 아니라 어떤 의미에서는 사회의 사제, 사회의 교회가 되어야 한다. 국가는 단지 사회의 전령이며 하인일 뿐인데도 스스로를 신——즉 우리가 앞에서 보았듯이 사회——이라 칭할 가능성이 있을지 모르지만.

2. 레옹 뒤기와 모리스 오리우

연대성이라는 주제와 함께, 특히 뒤르켕이 제공한 이론에 따라 공화국은 두 가지의 적대적인 경향——보수주의와 혁명주의——에 대해 총괄적인 응답을 제시할 수 있도록 해주는 개념적 토대를 발견했다. 이 두 경향은 공화국이 탄생부터 겪어 온 모순들 속에 공화국을 가둬두려 했다. 연대성이라는 용어 자체의 정치적 출세는 여기에서 비롯됐다. 이 용어는 건물 정면에 새겨진 글에서가 아니라면 적어도 공식적인 회담과 공적인 회의에서 박애라는 말을 대신하기에 이르렀다. 1891년 푸르미(Fourmies) 학살[7] 이후에 박애는 입 밖에 내기 어려운 단어가 되었다. 공화국이 박애를 그런 유의 극단에까지 밀고 간 것을 이상하다고 생각하는 이들의 조롱을 피하는 것이 나았던 것이다. 게다가 연대성이라는 말은 교수들의 공화국이 귀족들의 공화국으로부터 자신을 정당화할 수 있게 해주기 때문에 자비라는 말에 대항하여 의도적으로 사용될 수 있었다. 자비가 개인의 선한 의지에만 달려 있는 반면에 연대성은 사회의 모든 구성원들의 객관적인

---

7) 1891년 푸르미 지역에서 파업중인 노동자들에게 군대가 발포하여 9명을 숨지게 한 사건.〔역주〕

상호 의존성을 자신의 필요성의 기반으로 삼을 수 있다. 그런데 이 주제 속에 좋은 말 외에 다른 것은 없었는가? 그것은 공화국이 당면하고 있는 주요 문제──사회 안에 국가가 개입하는 것에 대한 기반을 제공하고, 그 개입의 한계에 대한 기준을 제공하는 문제──를 해결하는 데 효과적인 기반을 제공해 줄 수 있었는가?

이 질문은 19세기말에 어느 때보다도 더 날카롭게 제기된다. 당시 교육·건강·에너지·통신 분야에 공공 설비를 설치한 일은 사회에 대한 행정의 역할과 무게를 크게 증가시킨다. 이러한 발전은 그것이 내포하는 강제 수용, 귀속된 의무, 손해가 생기는 경우의 책임의 소재에 대한 일련의 논쟁적인 문제들을 동반하게 된다.[8] 그러한 문제들을 해결하는 것이 시급하게 되었고, 그러기 위해서는 그때까지 공법이나 민법에서 발견할 수 없었던 명확한 원칙을 갖는 것이 시급했다. 특히 국가의 이러한 행정적이고 사회적인 개입이 그 규모 때문에 자유주의자들의 불신을 불러일으킨다는 점에서 국가의 개입에 대한 논란의 여지가 없는 근거를 시급히 발견해야 한다. 행정이 자신의 활동 영역을 제한해 주는 원리를 스스로 보유하고 있음을 어떻게 증명할 것인가? 행정기구의 증대가 사회의 점진적인 국가화와 동일시되는 것을 어떻게 피할 것인가?

이것만큼 골치 아픈 문제의 또 다른 측면이 있다. 행정부라는 잡종의 확장에 의해서 공과 사 사이의 경계가 그렇게 모호해졌다면 국가의 권한은 어떻게 되는가? 사회에서 권한 일반은 어떻게 되는가? 공과 사 사이의 분명한 구분에 대한 이론적 틀 안에서는 적어도 모든

---

8) 행정부의 발전에 대해서는 다음을 참조하라. Gaston Jèze, 《행정법의 일반적 원리 Les principes généraux du droit administratif》, Paris, 1904.

것이 분명했다. 즉 공권력만이 권한을 가지고 있었고, 시민적이고 사적인 차원의 계약들의 유효성을 보장하기 위해서 그 권한을 사용했다. 그러나 시민적 계약을 보호하는 것 외의 다른 온갖 일을 포괄하기 위해 국가의 활동이 감속하는 순간부터 국가의 권한이 감소되지 않도록 하고, 국가가 국가의 전횡에 대한 점점 더 강해지는 고발에 부딪히지 않으려면 어떻게 해야 하는가? 당시에는 세기말의 무정부주의적 불길이 절정에 달한 시점이었기 때문에 이것은 더욱더 날카로운 질문이 된다.

한편 사적인 영역 자체도 더 이상 예전과 같지 않다. 모든 구속에서 자유로우며 공적인 영역에 보증인의 역할만을 요구하는, 개인간의 계약으로 된 투명한 골조라는 당시까지는 일반적인 표상에 덧붙여 이제부터는 온갖 종류의 연합체들——사적인 것, 직업적인 것, 공익적이거나 그렇지 않은 것, 어느 정도 직접적으로 행정과 연결된 것 등——의 다양성이 추가된다. 확실히 사람들은 개인과 국가 사이에 새로운 종류의 두터운 연합체가 삽입되는 것을 보기 희망했다. 그러나 막상 그렇게 되어서 그것의 법적으로 불확실한 복잡한 영역이 펼쳐진 지금 다른 문제들이 생겨난다. 즉 구성원이나 공권력에 대한 이러한 사회 집단들의 특권은 정확히 무엇인가? 그리고 국가가 그것들을 인정하고 그것들에게 약간의 권한을 부여하자마자 국가는 무정부주의에 사회의 문을 활짝 열어 줌으로써 그 자신의 권한을 잃을 위험에 처하는 것은 아닌가?

따라서 국가의 문제는 결국 서로 연결되어 있는 두 개의 측면을 보여준다. 어떻게 국가의 개입을, 그리고 국가의 개입이 받아들여질 수 있도록 충분히 명확한 한계를 가지고 사회 안에서 국가의 **권력**이 확장되는 것을 인정할 것인가? 또한 예전 법질서의 분할이 사라지는 때에, 그리고 권한의 원천이 모든 곳에 있으면서 어느곳에도 없는 것 같아 보이는 때에 사회 한복판에서 **권한**을 어떻게 유지할 것인가?

바로 이러한 이중의 질문에 대답하기 위해서, 연대성의 개념이라는 새로운 이론적 도구를 갖춘 두 명의 법 이론가 레옹 뒤기와 모리스 오리우는 법철학을 전반적으로 재편하고자 한다. 그들은 사적 또는 공적 **주체**의 개념을 더 이상 법철학의 기반으로 제시하고자 하지 않는다.[9] 그 기능상 법학자들은 원칙들에 근거한 일관성을 도입하기 위해 사실의 상황들을 합리화할 뿐이다. 그러나 이러한 작업은 가끔 단순한 법률적 기술을 훨씬 넘어서서 그들이 다루는 사회 전반에 대한 성찰의 재료를 직접적으로 제공하는 거대한 구조물을 생산하도록 만든다. 분명히 이 두 저자가 그러한 경우이다. 그들은 연대성이라는 주제에서 출발하여 한 사람은 **공공 사업**(service public)의 개념을, 다른 한 사람은 **제도**(institution)라는 개념을 세우고, 유사한 동시에 반대되는 두 개의 사회철학——여기에서 배울 거리가 많은 논쟁이 나온다——을 전개하게 된다.

---

9) 레옹 뒤기와 모리스 오리우가 국가 개입의 역할과 한계의 문제를 해결하기 위해 사회학에서 그 근거를 찾고 있다는 사실은 이미 그들의 첫 출판물의 제목에서 나타난다. Leon Duguit, 《헌법과 사회학 Le droit constitutionel et la sociologie》, in *Revue internationale de l'enseignement*, 1889년 11월 15일. Maurice Hauriou, 《법과 대학과 사회학 Les facultés de droit et la sociologie》, 1893, in *Revue générale du droit*; *Cours de science sociale. La science sociale traditionnelle*, 1896; *Leçons sur le mouvement social*, 1896(레옹 뒤기는 처음부터 뒤르켕으로부터 영감을 얻었다. 반면 모리스 오리우는 가브리엘 타르드 쪽에 관심을 가졌다. 거기서 그는 사회성에 대한 개인의 역동성을 다시 고려하고 연대성에 대한 뒤르켕의 생각을 수정하게 된다). 샤르몽은 법학에서 사회성에 대해 고려가 이루어진 것에 대한 종합적인 분석을 제시했다. cf. 〈법의 사회화 La socialisation du droit〉, in *Revue de métaphysique*, 1903; 〈현시대 실정법의 근원 Les sources du droit positif à l'époque actuelle〉, *ibid.*, 1906.

레옹 뒤기가 실현하려는 것은 국가의 행정적·사회적 개입의 고유한 한계를 포함하며, 따라서 국가의 개입을 사적인 특권에 대한 공권력의 유린이라고 생각할 시민들을 안심시킬 수 있는 규칙을 기반으로 국가의 행정적·사회적 개입이 이루어지도록 하는 것이다. 그런데 그러한 작업은 나폴레옹 법전을 물려받은 현존하는 법의 이론적 틀 안에서는 실현 불가능하다. 나폴레옹 법전은 실제로 법의 하나뿐인 참된 기반이자 유일한 기본 근거는 개인이라고 보는 주체철학에 기초하고 있다. 거기에서는 국가 자체도 같은 방식으로, 즉 주체적 실체이자 루소가 웅변적으로 말했던 '공동체 나'처럼 소개된다. 각각 주체로 여겨지는 국가와 개인 간에서, 전자가 후자의 자유를 수호하는 데 머무는 대신에 개인들의 사회적 행동 영역 속에 개입하는 순간부터──현실은 점점 더 그렇게 되고 있다──대립은 불가피하다.[10]

당시 통용되던 법에 대한 주체철학은 사람들이 실제로 목격하던 국가 개입의 유형을 법률적으로 뒷받침하는 것을 막는다. 그러나 그것은 법의 주체철학에 대해 근본적으로 문제를 제기하도록 하지 않는가? 그렇다면 실제로 아무런 사실에도 근거하지 않는 이러한 구조물의 과학적 타당성은 무엇인가? 주체가 일종의 절대군주로 군림하는 이러한 체제 속에는 개인에게처럼 국가에게도 말 그대로의 왕의 특권을 부여하는, 구체제로부터 물려받은 형이상학의 무조건적인 연장이 존재하는 것 아닌가? 공화주의 사회가 도래한 후에도 그러한 법

---

10) 레옹 뒤기의 주요 출판물은 국가에 대한 두 권의 개설서이다. 제1권, 《국가, 자연법과 실정법률 *L'Etat, le Droit objectif et la Loi positive*》, 1901. 제2권, 《국가, 통치자와 공복 *L'Etat, les Gouvernants et les Agents*》, 1902. 그러나 우리는 그가 1907년에 사회고등연구소에서 한 강연회에서 이 책들의 요약본을 볼 수 있으며, 이는 1908년에 《사회법, 사법, 국가의 변천 *Le Droit social, le Droit individuel et les Transformations de l'Etat*》이란 제목으로 출판되었다.

개념을 유지하는 이유가 무엇인가? 보통선거 덕분에 국가가 '공동체나,' 즉 모든 이의 주권의 구현체가 된다는 생각은 순전히 단순한 사기가 아닌가? "1848년 보통선거와 함께 우리는 마침내 국민(nation)의 통일된, 집합적인 의지가 출현하는 것을 보는가? 전혀 아니다. 가장 강한 자들은 따라서 가장 다수인 자들이다. 우리는 다수를 차지하는 이들의 의지를 보는 것이지, 국민의 통일된 의지를 보는 것은 아니다. 보통선거를 통해 1848년의 사람들은 나라 안에 모순과 투쟁의 싹을 뿌렸다. 그들은 정치적 평등을 창조했지만 경제적 평등을 만들지 못했으며, 정치적 특권을 제거했지만 경제적 특권을 제거하지는 않았다. 그로부터 치명적 충돌, 본질적 모순이 생겨났다. 혹은 보통선거에도 불구하고 소유자 계급은 존속하고 사실상 아무것도 변하지 않았거나, 혹은 보통선거가 다수를 보장해 주어서 공개적이고 적법한 계급 투쟁이 시작되었고, 집산주의학파는 보통선거를 자신들의 프로그램에 포함시키는 당연한 모습을 보여준다."[11]

뒤기는 이렇게 질문한다. 이로부터 주권의 원리가 독재자의, 어떤 계급의, 소수파나 다수파의 우위를 감추는 데 사용된다는 것 외에 어떤 결론을 내릴 수 있는가? 뒤기에 의하면 부랑 집단의 수장과 현대 국가의 수장 사이에는 정도의 차이가 존재할 뿐 본성의 차이는 없다. 왜냐하면 강자와 약자 사이, 지배자와 피지배자 사이의 근본적 차이가 항상 존재하기 때문이다. 모든 권력은 그것의 정당화 양식이 어떠하든 사실상 지배가 된다. 그리고 결정적으로 주권에 대한 사상은 공화국을 위해 정치 권력에 대한 무제한적인 개념을 보존하면서 단지

---

11) Léon Duguit, 《국가, 자연법과 실증 권력 *L'État, le Droit objectif et la Force positive*》, 1901, chap. 4.

군주제에서 공화국으로 이전된 것뿐이다. 국가는 모든 이의 집중된 주권이기 때문에 무엇도 그 누구도 그것에 저항할 수 없을 것이다. 이것은 주권의 원리가 얼마나 법률적이지 못한가를 잘 보여준다. 왜냐하면 본질적으로 법은 한계를 정하는 것을 포함하기 때문이다. 그래서 게르만학파에게 대단히 소중한 **지배**(Herrschaft)의 학설은 "국민의회의원들이 공포 정치를 실시하는 데, 독일의 왕당파들이 황제를 옹립하는 데, 그리고 집산주의자들이 국가에 절대 권력을 부여하는 데"[12] 사용될 수 있지 않았는가?

그렇지만 우리가 찾는 한계를 이번에는 더 이상 형이상학적이지 않고 과학적인 방법으로 세우는 데 적합한 규칙을 어디서 찾을 것인가? 바로 이러한 과학적 발견 속에 연대성의 발견이 있다. 연대성은 **사실** 사회를 구성하는 과학적 법칙이다. 왜 당장 연대성을 개인에게 아무것도 빚진 것이 없고, 법률의 제정에 있어 아무런 특별한 영감도 국가에 주지 않지만, 그 법률을 연대성에 내재한 기능들에 대한 사실 증명에 근거하도록 하는 법의 실증적 철학의 근본적 규칙으로 삼지 않는가? 뒤기는 여기서 명시적으로 뒤르켕에 의지한다. 그의 주요 논문 《국가, 자연법과 실정법률》(1901)은 뒤르켕의 《사회분업론》(1893)의 법률적인 번역서로 읽혀져야 한다. 사회가 연대성이라는 불가피한 사실을 중심으로 조직되기 때문에 이러한 불가피성을 법의 지평과 한계를 보여주는 법의 정당한 틀로 삼자고 뒤기는 말한다. 우리가 연대성을 법의 근본적이고 객관적인 규칙으로 인정하기 위해 주권의 형이상학을 거부한다면, 국가와 개인을 완전히 다르게 이해하는 것이 가능해진다고 뒤기는 확신한다.

---

12) *Ibid*.

국가를 객관적으로 바라보면 국가는 단지 하나의 사실일 뿐이다. 즉 몇 명의 사람들이 가장 큰 구속력을 자유롭게 사용하는 것이다. 국가는 권력 이외의 다른 어떤 것도 아니다. 아무런 후광도 정치인들이 이 권력의 실행을 자발적으로 제한하도록 할 은총으로 그들을 둘러싸지 않는다. 반대로 한정된 사회의 구성원으로서 그들은 그 사회에 내재한 법의 규칙을 따른다. 이것은 모든 구성원이 갖는 상호 의존성의 규칙이며 모든 권력에게 연대성을 보호하고 강화할 것과, 동시에 권력의 행사가 오로지 그것에만 한정될 것을 명한다. 국가에 대한 이러한 실증적 법해석은 사실들 자체에 의해 증명된다고 뒤기는 확언한다. 제3공화국의 전개 과정을 생각해 보자. 19세기말에 우리는 주권에 대한 주체적 법해석이 계속 약화되는 과정에 따라 통치자들이 실증적 의무를 인식하고, 공공 설비, 생산 절차, 사회적 연대성의 유지 절차를 만드는 것을 보았다.[13] 그러므로 국가는 주권 주체가 전혀 아니라 하나의 권력이며, 권력의 독단성은 **공공 사업**을 통해 권력이 행사돼 소진됨에 따라 축소되어야 한다.

국가뿐만 아니라 개인도 주권 주체로 여겨져서는 안 된다. 개인은 구체적인 인간 집단이라는 틀 속에서 개인이 수행하는 실제적인 기능에 의해 고려되어야 한다. 연대성의 관점에서 볼 때 개인은 하나의 기능에 지나지 않는다. 개인은 수행해야 할 임무를 갖고 있지만 자신에게 속하는 고유의 권리는 전혀 갖지 않는다. 예를 들어 소유권은 자연법의 관점에서 보면 그 자체로 적법한 것이 아니다. 분명히 "순수한 자본가 계급은 완수해야 할 자기의 역할이 있다. 즉 자본을 모으고 그것을 기업 활동에 사용하는 것은 사회적 기능이다. 그러나 나

---

13) 《사회법, 사법, 국가의 변천》, *op. cit.*

는 소유에 대한 그들의 주관적 권리는 부인한다. 나는 그들의 사회적 의무는 인정한다."[14] 따라서 "자본가 계급은 자신에게 주어진 사명을 완수하는 한 살아남을 것이다. 자본가 계급은 그 사명을 잊어버리는 날부터 1789년에 귀족과 성직자들이 사라졌듯이 사라질 것이다."[15] 따라서 연대성이 기반을 세운 법의 규칙은 전혀 절대적인 것이 아니다. 그것은 이상이 아니라 사실이다. "그것은 개인에게 조금도 의지하지 않으며, 개인이나 국가 그 어느것을 위해서도 진정한 법의 기반을 세울 수 없다. 그것은 다만 힘을 가진 자들을 위해 이 규칙을 어기는 자들에 대한 조치를 취할 권력만을 내포한다. 그것은 모든 개인에게 타인에 의존하는 상황을 만들어 준다."[16]

모리스 오리우는 바로 레옹 뒤기의 이론에 대립하는 동시에 뒤기 이론에 근거해서 자기 이론을 전개하게 된다. 오리우 또한 주체성의 개념에만 근거한 법의 위험을 인식하고 있다. 그는 권한의 기반을 단지 주체적 법에서만 찾을 수 없다고 말한다. 그리고 이것은 뒤기가 증명해 내고 열거한 모든 이유들 때문이다. 그렇지만 오리우는 뒤기의 법해석에서 커다란 문제점을 발견한다. 모든 것이 연대성이라는 자연법에 근거를 둔다면, 누군가가 연대성이 있는 것과 전혀 그렇지 않은 것을 결정해야 한다. 여기에 중대한 위험이 있다. 왜냐하면 어떻게 항상 연대성의 법률의 이름으로 누군가에게 어떤 이익을 얻기

---

14) 레옹 뒤기는 여기서 샤츠의 중요한 책 《경제적, 사회적 개인주의 *L'Indivi-dualisme économique et social*》, 1907에 근거하고 있다. 이 책은 19세기에 통치자들이 그들의 실증적 의무를 인식한 것이 어떻게 개인주의적 법해석과 국가의 특권적 개념의 지속적 쇠퇴와 함께 보조를 맞추어 왔는가를 보여주고 있다.

15) 《국가, 자연법과 실정법률》, *op. cit.*

16) *Ibid.*

위해 그의 고유한 활동이 갖는 공공 사업의 성격을 확언하는 것이나 사회 생활의 어떤 영역을 사적인 부문에서 제거해 달라고 요구하는 것을 금지시키겠는가? 누가 그러한 행위가 진정으로 공적인 유용성에 속한다고 이론의 여지없이 확고하게 말할 수 있을 것인가? 무엇이 이러한 합리적이고 실증적인 관점의 위탁자가 될 것인가? 정치 집단인가? 관료들 자신인가? 조직된 노동조합인가? 특정한 시민들인가? 그리고 이러한 공공 사업의 개념을 극단으로 밀어붙이면서 새로운 합의에 이를 수 있는 것이 아니라, 구성원들에 대한 국가의 권한과 조직원들에 대한 사회 조직의 권한이 치명적으로 약화될 위험이 높다는 것을 누가 보지 못하겠는가? 그리고 도처에서 어떤 권력을 행사하거나 다른 권력을 거부하기 위해 이러한 공적 유용성의 기준이 다소간 제시될 수 있을 것이다.

따라서 바로 이러한 권한의 붕괴 위험 때문에 오리우는 뒤기의 견해에 답변하며 공공 사업 이론을 **제도**(instituition) 이론으로 보완한다.[17] 19세기말에 발전되는 다양한 서비스 사업과 연합체적 조직 속에서 권한 행사의 기반을 어떻게 만들 것인가? 어떻게 한 공동체—예를 들어 기업—의 권한의 기반을 그 구성원으로 삼으며 이 권한의 한계를 규정할 것인가? 어떻게 국가의 권한의 기반을 사회를 구성하고 있는 공동체들로 삼는 동시에 그 공동체들이 국가에 예속되지 않게 하는가? 이러한 것들이 오리우가 제기하는 질문들이다. 이것들은 해결할 수 없는 질문들로 주권에 대한 법률적인 언어의 제한된

---

17) 오리우의 주요 저작은 《행정법 개요 *Prècis de droit administratif*》이다. 그는 죽을 때까지 수정에 수정을 거듭하며 이 책을 계속 출판했다. 그의 법철학에 대한 더욱 간결한 설명은 다음의 논문에서 발견할 수 있다. 〈질서와 균형의 관점 Le point de vue de l'ordre et l'équilibre〉, 1909, in: *Recueil de législation*, t. V.

틀 안에서 뒤기의 질문들과 어울린다. 그러나 뒤기가 주장하는 것처럼 모든 것을 오직 연대성이라는 규칙에 의존하려 할 때 이 질문들을 해결하기가 더 쉬운 것은 전혀 아니다. 왜냐하면 '객관적'이라 말해지는 이 규칙은, 바로 그 이유 때문에 인간 행동의 의미를 못 보고 지나치며 인간 행동의 근원이나 목표를 고려하지 않기 때문이다. 인간의 행동을 유발하는 구조에 대해 이 규칙이 알지 못한다면 어떻게 인간의 행동을 체계화할 수 있겠는가? 어떻게 보면 인간의 행동을 외부에서만 보기 때문에 이 규칙은 인간의 행동을 더 잘 조절하기 위해 그 절차에 공명할 수가 없다. 그러기는커녕 재편성의 역동성에 참가하는 집단들 사이에 혼란을 일으키면서 오히려 인간의 행동을 무력하게 한다.

뒤기의 오류는 그러므로 사회의 연결 질서만을 고려하며, 따라서 여전히 정적인 도식에 따라 추론한다는 점일 것이다. 사람들의 행진과 이 행진에 필요한 질서를 동시에 파악하고 싶다면 **사회를 그것의 움직임 속에서 생각해야** 한다. "형성의 질서는 연결을 내포한다. 반면 연결은 형성의 질서를 내포하지 않는다."[18] 우리 사회의 움직임 속에서 충분한 자유를 유지하려면 질서의 측면과 균형의 측면, 둘 모두를 통해 추론을 해야 한다. 사회 집단들의 외부에 있는 추상적인 규칙을 강요——이것은 온갖 논쟁을 불러일으킨다——해서는 안 되며 개인들, 공동체들, 그리고 공권력, 각각에 해당하는 권리와 의무를 명시해야 한다. 그래서 그것들이 하나의 세력이 다른 세력을 지배하기를 바라는 원리——질서를 위해 필수적인 것——를, 그리고 지배적인 세력이 더 약한, 그러나 비교적 존재감을 행사할 수 있는 세

---

18) In. 〈질서와 균형의 관점〉, *op. cit.*

력들에 의해 조절될 수 있기를 바라는 또 다른 원리——균형을 위해 필수적인 것——를 존중하도록 해야 한다.

　제도는 오리우가 질서와 균형이라는 이 이중의 법칙에 의해 규제될 수 있는 총체에 부여하고자 하는 이름이다. 하나의 제도는 공적일 수도 사적일 수도 있지만, 어느 경우에서나 권한을 가져야 한다. 이 권한은 시간의 지속이 가져다 주는 용인에서만 생겨날 수 있는 것으로, 이러한 용인은 어떤 제도를 구성하거나 이용하는 사람들이 그 제도의 존재에 '암묵적인 사회의 동의'를 보장해 준다. 시간에 의한 시험은 그것의 유용성을 증명하고 그것의 권한의 기반이 된다. 그러나 이 권한은 한계가 없을 수 없다. 왜냐하면 그 권한은 제도에 의해 선포된 목적——이 목적은 통치자의 의도를 포함한 각각의 개인적 의도를 어쨌든 초월하며, 따라서 어떤 전횡도 유효하게 할 수 없다——에 도달하기 위해 필요한 수단에 따라서만 형성되기 때문이다. 모리스 오리우에 의하면 연대성 개념은 더 이상 사회적 설비의 외부에 있는 규칙을 지칭하는 것이 아니라, 재편성의 목적을 달성하는 데 필요한 조직 수단들을 지칭하기 때문에 이 제도 이론에 의해서 명확성과 정확성을 얻는다. 개인에 대한 제도의 권한과 이 권한의 한계의 기반이 되는 것은 바로 제도가 지속되는 동안 각자가 사회적으로 제도에 가입하는 것이다. 하나의 제도에 가입되어 있으므로 개인은 그것이 작동하는 규칙에 대해서 갑자기 문제를 제기할 수 없다. 가족에 아이가 속하듯 제도에 사실상 들어가든, 집단적 협회나 기업에 들어가듯이 확고한 의지에 의해 들어가든 개인은 제도를 조직하는 규칙들을 따라야 하지만, 만약 혹시라도 제도가 그것의 목적을 실현하는 것과 직접적인 관계없이 권한을 행사하고 부당하게 개인적 특권을 침해한다면 제도에 대항하여 방어권을 가진다.

따라서 이 제도 이론의 의의는 뒤기가 '객관적' 규칙을 갖고 했듯이 개인과 국가 사이의 모순을 무시하는 것이 아니라, 그것을 고려하면서 그 모순을 해결하는 방법에서 발견된다. 사실 그러한 고려는 개인과 국가의 축소 불가능한 주체성을 제도의 뒤얽힌 다양성 속에서 해체시키게 된다. 실제로 모든 개인은 그것의 목표를 통해 개인을 지배하는 하나의 제도 속에 속해 있다. 그 목표를 내세우며 제도가 원하는 대로, 따라서 개인의 주권을 거스르며 여러 결정들이 내려질 수 있다. 제도에 맞서며 자신의 주권적 욕망의 전횡을 강요하는 것이 국가라 하더라도 마찬가지이다. **국가 자체**는 하나의 제도외의 다른 것이 아니다. 그것은 아마도 가장 뛰어난 제도이며 오리우의 말에 따르면 '제도들 중의 제도'이지만 그래도 제도일 뿐이며, 자신의 고유한 목표에 복종한다. 국가의 경우에는 사회 전체가 잘 작동하도록 감시하는 것이 목표이다. 실제적으로 국가의 권한도 순수한 주권보다는 항상 하위에 있으며, 통치자들의 행동에 전횡을 허가할 수 없다.

그러므로 이 두 중요한 저자는 국가라는 문제를 다루기 위해 연대성의 개념에 의지해야 할 필요에서 일치하지만 그 방법과 결론에 있어서는 매우 심하게 대립한다. 오리우는 뒤기를 '강단의 무정부주의자'로 취급하고 있고, 뒤기는 오리우를 '염치없는 유심론자'라고 고발함으로써 응수하고 있다. 그 시기의 사람들은 서로 학자답게 욕할 줄 알고, 일생을 두고 서사적 논쟁을 이끌어 갈 줄 알았다. 그것은 교수들의 제1공화국의 온갖 풍미를 느끼게 해주었다……. 어쨌든 이 것은 교육적인 논쟁이다. 국가의 역할에 대한 기반을 제공하는 데 있어서 연대성이라는 개념이 갖는 적절함뿐만 아니라 불충분함에 대해서, 게다가 주권 개념의 위험한 모호성에 대해서 우리에게 알려 주는 교육적인 논쟁이었다.

뒤기와 오리우는 사회에 대한 국가의 활동과 연관되어 있는 통치자들의 선출과 정치적 책임이라는 두 목록을 분리시킬 필요성에 대해서 동의한다. 민주주의 공화국에서 선거가 모든 이의 자유롭고 평등한 투표 위에, 즉 **주권**의 개념 위에 기초할 수 있고 기초해야 하는 것과 마찬가지로 국가 권력의 실제적 실행은 훨씬 더 명확한 합의된 소명을 가진 다른 개념, 즉 **연대성**의 개념에 의지하기 위해서 거기에 내재해 있는 모순에서 벗어나야 한다.

국가는 단순히 개인들 주권의 보증인이어서는 안 된다. 그러면 국가는 있는 그대로의 사회 사실을 놓치게 되며, 경기 상황을 위해 사회적 관계의 해체를 허용하게 될 것이다. 이것은 사회적 합의의 붕괴가 극단의 형태를 취하게 될 때 결국은 사적인 계약 자체를 위협하게 될 것이다. 국가는 국가를 존재하지 않는 일반 의지 도구로 삼고자 하는 모든 이들이 (루소적 전통에서) 바라는 바대로, 모든 세부 사항을 규제하고 모든 일에서 군림하는 절대적 기구가 될 수도 없을 것이다. 그러면 사람들은 결국 국가의 권한에 대항해 격렬한 반응을 유발하기에 딱 좋은 엄청난 구속의 원리를 사회에 도입할 것이다. 사회적 사실의 특수한 일관성을 고려한다는 점에서 연대성의 개념은 국가가 되지 말아야 할 것에 대해 말할 수 있게 해준다.

그러면 국가는 무엇이 되어야 하는가? 만인의 주권의 구현체로 이해된 국가는 자발적 권력이라는 이름으로 작동했다. 만약 우리가 이러한 생각을 포기한다면 국가는 무엇이 되는가? 순수한 권력인가, 아니면 순수한 의지인가? 단순한 구속 능력인가, 아니면 순수한 정신인가? 이것들이 레옹 뒤기와 모리스 오리우가 각각 선택한 것들이다. 그들은 각자 자기 방식으로 집단적 행동의 교정 원리로서의 연대성이 갖는 가능하지만 모순된 두 가지 방향을 연구했다.

뒤기가 보기에는 국가를 만인의 의지의 구현체로 보려는 환상에서 일단 벗어나면 국가는 현실에서 거칠고 자의적이며 압제적인 힘처럼 나타난다. 그것은 하나의 법 규칙——이 규칙은 국가가 사회의 연대성 실현 속에서 효율적으로 해체되도록 이끌어야 한다——에 복종함으로써만 정당화될 수 있는 순수한 힘이다. 뒤기 사상의 지평에서 우리는 이중의 움직임에 의해 유도되는 사회를 볼 수 있다. 하나는 지방분권의 움직임이다. 이것은 권력의 전횡을 사회의 일관성을 유지하기 위해 사회의 모든 지점에 유포된 수많은 공공 사업의 표출로 변환시킨다. 다른 하나는 개인들의 사회적 기능을 가장 잘 수행할 수 있을 집합체들 안에서 나타나는 개인들의 연합 움직임이다. 따라서 국가는 연대성의 사회를 건설하는 과정 속에서 점진적으로 해체되고 자신의 전횡을 잃게 될 것이다. 그러나 바로 이 점진성이 문제가 된다. 왜냐하면 이 모든 작용은 하나의 유일한 규칙을 기반으로 하기 때문인데, 그 규칙은 연대적인 것과 그렇지 않은 것을 구별하기 위해 지금 여기에서 사회적 관계들에 대한 단호한 조치를 취하기 때문에 이원론적 정신을 갖고 있으며 지속적 시간에는 무감각하다.

이러한 이론은 국가의 전횡과 사회에 대한 국가의 불충분한 봉사 모두에 대한 항구적인 진행 과정을 알려 준다. 이 이론은 바로 이러한 의미로 좌파에 의해, 특히 공직에 있는 모든 젊은 노동조합원들에 의해 받아들여졌다. 그들은 국가가 공무원에 대해 행사하는 권한을 고발하기 위해 그 이론을 받아들이고, 동시에 이러한 정신 상태에 포함되지 않는 모든 사회적 범주들을 역사의 쓰레기통에 던져 버리면서 공무원들을 거대한 공공사업체처럼 여겨지는 사회의 주인공들로 제시했다. 이로부터 '강단의 무정부주의자'라는 멋진 경구가 생겼다.

이 표현을 통해 오리우는 뒤기의 사상 속에 나타나는 전능한 국가에 대한 루소주의의 재등장과 극단적 반정부주의의 역설적인 결합을 고발했다. 이러한 역설적 결합은 사회를 무질서에 빠지도록 하고, 사회의 자연적 역동성을 잃게 만들며, 그 규칙의 이원성이 반드시 갈등을 유발하도록 한다.

모리스 오리우의 견해로는 분명히 국가에 대한 주권적 정의를 포기해야 한다. 그러나 동시에 국가의 특수한 힘, 즉 공권력이 순수한 공공 사업이라는 국가에 대한 정의 때문에 사라지도록 하는 것은 위험할 것이다. 국가에 의지의 실현 기능보다는 사상의 보존 기능을 부여하면서 국가를 위해 국가에게 결부된 권한의 특성과 함께 공권력의 역할을 보존해 주는 것이 좋다. 실제로 일반 의지는 발견 불가능한 대상이며, 그것의 환상적인 대용물은 끔찍하게 위험하다. 그러므로 공화주의 국가의 소명은 하나의 이념을 지키는 것이라는 것을 지지하자. 이 사명 자체가 공화주의 국가의 설립을 주재했고, 국가로 하여금 사회가 자신의 길을 가도록 하게 만들었다. 국가는 사회의 작동 장치들을 유지하고, 사회를 구성하는 모든 제도를 돌보고, 구성원들에 대한 제도의 권한을 보증해 주지만 사회의 있을지도 모르는 횡포에 맞서 구성원들을 보호해 주는 사회의 수호천사, 수호정령이 된다.

따라서 뒤기의 이원론과는 매우 달리 오리우는 사적이고 공적인 영역들의 다양성을 구분하는 데 주의를 기울이는 다원론을 주장한다. 그것은 제도에 대한 문제 제기의 가능성을 줄이면서 제도의 구속력의 원천이 되는 제도의 영속성에 기반을 둔 권한의 이론 안에서 사적·공적 영역들을 더 잘 조합하기 위한 것이다. 이것은 오리우의 이론이 자유주의적이고 전통주의적인 우파에 의해, 가톨릭 계층과 고용주들에 의해 특히 더 잘 받아들여졌으며, 뒤기가 그에게 '염치

없는 유심론자'라는 꼬리표를 붙이게 된 이유를 말해 준다.

3. 레옹 부르주아

연대성의 개념은 19세기말에 국가의 활동을 정의하는 데 기초를 제공해 준다. 이 기초는 유일하게 주권에만 의지하는 토대와 이것이 포함하던 참을 수 없는 양면성보다 한없이 더 나은 것이다. 연대성은 실제로 국가의 개입에 대한 토대와 한계를 동시에 제공한다. 국가의 역할에 대한 긍정적인 제한의 원칙이 있다고 하자. 그것은 시장의 규칙을 보호하는 일에만 국가를 한정시키려 하는 자유주의자들에게 소중한 부정적인 제한과는 매우 다르다. 또 그것은 사회를 해체하는 시장의 논리에 맞서 사회를 재건하기 위해서 혁명주의자들이 제시하는 국가의 제한 없는 사용과도 다르다.

그렇지만 연대성 개념에 의존하는 것이 국가와의 관계 속에서 형성되는 모순적인 기대와 두려움을 효율적으로 완화시키기에 충분했는가? 뒤기와 오리우 사이의 논란은 국가의 역할을 확장하는 것에 대한 지지자와 반대자 사이의 논쟁이 두 진영 모두 이 개념을 지지한다는 사실에 의해 제거된 것이 아니라, 단지 공공 사업의 발전에 대한 지지자와 기존 제도의 옹호자 사이의 대립으로 옮아갔을 뿐임을 보여준다. 뒤기와 함께 국가의 권력을 사회 속에 재분배하고 그 힘의 전횡을 사회적 연대성을 실현하는 데 쓰고자 하는 사람들이 있다. 오리우와 함께 국가의 권한을 사회에서 시간의 심판을 견뎌냄으로써 사회적 유용성이 있음을 보여준 자발성들의 보호자로 삼기 위해 국가의 권한을 집중시키고자 하는 이들이 있다. 한편에서 국가는 권력의 과잉으로 고발되지만 사람들은 국가를 사회화하면서, 연대성을 해칠 수 있는 모든 것에 맞서는 권리를 사회에 부여하면서 그 효과를 확장시키고자 한다. 다른 한편에서 국가는 권한의 원천으로 축하받지만 사람들은 사회 내에서, 사회를 구성하는 다양한 제도에 대해서 의무의 의미를 강화할 때를 제외하고는 그 권한이 사회에 대해 행사되는 것을 바라지 않는다. 그리고 연대성 개념에 대한 뒤기의 용법이 언제든지 기존의 모든 구조를 문제삼을 수 있도록 하는 규칙의 이원성을 통해 항구적인 불안정성의 원리를 사회에 던져 준다면, 반대로 오리우의 용법은 이미 구성된 형태들을 영속시키고 국가가 보증하는 사회의 움직임의 이름으로 사회 내에 질서를 강제한다.

국가 권력의 재분배와 국가 권한의 집중화 사이에, 연대성이 만든 권리와 그것이 기반을 제공한 의무 사이에, 연대성이 허용하는 비판과 그것이 가져오는 용인 사이에 연대성 개념은 아직도 미결정된 넓은 공간을 가지고 있다. 그 공간에서 국가의 역할에 제공된 이 새로운 기반의 특권은 상당히 무너질 것이다. 이 두 가지 요구를 동시에 조정해야 하고, 권한의 의미를 유지하면서 권력을 제공해야 하며, 의무에 대한 관심을 멀리하지 않으면서 권리를 창조해야 하고, 무질서를 피하면서 비판을 용이하게 해야 한다고 사람들은 말할 것이다. 그러나 연대성의 두 가지 대립된 국면 사이에서 어떤 리듬에 따라 어떤 형태의 관계맺음에 의해 그렇게 해야 하는가?

이러한 연대성의 주제가 그것이 멸시하는 것처럼 보였던 이데올로기와 충돌하게 된 것은 바로 사상의 유포나 권한의 집중, 권리의 부여나 의무의 유지에 대해 어느 정도 염려하는 국가 개입의 리듬에 대한 문제를 통해서였다. 당신들은 생산의 발전이 사회의 실제적 진보를 불러올 결정적인 시험을 헛되이 늦추고 있다고 마르크스주의자들은 말한다. 그들에 따르면 연대성 개념에 호소하는 것은 단순히 역사의 흐름을 인위적으로 늦추고, 지배 계급에 봉사하는 국가의 실제 기능을 단절시키는 데 필요한 대중의 의식화를 방해하는 수단일 뿐이다. 이 단절은 계급 투쟁에 의해서 일어나는 것이지, 계급간의 연대를 추구함으로써 일어나는 것이 아니다. 어쨌든 계급간의 연대는 부르주아 사회를 잠식하는 근본적인 모순을 참작해 볼 때 결국은 허황된 것이다. 당신들은 진보를 방해하고 진보가 실현되는 수단들을 무력화시킨다고 자유주의자들은 말한다. 연대성의 이름으로 취한 수단들은 경제적 발전의 실제적 장치를 고장나게 할 뿐이다. 왜냐하면 경제적 진보는 경쟁과 개인의 자발성에 기초하기 때문이다. 그리고 사회적 법률들은 사회의 발전에 필수적인 경쟁 정신을 보이지 않게 하고, 이익에 대한 개인적 동기에 마치 불꽃 위에 재를 뿌리듯 작동할 뿐이다.

  연대성의 개념은 이처럼 그 개념 덕분에 끝낼 수 있다고 믿었던 논쟁을 다시 불러일으킨다. 자유주의나 사회주의의 지지자들에 맞서 중용적인 도덕만을 내세운다면 얼마나 그들이 사회의 생성 동기에 대해 일관적인 담론을 갖고 있는지를 더 잘 드러나게 할 뿐이다. 그러므로 공화주의 국가의 활동을 연대성 개념 위에 믿을 만한 방식으로 확립하기 위해서는, 마르크스주의나 자유주의의 처방을 통해서보다는 연대성 개념을 통해 더 일관성 있는 생성과 덜 비극적이며 더 효율적인 진보가 관계된다는 것을 증명해야 한다. 권리와 의무 사이에는 균형이 있으며, 사회화는 필수적이며 바람직한 특정한 리듬을 따르고 있고, 사회와 마찬가지로 개인도 그것에서 이익을 보며, 국가는 계급 투쟁을 늦추거나 부르주아를 벌금형에 처하는 기쁨을 위해서 연대성이 확산되도록 하지 않는다는 것을 보여주어야 한다. 왜냐하면 이러한 행동으로써 국가가 얻고자 하는 것은 바로 사회 진보의 진정한 방향이기 때문이다.

그렇다면 연대성이 주권의 선언으로 불붙은 갈등에 필요한 치료약일 뿐만 아니라, 주권이 진보하는 왕도를 만든다는 것을 어떻게 증명할 것인가? 19세기말에 많은 공화주의 사상가들이 그것을 증명하고자 했다. 르누비에와 알프레드 푸이예 같은 사람들은 이러한 방향으로 많은 조사를 했다.[19] 그러나 연대성이 사회 진보의 참된 열쇠가 된다고 설명하면서 연대성 개념을 공화주의의 절정에 있는 것으로 격찬한 사람은 바로 정치인인 레옹 부르주아이다. 사실 그는 철학자이기도 했다. 레옹 부르주아는 당시 급진적 사회주의 당원이었다. 알다시피 급진적 사회주의당은 극단주의적 확신에 찬 모든 사람들에게 구역질을 유발시킬 만한 학술적 혼합을 만드는 많은——아직 전혀 사라지지 않은[20]——수의 놀랄 만한 전문가들을 공급했다. 레옹 부르주아는 연대주의(solidarisme)라는 학설을 발명했다.[21] 연대주의라는

---

19) Renouvier, 《윤리학 Science de la morale》, 1869. 이 분석과 관계하여 루이 마리옹은 《도덕적 연대성 La solidarité morale》이라는 유명한 논문을 쓰게 된다. 그것은 개인의 자유를 '실증적으로' 제한할 수 있는 원리, 즉 연대성에 대한 연구이다. 알프레드 푸이에는 전 생애에 걸쳐 연대성이라는 개념 주위를 '맴돌았다.' — cf. 《현대 사회학 La Science sociale contemparaine》, 1885; 《사회적 소유와 민주주의 La Propriété sociale et la Démocratie》, 1874. 그는 《도덕성에 대한 사회학적 요소들 Les Eléments sociologiques de la moralité》 안에 연대성의 도덕을 설립하는 데 기여한 그의 글들을 모았다.

20) 예를 들어 현재는 에드거 포르가 있다.

21) 이론적 총체로서 연대주의에 관한 가장 종합적인 책은 셀레스탱 부글레의 것이다. Célestin Bouglé, 《연대주의 Solidarisme》, Paris, 1907. 19세기의 마지막 3분의 1 동안의 이 개념에 대한 자세한 연대기적 기록은 모랑주 《연대성 개념의 역사에 대하여 Sur l'histoire de l'idée de solidarité》, Paris, 1907와 루이 되브 《연대주의 연구 Étude sur le solidarisme》, Paris, 1906에 있다.

용어가 아닌 학설은 샤를 지드에서 비롯된다. 그러나 지드는 철학보다는 협동조합들을 더 좋아했으며, 역사는 이 '주의(isme)'를 오직 레옹 부르주아의 것으로 인정하게 된다. 그의 학설은 만들어지자마자 많은 사람들에게 마침내 찾아낸 공화국의 불행에 대한 해법, 그것의 행복한 공식, 그래서 공화주의 국가가 갖출 수 있는 최초의 공식적 철학처럼 보였다.[22]

연대성 개념을 국가의 활동에 적용하는 것이 제기하는 중요 문제는, 연대성 개념이 국가에게 부여한 사회에 개입할 권리와 그것이 국가가 사회 내에서 합법적인 것이 되도록 한 권한 사이의 간격의 문제이다. 그런데 바로 권리와 의무 사이의, 국가 권력의 사회화와 사회 내에서의 권한 유지 사이의 접합 원리를 제공해 주는 것이 연대주의가 겨냥할 일이다.

레옹 부르주아는 처음에 이렇게 자문한다. 무엇이 자유주의자나 사회주의자 진영에서 그토록 많은 사상가들이 연대성의 방법을 인공적인 것으로 여기는 경향이 나타나도록 하는가? 그것은 바로 우리가 사회를 의무에 의해서가 아니라 권리에 의해 지배되는 것으로 여기는 습관을 가졌기 때문이다. 마치 사회가 영원한 재창조 상태에 있는 것처럼, 마치 사회의 운영이 앞선 세대들의 경험을 고려하지 않아도 되는 것처럼, 사회가 각자의 권리와 의무의 집단적 결정에 대한 앞선 세대들의 기여를 무시할 수 있는 것처럼, 이러한 운영이 다음 세대들의 준비에 대해 염려하지 않아도 되는 것처럼 모든 것이 진행된다. 그런데 "연대성의 법칙에 대한 지식은 단지 인간이 사는 세상

---

22) "연대주의는 제3공화국을 위해 일종의 공식적 철학이 되어가는 중인 것 같다.": C. Bouglé, *op. cit.*, p.1.

속에서 인간의 고립을 파괴했을 뿐만 아니라, 동시에 시간의 지속 속
에서의 인간의 고립도 파괴했다. 인간은 인생에서 단지 자기 동시대
인에 대한 채무자가 되는 것만이 아니다. 태어나면서부터 인간은 채
무자인 것이다. 인간은 인간 연합의 채무자로 태어난다……. 그리고
나타나는 각각의 세대는 이 유산의 용익권자로만 간주될 수 있다."[23]

그런데 시간적 지속을 고려해야 할 때, 양도·증여 혹은 상속이 문
제일 때 사적 영역에서는 무슨 일이 일어나는가? 이미 이 수준에서
우리는 권리 옆에서 의무의 규정을 결정하는 규칙들을 발견하지 않
는가? 상속인들에게 공동으로 상속된 유산은 반드시 현 상태대로 유
지될 필요는 없으며, 게다가 차후의 수혜자들을 위해 증가될 필요는
없지 않는가? 몇몇 사람들이 한 공동체의 재산에 대한 운영을 맡았
을 때, 그것은 그들이 재산을 관리해 주는 사람들에 대한 의무를 만
들어 낸다는 것을 인정하지 않는가? 그렇게 사적인 권리에서 사용되
는 것은 사회 일반에도 적용 가능할 것이다. 우리 모두는 공동의 유
산으로 지식·기술 등 문명의 축적물 전체를 받지 않는가? 그것들이
없다면 우리는 아무것도 할 수 없을 것이다. 이러한 재산들을 연대
적으로 물려받기 때문에 우리는 분명 그것을 사용할 권리를 갖지만,
그것을 유지하고 증가시킬 의무도 갖는다. 이러한 축적물로 인하여
우리들 각자를 집단적 유산의 채무자로 만드는 부채가 형성된다. 게
다가 모두가 각자의 사업을 위임장 없이, 쉼없이 운영하는 것이 아
니라면 분업이란 무엇인가? 우리는 이러한 운영의 혜택을 받아들인

---

23) Léon Bourgeois, in. 《연대 Solidarité》, 1896. 레옹 부르주아의 다른 저작들은
그의 제자들과의 공동 작업으로 씌어졌다: 《연대성의 사회적 적용 Les Applications
sociales de la solidarité》(Léon Bourgeois 외 Charles Gide · H. Monod · G. Paulet · P.
Brouardel과 함께한 사회 고등사범학교의 수업 내용), Paris, 1904; 《연대성 철학에 대한
시론 Essai d'une philosophie de la solidarité》, Paris, 1902.

다. 왜 그것의 의무를 받아들이지 않겠는가? 이렇듯 개인들 사이에 일어나는 '자유로운' 계약 아래에는 모든 개인적 계약에 선행하며, 자유롭게 계약할 능력을 부여받기 위해 이러한 사회적 부채를 청산할 의무를 개인들에게 지우는 **사회적 '준계약'**이 존재한다.

그러므로 연대주의는 이전 세대나 차후 세대에 대한 살아 있는 사람들의 역사적 부채의 결정적인 현존을 명문화된 형태로 발굴해 내면서 권리와 연결된 적대주의를 초월한다고 할 수 있다. 권리를 행사하기 전에 부채를 갚아야 한다. 권리에 대한 부채의 선행성의 원칙은, 레옹 부르주아에 의하면 권리와 의무에 영향을 미치는 대립 속에서 돋보이게 해야 할 질서를 가져온다. 그리고 그것은 단순한 도덕의 문제가 아니라고 그는 설명한다. 왜냐하면 사회의 진보(마르크스주의자들에 대한 대답)로서뿐만 아니라 개인의 성숙(자유주의자들에 대한 대답)으로도 이해되는 진보의 실현이 문제가 되기 때문이다.[24]

부채를 권리 앞에 내세우면서 우리는 자신의 욕구가 느껴지는 실제적인 상황에 따라 연대성의 표현을 결정할 수 있고, 국가의 개입이 당파적 사용에 이용되게 두는 대신에 사회 전체의 향상을 향해 그것을 유도할 수 있다. 부채가 우선이라면 그것의 징수——세금·분담금을 통한——도 그럴 것이다. 반면 특권(attributions)은 두번째가

---

24) 자유주의와 사회주의에 대한 연대주의의 상대적인 장점에 대한 토론이 정신과학과 정치학 아카데미에서 있었다. 참고: 《연대 *Solidarité*》 아카데미가 행한 회의와 연구에 대한 보고서(자유주의 전통주의자 집단에 의해 진행된 연대주의에 대한 토론: Frédéric Passy · Paul Leroy-Beaulieu · Émile Levasseur). 브뤼노는 《법원칙으로서의 사회적 연대성에 대한 연구 *Étude sur la solidarité sociale comme principe des lois*》, Paris, 1903에서 유젠 데흐탈의 비판에 답변하고 있다. 유젠 데흐탈은 사회주의와 연대주의를 구분하기 위해 추상적 연대성에 반대하여 자비의 자발적 특성을 강조한다. Émile Boutroux, in: 《연대성의 철학 *Philosophie de la solidarité*》, 1902; Charles Onder et G. Renard, 《사회주의 체제 *Le Régime socialiste*》, Paris, 1902는 연대주의를 '자유적 사회주의'로 보고 있다.

된다. 그러므로 특권은 **사실상의** 상황에 따르는 것이지 선험적인 권리의 요구에 따르는 것이 아니다. 문제는 사회를 **수선하는** 것, 사회의 균열을 메우는 것, 그리고 사회구성원들이 그들의 모든 활동 속에서 서로 상호 의존하고 있다는 사실 때문에 생길 수 있는 위험으로부터 그 구성원들을 보장하는 것이 될 터이다. 왜냐하면 사회는 국가를 통해서 그 자신의 구조의 결함에서 생기는 병들을 치료하는 데 뛰어들 수밖에 없기 때문이다. 그것은 분업이라는 틀 내에서 생길 수 있는 모든 문제들——사고 · 질병 · 실업——에 해당된다. 마찬가지로 국가는 사회를 위협하는 온갖 종류의 위험들을 예방하는 의무를 져야 한다. 선천적 장애와 유전적 질병이나 전염성 질병에 대해 개인을 보장해 주어야 한다. 그러한 질병들은 감염된 개인에게만이 아니라 공동의 유산, 사회 전체의 물리적 · 정신적 통합성과도 관계되기 때문이다. 가장 끔찍한 질병들이 깃들어 있는 빈민 지역을 청소하는 것은 질병이 확산될 위험으로부터 사회 전체를 보호하는 것이다. 결국 무엇보다도 "각자의 노력에 공동의 힘을 지원"[25]하기 위해서 "문화와 교육의 결함들"을 수선해야 한다. 이 모든 치료책들은 따라서 사회적 부채의 보상을 통해 사회적 계약의 공평성을 보장하는 것으로 집중된다.

　연대성의 이름으로, 그리고 선결되어야 할 부채라는 수단으로 행해지는 이러한 수선 행위는 모든 범주들, 모든 개인들을 **진보**의 과정에서 활동중인 상태로 유지시켜 줄 것이다. 그러므로 연대성은 자유주의자들이 말하듯 진보에 해로운 활동이 아니고, 자리에 누워 있는 빈민들에게 지불한 공물도 아니며, 혹은 마르크스주의자들이 주장하

---

25) *Ibid.*

는 것처럼 혁명과 혁명이 가져올 결정적 진보를 늦추는 유일한 수단이 아니다. 그것은 진보의 수단 자체이며, 진보의 조건이고, 말하자면 진보의 매개물이다. 왜냐하면 집단적 축적물에 대한 각자의 부채를 존중하는 것만이 진보의 가능성의 기반이 되기 때문이다. 이 진보는 이전 세대들의 축적물을 각자가 최대한 사용하는 데 달려 있다.

그렇지만 모든 이가 채무자라 하더라도 모든 이가 똑같이 채권자는 아니며, 연대성 운동은 극빈자들과 결부되어야 한다. 사회적 부채의 원리는 모든 이에게 적용되지만 재산의 변화에 따라 달라진다. 그렇다면 자유주의자들이 반박하듯이 거기에는 진보를 용이하게 한다고 주장했던 방법에 의해 진보가 무효화될 위험이 있지 않은가? 왜냐하면 사회적 부채라는 명제는 진보의 개인적인 동력에 대한 근절 원리를 포함하고 있기 때문이다. 그것은 소득과 가장 창조적인 에너지를 "빨아들이는 펌프" 같은 것을 작동시킨다.[26] 레옹 부르주아와 그의 동료들이 보기에 자유주의자들의 이러한 불안은 진보와 개인의 행복에 대한 그들의 잘못된 이해를 드러낼 뿐이다. 자유주의자들은 개인을 진보의 **도구**로 생각하고 있으며, 그들이 보기에 연대성은 각자의 자유롭고 자비로운 성향에서만 나와야 하는 것이다. 그런데 연대성에 대한 자비로운 개념은 진보의 부정 자체이다. 왜냐하면 그러한 개념은 이 세상이 눈물의 골짜기이며, 개인은 자기에게 주어진 재산을 포기하고, 그가 획득한 것을 평가절하함으로써만 이 세상에서 구원을 얻을 수 있다고 주장하기 때문이다.

사실은 그들의 주장을 거꾸로 놓아야 한다. 연대성의 기반을 주관

---

26) Émile Levasseur의 표현이다. in. 《아카데미의 심리학과 정치학에 대한 연구 보고서 *Compte rendu des Travaux de l'Académie des sciences morales et politiques*》, 1903.

적인 감정과 종교적 죄의식 위에서 찾을 것이 아니라 과학적이고 합리적인 원리 위에서 찾아야 한다. 그것은 개인을 무시하는 것이 아니라 개인에게 좀 덜 요구하는 동시에 좀더 요구하는 것이다. 좀 덜 요구한다는 것은 개인이 자기 자신을 위해 일을 할 때 개인의 죄의식이 작용할 일이 전혀 없다는 점에서 그렇다. 왜냐하면 개인은 스스로를 위해 일함으로써 사실은 타인을 위해, 어쨌든 집단적이 될 축적물의 누적을 위해 일하기 때문이다. 좀더 요구한다는 것은 이해 관계의 자생적 조화와 그로부터 나오는 진보의 자연적인 방향이 존재하지 않는다는 점에서 그렇다. 분업은 아마도 진보의 과정에서 언젠가는 피할 수 없는 희생자를 만든다. 그러나 사회에 속하려는 마음이 사라지도록 해서는 안 된다. 사회가 분열되고 사회적 축적물의 전달에 필요한 단일성을 잃어버리는 일이 도래할 때를 제외하고는 말이다. 이러한 붕괴에도 개인은 전혀 잃을 것이 없다. 왜냐하면 자유주의가 개인을 진보의 단순한 도구로 취급하는 반면에, 연대주의는 개인을 진보의 **궁극목적** 자체로 삼기 때문이다. 분업의 부당한 결과를 보상해주는 모든 것에 연대성을 확장하는 것은 개인의 죽음을 의미하는 것이 아니라 개인이 성숙할 기회의 집단적인 증가를 의미하는 것이다.

이렇듯 연대주의는 연대성 개념을 통해 공화주의 국가의 역할에 대한 정의에 철학적인 틀을 제공한다. 우리는 이러한 개념이 사회 속에서 작용하게 해준 권리와 의무가 갖는 각각의 몫을 어떻게 조정해야 하는지를 몰랐다. 권리와 의무 사이에서 연대주의는 우선권의 역사적 순서(부채가 권리를 앞선다), 다른 편에 대한 한편의 계산 순서(권리가 사실상의 상황과, 사회 속에서 알려진 결함들에 상응하기 때문에 우리는 부채에서 비롯된 연대성의 필요에 따라 부채를 작성할 것이다), 마지막으로 진보성의 순서(연대성은 진보를 보증하기 위해 거기에 있다. 진보의 혜택은 그 대신에 연대성의 영역을 확장시켜 준다)를 도입한다. 연대성을 실행함으로써 공화국은 사회의 진보에 기여하고, 국가는 거기에서 사명을 발견한다. 사회에 어떤 질서를 강요하거나 다른 질서를 재건할 필요는 없지만 단지 사회의 진보만은 보장해야 한다. 국가는 전횡적인 권력이거나 멀리 있는 수호 권한이 아니라 진보의 실제적인 수호자이다.

한 문장으로 요약하자면, 제3공화국의 설립자들이 보기에 연대성의 발명이 갖는 이점은 연대성 개념에 호소함으로써 주권의 요구가 진보에 대한 믿음으로 대체된다는 점에 있다.

여기에서 주요 과녁은 물론 주권이다. 주권이라는 용어가 사회에 퍼뜨렸던 분노와 공포를 추방할 의무가 있는 정부에게 필요한 위상을 갖기 위해서 제3공화국은 바로 주권으로부터, 주권을 통해 루소로부터 벗어나고자──말하자면 훌훌 털어 버리고자──시도한다. 주권을 가지고서 혁명은 할 수 있지만 하나의 사회를 만들 수는 없다. 주권이라는 용어는 무정부주의와 귀족주의의 혼합을 담고 있다. 그것은 가장 아름다운 반항의 모습을 만들어 낼 수 있지만, 또한 사회를 통제 불가능하게도 할 수 있다. 쥘 발레스를 생각해 보라. 가브로슈와 배리 린던이 뒤섞인 것 같은 그는 결투에서 싸우는 만큼이나 바리케이드를 치는 데도 재빠르다. 그래서 우리는 일반 의지를 구현한다고 선언하는 국가에게 개인의 주권을 양도하면서 아무것도 타결짓지 못할 것이다. 왜냐하면 이 일반 의지란 사실상은 존재하지 않으며, 그 결과로 국가의 성격에 대한 해석은 국민의 한 부분을 희생시키면서 다른 한 부분의 음모에 국가를 넘겨 주기 때문이다. 즉 기피하기 힘들기 때문에──왜냐하면 이제는 사회를 구성하는 **모든** 개인들을 표상한다고 여겨지기 때문에——더욱 위험한 기계의 추상적 형상으로 전제군주의 옛 모습이 반복된다.

공화국을 이 주권 개념이 몰고 갈 수 있는 막다른 길에서 구하기 위해서는 통치자의 선출 문제와 정부의 활동 조건의 문제를 분리해야 했다. 정기적인 투표를 통해 우리는 주권의 사용을 통치자들의 선출에 제한하고, 이 선출에 사회의 분할 효과를 제한할 수 있다. 의견의 적대성과 변동은 이러한 유일한 과정 속에서 작용하고 해소될 수 있다. 이것은 별다른 위험이 없는 일인데 그 이유는 우리가 국가권력의 행사에 사회 내의 연대성을 유지하고, 나아가 증가시키는 유일한 임무를 동시에 부과하기 때문이다. 선거를 통한 여론의 정기적인 표명은 연대성의 증대를 위한 사회 안의 바람직한 리듬을 정해 주는 데도 사용될 것이다. 그러나 이러한 분리와 정치적 열정의 상대적 감소를 성공시키려면 이러한 활동으로 잃는 것보다 얻는 것이 더 많음을, 그리고 즉각적인 희망과 두려움의 표출이 결국 그 보상을 받을 것임을 보여주어야 한다. 연대성에 의해 승리하는 것이 바로 진보임을 보이고 증명해야 한다. 진보와 함께 착수하는 것은 공화주의의 이상을 실현하는 진보적이며 평화적인 양식이지 우리가 주저하는 불가피한 시련이 아님을 증명해야 한다.

그리고 이 길에서 진보의 공화주의자들은 그들의 정부 형태를 통해 이러한 전략적 입장의 뛰어남을 증명하면서 제1차 세계대전까지는 잘 나아간 것처럼 보인다. 속도는 느리지만 사회 개혁은 정치 생활의 중심을 차지한다. 사회 개혁은 공화주의적 이상의 평화적 실현이라는 생각을 퍼트린다. 그것은 사회 개혁이 우익 정당들과 좌익 정당들을 분명하게든 아니든 이러한 새로운 게임의 규칙을 받아들이는 분파로 분할하고, 이러한 진보의 과정을 가속시키거나 절제시키며,

어쨌든 그 과정의 적절성을 인정하기 때문이다. 이것은 과격해지고 급진적이 되어가는 다른 분파에 맞서 이러한 통치 기술의 효율성에 따라 이루어진다. 좌파에서나 우파에서 목적의 폭력성과 그것이 의미하는 정치력의 상실에 의해 극단주의자들로 판명된 사람들은 새로운 통치 형식의 토대가 확대되었다는 것을 그들 나름의 방식으로 증명하는 것 같으며, 이 새로운 통치 형식이 반대 진영을 뿌리뽑고 진보의 실현을 위해 반대 진영의 온건파에 접근하며 극단주의자들로 하여금 자신들의 교조적 경직성에 대해 생각하게끔 만드는 능력을 가졌다는 증거를 제공해 주는 것 같다.

주권의 요구를 진보에 대한 믿음으로 전환하는 작업은 따라서 공화주의자들의 전략적 헤게모니의 도구이다. 이러한 작업은 공화주의자들에게 두 입장 사이의 결정적인 경계선을 통과하도록 허용한다. 그러나 동시에 그것은 공화국에 대한 애착을 진보에 대한 믿음과 연결시키지 않는가? 이러한 작업은 공화주의적 규율의 수용이 평화적인 개혁에 의해 갈등을 줄이고 공화주의적 이상을 실현하는 능력을 항상 증명하도록 조건짓는 것은 아닌가?

공화국에 대한 이러한 긍정적 표현이 선언되자마자 이 표현은 그것을 공식적으로 진보의 수단이자 목표로 삼았던 관계의 원칙에 의해 공격을 받는다. 특히 한 사람이 이러한 싸움에 결정적인 힘을 제공했다. 그가 바로 소렐이다. 소렐은 조용하고 말썽도 없으며, 따라서 원대함도 없는 진보에 대한 무기력한 담론을 전하고 있는 공화국을 혐오하고, 연대성의 추상화를 통해 정의라는 개념의 순수성을 파괴하기 때문에 어떠한 심오한 도덕적 요구도 허용하지 않는 체제에 진보라는 주제가 편안함을 제공한다고 저주한다.

조르주 소렐의 저작은 공화국의 새로운 합리화에 대한 일종의 이면으로 읽힐 수 있다. 그것은 공화주의자들이 사회의 구성원들을 평화적으로 연결시키고, 그들을 미래의 조화를 향해 조용히 인도하는 진보의 발걸음을 따르게 할 수 있다고 믿었던 뜨개질의 올을 푸는 데 각고의 노력을 기울이고 있다. 《폭력론》은 마르크스주의의 이론적 연장이라기보다는 연대성이라는 주제에 대한 즉각적인 반응이다. 이러한 반응은 폭력의 부정적 측면을 구실로 삼기 때문에 여기에서 그것에 답변해야 한다. 소렐은 그의 친구 라가르델이나 에두아르 베르트처럼 '비연대성(insolidarité)'을 격찬하고 갈등의 불가피성을 필수적인 것이라 확언하는 것으로 만족하지 않는다.[27] 그는 폭력을 긍정적 순간으로, 창조적이며 본질적으로 도덕적인[28] 현상으로 찬양한다. "우리 시대의 위대한 사상가들의 지고한 모든 도덕은 명예감을 거부하는 것에 기반을 둔 것이 아니겠는가, 그리고 우리 동시대인들이 부드러움에 대해 갖는 감탄 속에 어리석음이 있지는 않은가?"[29] 사회적 폭력은 바로 그것의 전투적인 면에서 도덕적 가치를 창조하는 것이다. "사회 전쟁은 모든 조직된 군대에서 너무나 자연스럽게 발달하는 명예에 호소함으로써 도덕을 무능력하게 만드는 나쁜 감정들을 제거한다. 혁명적 조합주의에 높은 문명화 가치를 부여하는 이유가 이것밖에 없다면, 이러한 이유는 폭력의 변호인들에게 결정적인 것

---

27) 라가르델은 '비연대성'의 상태를 격찬한다. 이것은 프롤레타리아가 자기의 역사적 사명을 완수하고 싶다면 다른 사회 계급들과 함께 살아야만 하는 상태이다. (in 《자유 대담 Libres entretiens》, '진실을 위한 연합(l'Union pour la vérité)' 출판사, 1906) 비연대성이란 표현은 베르트가 다음해 《사회주의 운동 Le Mouvement socialiste》, 1907에서 다시 사용하게 된다. "비연대성을 약화시키려 하기보다는 그것을 더 심화시키고, 철저하게 따르며, 그것을 진정한 계급 투쟁으로 변모시켜야 한다."(p.488)

28) 소렐은 이 점에서 샤를 모라스와 매우 유사하다. 모라스는 연대성이라는 추상적 이론에 '정의'와 '인류'의 개념이 없음을 고발하고 있다.

29) Georges Sorel, 《폭력론 Réflexions de la violence》, 1906.

인 듯하다."[30]

연대성의 추상화에 대한 이러한 비판 직후에 그는 《진보의 환상》에서 이러한 용어하에 전개된 당시의 부르주아 사상의 무기력함을 고발한다. "나는 야바위꾼 같은 그런 신조들 중의 하나인 진보를 비판하고자 했다."[31] 특권층을 위해 기독교에 포함되어 있는 숭고의 요구를 포기하는 사회에서 17세기에 태어난 진보는 그때부터 줄곧 '현대 민주주의에까지 이르게 될 큰 물결'의 본질적인 한 요소가 된다. "왜냐하면 진보의 교리는 내일의 어려움을 염려하지 않은 채 오늘의 재화를 태평하게 즐기게 해주기 때문이다. 그것은 빈둥거리는 귀족들의 예전 사회를 만족시켰으며, 민주주의가 권력에 올려 준 정치가들을 항상 만족시킬 것이다."[32] 그것은 인류가 쉽사리 야생 상태에서 귀족 생활에로 이행하는 역사에 대한 논거를 제공해 주기 때문에 진보의 주제는 온갖 우민 정치를 허용할 것이며, 역사의 진실이 기술의 실제적 진보와 신화의 바꿀 수 없는 힘에 근거한다는 점에서 역사의 진실을 부인하는 데 사용될 것이다.

따라서 연대주의 공화국에 대한 비난에서 조르주 소렐은 연대주의 공화국이 맞서고 있는 두 개의 대립되는 경향을 모은다. 그는 마르크스와 프레데릭 르 플레를 언급하며 동일하게 경의를 표한다. 그는 혁명적 조합주의자들과 발루아 왕당파들에 대해 동등한 우정 관계를 맺는다. 공화국의 '추상적'이고 '무기력한' 사상에 맞선 투쟁 때문에 그는 공화주의적이 아닌 모든 것에 가까워지고, 연대성이라는 사회의 조용한 질서로, 그리고 역사——그가 보기에는 진보——에

---

30) 《폭력론》을 소개하는 1908년의 마탱지의 기사에서.

31) 《진보의 환상 Les illusions du progrès》, 1908.

32) Ibid.

대한 수다로 축소될 수 없는 요구를 구현하는 모든 것에 가까워진다. 일생을 두고 그는 마르크스주의자, 무정부주의자, 조합주의자, 교조적 가톨릭 신자, 무솔리니주의자, 그리고 레닌주의자 등 민주주의자를 제외한 모든 것이 된다. 그리고 이러한 모든 극단주의에 대한 그의 요구를 이끄는 방황 자체를 통해 그는 미리 그런 것처럼 제1차 세계대전 후에 전개될 전체주의적 담론의 상승하는 힘이 들어 있는 이러한 반원 모양의 배치의 모든 단계들을 연결하고 섭렵한다. 공화국이 자신의 운명을 연결시켜 놓은 이 유명한 진보의 담론에 대한 의심이 생겨날 때 그의 계속적인 열정들의 유일한 공통 분모인 반민주주의적인 증오는 그를 새로운 정치적 모습의 예언자, 기술에 대한 매혹과 역사적 신화의 힘 사이의 만남으로 생산된 이 모든 잡종의 괴물들의 예언자로 만든다. 소렐은 죽을 때까지 자신의 열정에 부합하게 살았다. 그의 무덤을 보존하기 위해 두 사람의 밀사가 공화국의 관리 곁에 나란히 참석했다. 바로 레닌과 무솔리니의 밀사였다![33]

---

33) 조르주 소렐의 행적에 대한 가장 뛰어난 연구는 분명 1947년에 첫판이 출간된 피에르 앙드뢰의 《조르주 소렐, 흑과 적 사이에서 *Georges Sorel, Entre le noir et le rouge*》이다. 이 책은 1982년에 시로 출판사에서 재출간되었다.

제III장
사회보장의 향상

 연대성 개념을 발명함으로써 제3공화국은 만인의 평등한 주권을 바탕으로 한 그것의 **정치적 기반**에 내재해 있는 모순들을 해결하는 하나의 방법을 발견했다. 연대성은 공화국의 선포로 야기된 모순되는 요구와 두려움들을 진보에 대한 공동의 믿음으로 변환시켜 주는 통치 원리이다. 적어도 그것은 종종 우리의 황금 시대로 제시되는 이 19세기말에 공화국을 통치하고 있던 이들이 확언하는 것이다. 그때는 공화국이 자신의 악마들에 맞서 결정적으로 승리하는 것 같고, 이 세기말을 특징짓던 혼란에서 벗어나는 것 같으며, 사회의 **진보를 보증하는 국가**의 모습을 만들어 내면서 완성되는 것 같은 시기였다.

 그러나 이러한 작업은 같은 시기에 조르주 소렐 같은 사람들이 지적하고 있는 그것의 어두운 면을 갖고 있다. 이러한 작업은 연대성이 허용한 사회의 전반적 진보의 이름으로 정치적 모순을 제거하는 것이기 때문에, 시민의 눈에는 진보가 유용한 한에서만 공화국은 유용한 것이 된다. 진보가 헛된 말이 아니며 연대성이 그럴두하지만 막연하고 의심스런 내용을 가진 단순한 말이 아니라는 증거가 진보를 통해 제공되는 한에서만 공화국은 믿을 만한 것이다.

그렇다면 공화주의 국가가 사회의 진보를 보장하기 위해서 시민 사회에 대해 사용하는 수단들은 무엇인가? 공화국이 고통을 겪은 것은 단지 그것의 정치적 기반——주권——의 난제 때문만이 아니라 그것의 특권적 도구, 즉 **권리의 언어**의 실패 때문이기도 했다. 사람들은 **권리의 언어**가 선포되기만 해도 사회 안에 조화가 재정립되리라 기대했다. 하지만 권리의 언어는 국가의 역할에 대한 두 가지의 모순적인 의미로 분열되었는데, 그 두 의미는 각각 국가를 1848년에 처음으로 공화국에게 치명적인 대기 상태에 처하게 했다.

어떤 사람들은 1848년의 정부에게 개인들의 시민적 상황을 그들의 새로운 정치적 위상에 맞게 높이고, 자본의 보유자와 생계를 위해 노동만을 가지고 있어서 정치적으로는 주권을 가진 존재로 선포되는 반면에 경제적으로는 자본의 보유자에 예속되어 있는 사람들 사이의 수치스런 대조를 제거하라고 말했다. 다른 사람들은 반대로 공화주의 국가가 그러한 독촉을 따른다면 책임이라는 개념 자체를 훼손하고, 시민 사회의 자율성과 개인의 자유를 제거할 위험이 있다고 주장했다. 재산의 안전과 개인의 자유만이 계약에 대한 존중을 보장해 주고, 한편에는 기업하는 능력을, 다른 한편에는 계약의 이행을 확보해 줄 수 있기 때문이다. 이처럼 정의의 요구에 기초한 새로운 **정치적 책임**과 자유의 존중에 기초한 **시민적 책임** 사이에 사로잡혀서 공화주의 국가는 1848년에 이미 마비 상태였다. 사회를 이러한 자본과 노동 사이의 대치 앞에 방치함으로써 국가는 정치 협잡꾼의 먹이가 되었다. 이것은 국가가 그러한 결정적인 갈등 속에서 중립을 유지하는 척했던 대가였다.

자신의 정치적 기반 자체에 내재해 있는 난점들을 해결하기 위해서 공화국은 연대성이라는 개념을 발견한다. 그러나 시민 사회에 대한 국가의 활동을 구체적으로 결정하는 것이 문제인 상황에서 연대성이라는 것이 실제로 무슨 유용성이 있는가? 연대성은 대단히 훌륭한 이론이다. 그러나 그것이 실용적인 가치도 가지고 있는가?

연대성의 영향하에 19세기말에 **사회법**이라 부를 만한 것의 기초를 세운 입법 운동이 전개되었다. 그것은 노동 조건에 관계된 법으로, 노동자가 사고·질병·노화·실업 등으로 노동력을 잃는 다양한 경우에 그들을 보호하기 위한 법이다. 이러한 항목 아래 사람들은 가정에서의 아동과 부녀자 보호법, 사회의 모든 구성원의 건강·교육·도덕성의 조건들을 돌보기 위한 다양한 조치들을 포함시키게 되었다.

우리는 이러한 사회법의 이름으로 시민적이고 사적인 관계 영역에 공권력의 개입이 증가함을 보게 된다. 가장이나 기업주의 책임의 의미가 그러한 요구를 충족시키기에 부족해 보이거나, 반대로 이러한 공공연한 책임이 개인의 행복과 사회의 바른 흐름에 해를 끼치는 개인적인 의존과 태만을 유지하는 알리바이로 쓰일 때 공권력은 도처에서 발동된다.

따라서 사회법은 연대성 이론의 실천적 적용처럼 제시된다. 그러나 어떻게, 어느 정도까지, 어떤 대가로 이러한 도구로 1848년에 나타난 고전적인 법 내부의 모순을 해결한다고 주장할 수 있었는가?

사회법은 민중 계급, 그리고 일반적으로 사회의 가장 취약한 범주들을 향상시키고자 한다. 그러나 국가의 역할 증대에 대한, 그리고 국가가 특정 계급의 문제를 해결하는 즉시 국가가 당파적으로 이용될 수 있는 위험에 대한 자유주의적 불신을 제거하면서, **어떻게** 공권력으로 민중의 상황을 향상시켜야 한다는 요구를 충족시킬 수 있었는가? 어떻게 제2공화국 노동권의 경우에 그랬던 것처럼 민중 계급들에게 국가에 대한 권리를, 국가에 대한 전복적인 점거를 제공하지 않는 권리들을 그들에게 부여할 수 있었는가?

연대성 이론에 따라 사회법은 사회의 결핍을 복구하고 가난의 결과를 보상하며, 억압의 결과를 줄이고자 할 뿐이다. 이 법은 사회를 교정하려는 것이지 재구성하려는 것은 아니다. 그러나 이 법은 **어느 정도까지** 사회보장 문제와 관련된 근본적인 대립——노동과 자본 사이의 대립, 공화국에서 만인이 평등한 정치적 주권을 갖는다는 말을 거짓으로 보이게 하는 자본에 대한 노동의 경제적 예속——을 줄일 수 있을 것인가?

공화주의자들에게 있어서 연대성 개념의 이익은 사회를 분열시키는 세력들에 대한 국가의 중립성을 유지시키면서 국가에게 실증적인 역할을 규정해 주는 데 있었다. 그런데 사회법을 통한 국가의 개입은 이 세력들의 소멸을 유도하면서 사회의 일반적 움직임에 대한 책임을 자신에게로 전이시킬 뿐이다. 그렇다면 이제 **어떤 대가로** 사회를 구성하는 세력들에 대한 국가의 공화주의적 중립성을 지키는 동시에 사회의 진보를 보장할 수 있을 것인가? 국가는 사회보장의 조건인 경제적 진보는 고려하지 않고 **사회보장을 할** 수 있을 것인가? 그리고 사회 진보를 이끄는 과정에서 자신이 독점권을 갖는다고 주장하는 두 이데올로기들 중 하나를 선택하지 않고 어떻게 그런 임무를 잘 완수해 나갈 것인가?

이러한 질문들을 통해 우리는 복지국가의 계보학에 초대하고자 한다. 이 계보학은 어떻게 정치학에서 주권의 축소가 시민적 차원에서 책임의 축소를 불러왔는지를 보여줄 것이다.

1. 사회법

19세기초부터 고전적인 정치경제학의 법칙들을 순수하게 엄격히 적용했기 때문에 등장한 것 같아 보이는 사회 문제에 대한 실용적인 해결책을 찾으려는 온갖 연구들이 **사회경제학**이란 용어 아래 모인다. 이 '사회경제학'은 비교적 일관성이 없는 학문이었다. 특히 시스몽디의 것을 포함한 많은 시도들에도 불구하고 사회경제학은 사회 문제들의 다양한 양상에 대한 구체적인 수많은 해결책들을 하나의 꼬리표 아래에 모아 놓은 것 이상이 되지 못했다. 그것은 자신의 대상·개념·방법들을 엄밀하게 지정할 수가 없었다. 개인적인 도움, 자선, 재건 부락, 상호 원조 단체들, 저축, 협동조합 등 많은 '해결책'들이 각자 나름대로 19세기의 주요 이데올로기적 흐름에 실려 있다. 자유주의자들은 그 중에서 개인적인 도움과 저축을 지지하고, 보수주의자들은 귀족이 후원하는 상호 원조 단체, 그리고 재건 부락과 다소 강제적인 시골 이주를 지지하고 있으며, 사회주의자들은 협동조합과 경제와 관련된 국가 조직을 지지한다.

그런데 1880년대말에 과다하면서도 뼈대 없는 이 영역에 하나의 '새로운 학파' ——이 용어는 샤를 지드가 만든 것이다——가 생겨난다. 이 학파는 마침내 이 영역에 과학성을 제공할 수 있다고 자부한다. 연대성 개념을 중심으로 조직된 이 학파는 서로 완전하게 조화된 사회 이론과 사회 문제 해결의 기술을 제공할 수 있다고 주장한다.[1]

이론적인 면에서 볼 때 '새로운 학파'는 얼마 전부터 자유주의·전통주의뿐만 아니라 다양한 유형의 사회주의가 다져 놓은 길에서 빠져나오려고 시도한 다양한 사조들 사이의 종합으로부터 생겨난 것이다. 먼저 에밀 드 라블레의 '소유의 원초적 형태'에 대한 연구와 같은 많은 역사적 연구들은 소유 제도와 임금 제도가 불변하는 것이 전혀 아니며, 역사적이고 진화하는 특성을 가졌음을 보여준다.[2] 따라서 우리는 그것들을 바꿀 수는 있지만 점진적으로, 그리고 그것들의 진화의 고유한 법칙들과 그것들에 영향을 미치는 것처럼 보이는 방향을 고려하면서 바꿀 수 있다. 그러한 것은 뒤르켕의 작업을 증명하고, 그것에 일종의 역사적 검증을 제공했다. 왜냐하면 뒤르켕의 작업은 사회 현상이 개인의 심리적 동기나 정치적 의지만의 몽상으로 환원될 수 없음을 가르쳐 주었기 때문이다. 사회 현상을 이해하고 그것에 영향을 미치려면 언제나, 그리고 반드시 사회적 사실에서 출발해야 한다. 달리 말하면 도덕적이고 정치적인 연설에 의해서가 아니라 바로 사회적 환경에 영향을 미치면서 변화를 가져오는 것이다. 마지막으로 독일학파는 사회적 연대성의 틀 안에 국가의 고유한 사명이라는 생각을 옮겨 놓았다. 프랑스에는 루조 브렌타노와 섀플의 저작으로 알려진 비스마르크의 사회 정책은 국가를 기존 질서를 지키는 역할——혁명가들에게는 손쉬운 과녁이다[3]——에 가두어 놓

---

1) 사회경제학에 대해서는 대체로 다음의 저서가 읽을 만하다. Gaëtan Pirou, 《1870년 이후 프랑스에서의 경제 이론 Les Doctrines économiques en France depuis 1870》, Paris, 1934. 새로운 학파에 대해서는 Charles Gide, 《사회경제학 Économie sociale》, Paris, 1905. 또한 같은 저자의 《연대 Solidarité》, Paris, 1932. 이는 1927년과 1928년에 콜레주 드 프랑스에서 강의한 강의 노트 형식으로 된 새로운 학파에 대한 하나의 연대기이다. 그리고 C. de Greef, 《역사적 방법에 따라 본, 또한 사회학적 관점으로 본 사회경제학. 이론과 적용 L'Économie sociale d'après les méthodes historiques et au point de vue sociologique. Théorie et applications》, Bruxelles, 1921.

2) Émile de Laveleye, 《소유와 그것의 원초적 형태에 대하여 De la propriété et de ses formes primitives》, Paris, 1877.

3) Lujo Brentano, 《노동 문제 La Question ouvrière》, 1885년에 독일어를 번역한 것이다. Albert Schäffle, 《사회주의의 정수 La Quintessence du socialisme》, 1880년에 말롱이 번역했다.

은 소위 자유주의적 정의로부터 국가를 빼내어 사회의 결속이라는 국가의 진정한 사명을 완수한다면 사람들은 전복에 맞서 싸울 수 있다는 것을 보여주었다. '새로운 학파'에 대해 샤를 지드가 다음과 같이 소개하는 순서에 따르면 모두 세 가지 요소가 있다. '새로운 학파'는 "사회를 그것의 역사적인 전개 과정 속에서 연구하며, 실천적 작업을 통해 환경을 우선 변화시켜 인간을 변화시키고자 하는 방법의 실행인데, 이것은 이 학파가 동일한 사회 속에 살고 있는 인간들을 결합시키는 보이지 않는 관계에 대한 가시적 표현이라고 간주하는 국가의 작용에 의해 이루어진다."[4]

실천적인 측면에서 볼 때 이러한 연대성을 실현할 수 있고, 자본가와 임금 노동자를 지탱하는 역사적 논리를 공격하지 않으면서 자본가와 임금 노동자 사이의 관계를 수정할 수 있으며, 사회 환경의 변화를 통해 개인의 더 나은 교화를 보장할 수 있고, 특히 인간들 사이의 보이지 않는 관계——국가는 이 관계의 가시적 표현이다——를 구체화할 수 있는 기술은 무엇일까? 새로운 학파 사람들이 보기에 유일한 해답은 **보장보험 기술**이다. 비스마르크가 독일에서 실행한 것이 바로 그것이다. 이것은 성공을 거두었고, 독일은 사회 문제에 관심 있는 사람이라면 누구나 가야 하는 필수 순례지이자 '새로운 사회경제학자들'의 메카가 되었다. 제1차 세계대전까지 30여 년 동안 이 기술은 사회보장 문제에 대한 모든 논쟁의 중심에 있게 된다. 많은 회의에서 이루어진 국제적 규모의 논쟁에서 새로운 학파는 이 기술이 얼마나 동시대의 연대성 개념에 가장 일치하며, 도처에서

---

4) In: 《산업재해에 대한 파리 국제회의의 *Congrès International des accidents du travail de Paris*》, 1889.

느껴지는 욕구에 가장 적합한지를 보여주는 전공 분야가 된다. 이러한 기술 덕분에 새로운 학파는 연대성의 담론에 있어서 경쟁적 학파들——자유주의·전통주의 혹은 사회주의——을 능가하게 된다.[5]

바로 고전적 자유주의학파에 맞서서, 그리고 자유주의학파에 따르면 노동 관계를 독점적으로 지배해야 하는 법률적 개인주의에 맞서서 보장보험 방법의 탁월함이 처음부터 우위를 차지한다. 자유주의학파의 말을 믿는다면 모든 것이 개인 사이의 계약일 뿐일 것이며, 그러한 관계의 틀 안에서 생기는 문제들은 노동자든 사업주든 관련 당사자 어느 한쪽에 잘못을 위임하는 과정에만 속할 뿐이었다. 그런데 정말로 사회가 이러한 식으로 돌아간다면, 그것은 바로 사회가 잘못 돌아가고 있다는 것을 의미한다. 산업재해와 같은 민감한 문제에 대해 고려하자고 새로운 학파의 지지자들은 말한다. 사회적인 대립이 지나칠 정도로 커지는 영역이 있다면 그것은 바로 이 영역이기 때문이다. 사고나 과로에 의해 일어나는 절단이나 사망 사건은 노동자와 사업주 사이의 관계에 작용한다. 언제나 같은 계급이 겪게 되는 끝없는 고통의 현존이나 위협은 그 계급으로 하여금 생산을 지배하는 사람들에 맞서 가차 없이 투쟁하겠다는 생각을 불러일으킬 수밖에 없다. 그런데 이 문제를 다루기 위해 그때까지 사람들이 취하던 조치는 무엇이었는가? 그것은 사법적 수사와 사고의 원인이 된 잘못에 대

---

5) 새로운 학파에 의한 보장보험 기술에 대한 선전은 특히 1889년 파리, 1891년 베를린, 1894년 밀라노, 1897년 브뤼셀, 1900년 파리, 1905년 뒤셀도르프, 1905년 빈에서 열린 산업재해에 대한 국제회의 보고서에서 찾아볼 수 있다. 이 기간 동안 문제의 회의들은 매우 논쟁적인 성격을 띠고 있으며, 우리는 이 새로운 기술을 둘러싸고 펼쳐지는 정치적·이론적 이슈들을 관찰할 수 있다. 혹은 오히려 새로운 기술이 국가의 개입에 대해 가해진 고전적인 이데올로기 비판을 제거하는 데 성공하는 방식을 관찰할 수 있다. 1909년 이후 이러한 회의들은 훨씬 더 기술적인 성격을 띠게 된다.

한 책임 추궁이었다. 정당한 보상금을 받기 위해서 사고를 당한 노동자는 잘못이 사업주에게 있음을, 사업주가 기계의 상태나 노동 시간표에 있어서 계약을 지키지 않았음을 증명해야 한다. 모든 것은 공장의 규칙 문제로 귀결되는데, 그것은 사업주가 마음대로 정한 것이다. 노동자가 처한 경제적 예속 상태와 더불어 이것은 이러한 종류의 사건의 3분의 2가 법적인 해결책이 없는 이유를 설명해 준다. 그러나 운좋게 노동자가 승소하더라도 자유주의적 논리는 자신의 실제적 비도덕성 이외에도 경제적 위험을 드러낸다. 왜냐하면 사망 사고의 경우, 책임이 증명된 사업주가 지불해야 하는 엄청난 보상금은 기업을 급속히 파산시킬 수 있기 때문이다. 따라서 1880년경 이러한 문제의 경우 법적으로 책임을 묻는 것은 해결책이 아니다. 그것은 대다수 사건의 경우에 책임자를 처벌할 수 없으며, 처벌에 이를 경우에는 경제적 면에서 다른 문제를 야기하기 때문이다. 어느 경우에서든 법적으로 개인적 책임을 추궁하는 것은 그렇지 않아도 어려운 생산 관계 환경을 악화시킬 뿐이다.

바로 산업재해의 문제에 있어서, 보장보험 기술은 개인적 책임 개념보다 집단적 연대성 개념이 우월하다는 것을 분명히 증명한다. 수많은 사건들이 잘못의 귀속 여부를 정하기가 어려운 특성 때문에 미해결인 채 남아 있다면, 이 사고들을 개인적 의지의 결과라기보다는 본의 아닌 **집단적 사실**(fait collectif)의 결과――이 결과는 이러한 전반적 분업을 바탕으로 나타나는데, 이 전반적 분업은 모든 작업자들을 상호 의존적으로 만들기 때문에 그들 중의 누구도 자기 작업에 대한 완전한 통제권을 갖지 못하고 결과적으로 누구도 전적인 책임을 질 수가 없게 되기에 이른다――로 간주하는 것이 더 낫지 않은가? 대부분의 경우 사고는 작업의 전체 과정에서 생기는 우연하고 **우발**

적인 결과이며, 따라서 작업에 참여한 모든 사람이 사고의 발생과 그 결과 초래된 손해에 대한 배상에 연루된다. 그러므로 고의나 태만에서 생기는 예외적이고 명백한 경우를 제외하면 잘못한 개인을 찾을 필요가 없다.[6)

우리는 작업 상황에서 일어나는 모든 사건 문제에 보장보험적 계산 방법을 적용할 수 있다. 잘못의 개념을 직업적 위험의 개념으로 대체함으로써 체계적인 화의 방법을 위한 길을 어찌 보면 미리 제시할 수 있다. 보장보험은 다른 영역——특히 상업적 거래의 틀에서 재산상 돌발적인 일이 생길 수 있는 경우——에서 이미 이 방법의 모범과 효율적인 증거를 제공한다. 각각의 참여자는 돌발 사태나 사고로 생길 수 있는 문제들을 위해 안전을 보장받는 대신 미리 일종의 희생을 감수하게 된다. 이러한 **위험의 사회화** 덕분에 사고를 당한 노동자는 분명히 자기가 겪은 손해를 전적으로 배상——이런 생각이 일리가 있긴 하지만——받지는 못하겠지만 어떠한 소송도 시도할 필요가 없으며, 따라서 법적인 소송불수리와 충돌할 위험도 없이 항

---

6) 보장보험 기술과 그것이 책임 개념에 미친 영향에 대해서는 다음의 책을 참조할 수 있다. Tabouriech, 《산업재해에 대한 보장. 집단적 보장과 시민의 책임론 *Des assurances contre les accidents du travail. Assurance collective et de responsabilité civile*》(외국의 법에 대한 조사와 1888년에 하원에 의해 결의된 법안의 사본이 함께 실려 있다), Paris, 1888. 특히 Soleilles는 《산업재해와 시민의 책임 *Les Accidents du travail et la Responsabilité civile*》, 1897(위법적 책임성의 객관적 이론에 대한 시론)에서 신생의 사회법 속에서 책임의 역할이 축소됨을 분석한다. 사회 문제에 적용된 보장보험의 이론가들은 특히 Maurice Bellom, 《외국에서의 노동 보장보험법 *Les Lois d'assurance ouvrière à l'étranger*》, 1892—1901(전5권)과 Éduard Fuster, 《직업적 위험의 통계학 *La Statistique du risque professionnel*》이다. 에두아르 퓌스테르는 1909년부터 《사회적 보장보험 보고서 *Bulletin des assurances sociales*》를 발행했는데, 이것은 1889년 제1회 파리회의 이후 출판된 《노동회의와 산업재해 상임위원회 보고서 *Bulletin du comité permanent des congrès et accidents du travail*》의 뒤를 이은 것이다.

상 일정한 배상을 받을 것이다. 사업주의 경우 증거를 제공하는 일이 그때까지는 노동자에게 귀속되어 있었다는 사실에 의해 더 이상 보호받지는 못하지만, 반대로 전적인 보상의 위험에서, 특히 인간적인 법 해석에 의해 생길 수 있는 파산의 위험에서 벗어난다.

직업적 위험 개념을 통해서 보장보험 기술의 적용은 산업재해 외의 다른 문제들에까지 확장될 수 있다. 어떤 직업이 비위생적인 데서 생기는 질병 또한 직업상의 위험이 아닌가? 노쇠는 노동자의 신체적 무능력을 가져오므로 역시 같은 방식으로 예견하고 배상할 수 있는 장해가 아닌가? 그리고 실업도 본질적으로 신체적 장해와 같은 형태의 보상을 요구하는 일종의 경제적 장해가 아닌가?

그러므로 인간들의 의무와 잘못에 대한 다툼보다는 인간의 상호 의존성이라는 시각에서 사회 문제를 고려하는 즉시 보장보험 기술은 한없이 **더 효율적**이고 **더 도덕적인** 해결 양식을 제공한다. 그것은 자유주의적 이데올로기가 원했던 것처럼 1차적인 연대성과 비교해 볼 때 2차적이며 파생적일 뿐인 개인적 계약의 영역에만 제한되는 대신에, 뒤르켕이 설명했듯이 사회적 분업의 사실과 그것에서 생겨나는 유기적 연대성을 고려하게 해준다. 그리고 동일한 분석이, 사회보장 문제를 해결하기 위해서는 사업주의 책임이라는 이름으로 구체제의 사회적 예속 형태를 재건하는 것으로 충분하다고 주장하는 전통주의학파의 의견과 해결책에 맞서 제시될 만하다.

프레데릭 르 플레가 세운 전통적 학파는 제2제정과 제3공화국 초기 사회 문제에 대해 혁명적이지 않은 구체적 해결 방안을 찾으려는 아주 뛰어난 사람들이 모인 하나의 중요한 운동이었다. 프레데릭 르 플레는 그들에게 유명한 방법을 제시했다. 서민 가족에 대한 비교 연구와, 상속자들간의 평등한 유산 분배로 인한 소유의 분할이 모든 사회악의 출발점이라고 본 역사적 분석이 그것이다. 이것은 이 학파가 제안한 해결책들이 얼마나 가족의 역할을 복원하는 데 집중되어 있었는지를 잘 말해 준다. 장자상속권의 복원에 의해, 또한 저축의 도덕적인 실천에 의해 가족에게 그 구성원들간의 관계를 유지할 힘과 능력, 즉 가족의 사회적 역할을 개발할 힘과 능력을 다시 부여하는 것이 문제였다. 도시의 인구과잉을 농촌에 되돌려보낼 수 있는 잘 조직된 재건 부락들을 활용하여, 그리고 자선적인 귀족들을 위해 경영되는 잘 이해된 상호 원조 단체들을 통해 재발견하려고 한 것은 바로 사회에서의 가족의 역할이었다.

왜 이 이론을 1880년대초부터 점점 더 주장하기 어려워지는지를 이해하는 것은 쉬운 일이다. 경제 발전과 풍습의 변화는 농촌 사회와 옛날의 가족 형태에만 적합할 뿐인 이데올로기를 낡은 것으로 만들었다. 또한 전통적 학파의 구성원들은 서로 대립되는 두 방향으로 분열된다. 어떤 이들은 이제는 자신들에게 낡은 것처럼 보이는 방법들을 가지고 그때까지 얻고자 했던 노동자와 사업주 사이의 화해의 현대적 원리를 보장보험 기술에서 발견하고서 새로운 학파에 합류한다. 예를 들면 유젠 로스탕과 에밀 셰송 같은 이들이 그런 경우다.[7] 그들은 '새로운 학파'의 가장 열렬한 선전자들에 속하게 된다. 다른 이들은 '국가가 모든 위험에 대해 전적으로 보장하는 재해 원리'에 거부감을 느끼고서 클라우디오 자네와 함께 영국학파에 합류한다. 그들은 상호 원조 단체라는 앵글로색슨의 모델을 그들의 스승 르 플레가 주창한 사회의 도덕 재무장 정신을 가장 존중하는 것으로 간주했다.[8]

---

7) Émile Cheysson, 〈산업재해 Les accidents du travail〉, in: 《사회개혁 *La Réforme sociale*》, 1898년 4월 16일.

8) Claudio Jannet, 《의무 보장 *L'Assurance obligatoire*》, 1888.

그러나 영국의 상호 원조 단체도 약점을 갖고 있고, 연대성 학파는 그 점을 증명할 수 있다고 자부한다. 먼저 상호 원조 단체가 구성원에게 제공하는 보험 지불액은 매우 불평등하다. 즉 너무 불충분하거나 지나치게 많다. 임금과 고용의 안전성이 이미 높은 직업에서는 상호 원조 단체의 출자를 얻기가 수월하지만, 고용과 수입이 불안정한 곳에서는 이러한 단체가 기여하는 것이 별로 없다. 상호 원조 단체가 노동 계급에게 지불하는 보험금이 어떤 경우에는 너무 많고 어떤 경우에는 너무 적다는 특성 때문에 일련의 명백한 나쁜 점들이 생겨난다. 실제로 보조금이 풍부한 영역에서 이러한 단체는 기업에게는 경제적으로 비현실적일 만큼 오랫동안 파업을 끌어가기 위한 자금고의 역할을 쉽게 할 수 있고, 위장된 형태의 동업조합주의를 재건하는 것을 도울 수가 있다. 반면 가난한 영역에서는 이들 사회 원조 단체의 재정이 명백히 불충분해서 국가로 하여금 이 영역의 국민에게 직접적으로 생존 수단을 제공해 주도록 만든다.

앵글로색슨학파가 주창한 상호 원조 단체에 비해, 보장보험 방법은 관련된 사람의 수가 많다는 점 덕분에 분담금 사이의 간격을 완화하기 때문에 모든 범주가 평등한 연대 책임을 갖는다는 커다란 이점을 제공한다. 게다가 이 방법은 배당 구조의 형태가 추상적이고 자동적이어서 연대성의 의미를 남용할 수 없는 것처럼 보인다. 즉 이 방법을 통해서는 결코 퇴직금으로 파업을 후원하는 일 따위는 할 수 없다. 보장보험 기술은 또한 개인적인 저축보다 우월하다. 이 기술은 불안정한 수입으로 인해 저축을 못할 때에도 적용될 수 있기 때문이다. 그리고 그것은 저축보다 더 도덕적이라는 이점도 있다. 저축이란 결국 이기적인 철학에 근거하고 있지만, 보장보험에 의해 예치된 돈은 그 누구도 수혜자가 되길 원하지 않는 곳에서 사용되도록 되어 있는 한편, 모든 이가 공제 대상이 되고 필요한 누구나 사용한다는 사실 때문에 모든 사람이 연대감을 갖게 된다.

따라서 이 새로운 학파가 보기에 전통적 학파의 오류는 개인의 동기화에 영향을 미치면서 가난한 자에게는 '존엄성'을, 부자에게는 측은지심을 다시 갖도록 함으로써 개인을 직접적으로 교화하려 하면서 사회 문제를 해결하고자 한다는 점이다. 이러한 태도가 낳는 수많은 부정적 결과들이 보여주고 있듯이 그것은 문제를 거꾸로 파악하는 것이다. 그것이 갖는 전반적인 비효율성, 그것이 역설적으로 유지하는 비도덕성이 그러한 부정적 결과들이다. 전통적 학파의 관점이 여전히 사회적 평화가 유지되도록 만들겠다고 주장하는 곳이라면 어디에서나 노동 계급을 사로잡는 의존심과 복수심이 나타난다. 그와는 정반대로 행동을 변화시키려면 환경에 영향을 미쳐야 하며, 갈등의 폭력이 사라지는 것을 보려면 사회구성원들 사이에 집단적 연대성의 실제적 관계를 만들어야 한다. 그러나 개인을 교화하는 대신에 사회 환경에 영향을 미치려 하는 것은 바로 사회주의자들이 하고자 하는 바가 아닌가? 사회주의는 이를 위해 노동의 권리와 생산 영역에 대한 국가의 개입을 주장하는 것이 아닌가? 보장보험을 의무적인 것으로 만들고, 국가가 그것을 조직하게 하면서 사람들은 위로부터 천천히 사회주의를 정착시키고 국가 사회주의의 지배를 준비하는 것이 아닌가?

이 체계의 기술적 · 도덕적 우월성은 과도한 정치적 대가를 치르고 얻어지는 것이 아님을 증명하기 위해, 새로운 학파의 지지자들은 보장보험 체계로부터 잠재적인 사회주의라는 모든 의혹을 없애기 위해 전력을 다해야 한다. 보장보험 방법은 특정 계급의 권리 이전에 모든 이의 부채를 내세운다는 점에서 연대성의 요구에 잘 부응하고 있으며, 사회의 재구성이라는 사회주의의 꿈과는 조금도 부합하지 않는다고 그들은 반복해 말하고 있다. 사전에 부채가 존재한다는 원리를 통해, 그것은 사회 문제를 사회의 전반적 재구성을 요하는 근원적 불의의 결과로 다루는 것이 아니라 고쳐져야 할 사실로 다룰 수단을 얻는다. 따라서 보장보험이 열어 주고 있는 권리들은 전복을 유발할 수 없다. 이러한 권리들은 모든 이에 대한 각자의 부채에 비하면 이차적이다. 권리들은 이 부채에 따라 규제되며 물질적 손해의 규모와 관계해서, 또한 이미 설정되어 있는 요금에 따라서 총괄적으로 결정된다. 결국 이 방법이 국가에 주는 역할은 사회 구조를 의지적으로 변모시키는 대리인의 역할이 전혀 아니라, 기존 구조의 내부에서 가능한 한 가장 연대적인 관계를 만들어 내는 역할이다. 이러한 사실에 의해 마침내 국가는 지드의 표현처럼 사회의 구성원들을 결합시키는 '보이지 않는 관계의 가시적 표현'이 될 수 있다. 보장보험 방법에 의해 국가는 생산의 구조들이 사회 계급들에게 그들이 서로 불가피하게 대립한다고 믿도록 만들려 하는 바로 그곳에서조차 개인간에, 그리고 사회 계급간에 연방적 관계——이것은 모든 이가 상호 의존적이라는 것을 확실히 보여준다——를 통용시킨다. 그러므로 보장보험은 사회주의의 대기실이 아니라 그것에 대한 대항책이다. 에밀 세송이 수없이 반복한 말에 따르자면 보장보험은 '수학을 토대로 하고 도덕을 장식으로 가지는 유일한 과학'이다.

1848년 이후로 사람들은 극빈 계급들에게 국가에 대한 권리는 제공하지 않으면서 그들에게 권리들을 부여하는 수단을 찾았다. 이 문제에 대해 연대성 학파는 보장보험 기술의 활용을 통해 엄밀한 해답을 제공했다. 이 방법은 권리보다 부채를 우선시하기 때문에 당파적 전략을 위해 국가를 남용하는 것을 전혀 허용하지 않는다. 사회 전반을 향상시키기 위해 이 방법이 관리하는 것은 바로 모든 사람의 분담금이다. 게다가 문제가 되는 권리들은 사회의 재구성이 아니라 사회적 분업이라는 불행에 의해 발생한 손해 보상을 요청한다. 그리고 이러한 요청은 근원적 불의라는 명목으로 이루어지는 것이 아니다.

사고를 당했거나 아프거나 혹은 실직 상태인 노동자는 법정에서, 혹은 거리 시위를 하면서 정의를 요구하는 일이 더 이상 없을 것이다. 노동자는 행정 기관에 그의 권리들을 요구하고 행정 기관은 노동자의 요구가 타당한지 검토한 후에 미리 정해져 있는 배상금을 지불하게 된다. 노동자는 자신의 상황이 부당함을 주장하기 때문이 아니라 사회의 구성원이기 때문에 사회법의 혜택을 받을 수 있는 것이다. 사회는 사회의 발전 과정에서 생긴 돌발 사고 때문에 특별히 어려운 상황에 처하게 된 사람들에 대해 모든 사람들의 연대 책임을 보증하기 때문이다. 이러한 방법 덕분에 노동자가 받게 될 보장보험금 전체는 그에게 혹시 모르는 배상을 받을 권리, 임금이나 노동력을 보호받을 권리들에 접근할 수 있도록 해준다. 그러나 그것이 노동자에게 기업이나 국가를 경영할 권력을 주지는 않는다. 이러한 사회법 전체는 노동자의 신분이라고 부를 만한 것을 형성하게 된다. 신분(statut)이란 어원적 의미에서 볼 때 개인 위에 투사된 국가의 그림자로서, 사회적 분업으로 생기는 피해에 비례해서 수혜자를 사회의 피보호자라는 상황에 위치시킨다. 신분은 개인을 위한 보호 장치이지만 그 효력은 요구자가 매우 약한 상태에 처해 있음을 증명함으로써만 생길 수 있다. 따라서 19세기말 사회법의 도입은 특수한 위험을 무릅쓰는 구성원들에 대한 공동체의 국지적 보호 장치를 사회 정의에 대한 일반적 요구로 교환하는 것을 가능하게 만든다.

따라서 사회법은 위험의 사회화를 기반으로 구성되는 것이지, 고전적 법의 연장선상에 있는 것이 아니다. 원칙에서 절대적인 고전적 법은 노동권과 소유권 사이의 명백한 대립으로 그 효과가 모순적인 것으로 드러났다. 위험을 사회화함으로써 사회법은 **통계의 상대적이고 균질한 언어** 위에 세워질 수 있으며, 따라서 고전적 법의 모순을 해결할 수 있다. 이 언어는 사실·상황·피해의 상대성과 그것들의 임의적인 특성을 법의 원칙의 절대성과 대립시킨다. 그것은 모든 개인, 모든 계급에 대한 공제 방법의 균질성을 법 해석의 모순과 대립시킨다. 통계라는 새로운 용어에 근거하기 때문에 사회법은 노동권과 소유권 사이의 근원적 대립을 **사회보장의 향상** 장치, 즉 **모든 이의 위험을 감소시키고 각자의 기회를 동시에 증가시키는** 장치로 대체한다고 주장할 수 있다. 노동권은 엄밀하게 옹호할 수 없는 것이다. 왜냐하면 그것은 재산의 강탈과 자유의 제거를 완전히 허용할 것이기 때문이다. 반대로 사람들은 어떤 이들이 다른 이들보다 **더 많은 위험**을 무릅쓸 수 있음을 납득시킬 수 있고, 바로 이 상대성에 의해 이 위험에 연관된 피해를 **보상**하기 위해서 재산을 필연적으로 공제하는 것을 정당화할 수 있다. 소유권은 그 원리상 침해 불가능하지만 사실상 그것의 분배에 있어서는 논란의 여지가 있고 논란거리가 되고 있다. 따라서 각자가 자신이 원하는 상황에 도달할 수 있는 다소 큰 **기회**라는 측면에서 말하는 편이 낫다. 그래서 소유에 대한 정당화와 모든 사람이 소유에 접근할 수 있는 기회를 향상시키는 것이 목적인 공제에 대한 정당화를 동시에 이룰 수 있게 된다.

2. 사회보장과 경제의 분리

사회적 비극에서 개인적 책임의 문제를 제거하면서, 보장보험 기술은 국가에 대한 연대주의적 규정에 적합하게 사회적 비극을 해결하는 장치를 도입하는 것을 실제로 허용한다. 이때 국가의 활동은 사회적 관계의 형태에 작용해야지, 사회의 구조에 작용해서는 안 된다. 이 기술은 정의에 대한 도덕적 요구를 임의적인 속성을 띤 피해에 대한 사회적 보상의 원리로 대체한다. 이 기술은 사회의 재구성을 위해 국가에 가해지는 압력에 대해 사회보장을 향상시키는 원리, 모든 이의 위험을 감소시킴으로써 각자의 기회를 증가시키는 원리를 대립시킨다. 그러나 사회적 관계의 형태에만 영향을 미치기 때문에 이 기술은 오히려 노동자와 자본가 사이에 있는 대단히 자연적인 적대감, 전자의 후자에 대한 너무나 분명한 예속이라는 근본적인 문제는 내버려둔 채 사회보장 문제를 다룬 피상적인 해결책이 아니었는가? **어느 정도에서** 사회법은 19세기초부터 노동자 계급이 이의를 제기해 온 억압의 상황에 대해 진정으로 영향을 미칠 수 있었는가?

노동 계급의 예속 상황에 대해 우리는 일반적으로 계약 형식의 위선적 성격, 즉 자본을 가진 개인과 생계를 위해 노동력만을 가지고 있는 개인 간에 제안되는 교환의 불공정한 관계를 문제의 원인으로 돌린다. 그리고 무자비한 계약 체제의 성립에 대해서는 1792년에 가결된 유명한 르 샤플리에법에 책임을 돌린다. 르 샤플리에법은 인간의 권리들에 대한 위대한 담론을 가장하여 착취의 현대적인 장치를 발전시킨 부르주아적 위선의 표현 자체로 간주된다.

여기에는 최소한 이 법이 탄생한 상황에 관한 한 역사적 오류가 있다. 르 샤플리에법은 프랑스 대혁명의 위대한 인본주의적 선언을 피해서 은밀히 가결된 것이 아니라, 8월 4일 밤에 단행된 특권 폐지의 여세를 몰아 직접적으로 가결된 것이다. 바로 이 순간부터 통제의 명령, 즉 노동을 허가하거나 금지하는 동업조합의 권력이 방해를 받게 된다. 당시 발명가들이 자신들의 산업적 발견을 기반으로 생산할 권리를 요구하는 반면, 동업조합이 거부한 '자질이 없는' 노동자들은 노동할 권리를 요구한다. 이 법은 사실 사업주들의 요구에 따라 노동 협정을 목표로 하지만 동시에 노동자들의 요구에 따라 앞에서 말한, 당시 표현에 따르면 진열대를 열고 자유롭게 일하고자 하는 '자질이 없는 노동자들'의 동업조합적 권력을 목표로 한다. 노동 협정과 동업조합의 독점은 서로를 유발하고 키우는 두 가지 위험 요소로 한 쌍을 이룬다. 노동자들과 사업주들 간의 수많은 논쟁과 대립은 국가의 개입을 요구한다. 르 샤플리에법은 우선 이러한 끊임없는 요구에 부응하고자 한 것이다. 이 법은 노동 문제를 사업주와 피고용자 간의 강제적인 협상에서 해결하도록 한다. 이것은 생산이 여전히 한 명의 가내수공업 업주와 몇 명의 직공 형태로 조직되던 당시에는 결코 비현실적인 것이 아니었으며, 특별히 위선적인 것도 아니었다.[9]

그러나 수공업적인 상황에서 사업주와 노동자 간의 관계를 다룬 이 법의 바로 이러한 출발점에서부터 어려움이 생겨나게 된다. 더 정확히 말하자면 준거가 될 계약 형태가 여전히 하인과 주인의 관계와 같은, 장인과 그를 고용한 사람 사이의 관계에서 당시 사용되던 것이

---

9) 르 샤플리에법과 그것이 가결된 상황에 대해서는 마르크 소제의 《프랑스의 산업입법에 대한 역사적 시론 *Essai historique de la législation industrielle de la France*》를 보라. 이는 《정치경제 잡지 *Revue d'économie politique*》(1892)에서 출판된 일련의 논문 속에 있다.

라는 사실에서 어려움이 기인한다. 즉 어떤 일을 하기 위해 전적인 처분권을 양도한다는 약속을 의미하는 **노동 임대차 계약**(contrat de louage de services)이 그것이다. 그것은 주어진 노동 상황에서 노동자와 사용자 사이의 상호 관계를 결정하는 계약이 아니라 한 사람을 임대하는 계약이다. 그렇지만 이러한 계약 양식이 사용자를 만족시켰다고 말하는 것은 분명히 지나친 것이다. 그것에 대해 제일 먼저 불평한 사람이 사용자들이었으며, 이러한 불평으로부터 노사분쟁 조정위원회, 노동 수첩, 그리고 작업장 규칙이라는 19세기의 가족 경영주의(paternalisme)의 세 가지 주요한 도구가 나오게 된다.

집정 정치 시대에 사업주들——특히 리옹의——은 기업 내에 권한 구조를 재정비해 달라고 요구하기 위해 내무부 장관 샵탈을 소환한다. 그들은 자신들이 보기에 사업주와 노동자 사이의 관계의 자유로운 계약성에서 생겨나는 착오들을 길게 열거한다. 그들은 자신들이 소위 계약의 평등성의 본질적인 희생자가 아니냐고 묻는다. 사고나 생산 중단 때문에 갈등이 발생할 때, 노동자나 공중에게 피해가 발생할 때 사업주로 하여금 지불하게 하는 것은 쉽다. 사업주는 사업이 번창하고 상당한 재산을 소유하고 있기 때문에 그의 지불 능력은 자명하다. 그러나 피해를 입는 것이 사업주일 때는 문제가 다르다. 노동자의 빈곤함 자체가 노동자에 대한 차압을 불가능하게 하는데다 노동자는 사라지는 경향이 있다. 노동자들의 큰 유동성, 게다가 그들의 방랑벽——구체제에서 직공들이 일을 배우기 위해 여행을 하던 것의 유산이다——은 다른 기업에 의한 스카우트처럼 사업주들이 노동자들에 의해 좌지우지되도록 내버려두지 않는가? 그러므로 노동 계급의 불안정하고 파악하기 어려운 특성에서 오는 이러한 위협을 보상하기 위해서는 사업주들에게 여분의 권력을 주어야 한다고 그들은 결론짓는다.

노동 수첩, 노사분쟁조정위원회——그리고 특히 작업장 규칙——는 이러한 불평에 대한 국가의 대답이 된다. **노동 수첩**(공화력 12년 3월 7일 법)에 의해 사업주는 노동자가 약정된 형식에 의해서만 떠날 것임을 확신할 수 있었다. 수첩 없이는 다른 직장을 얻을 수 없고, 계약이 지속되는 동안은 사업주 자신이 수첩을 보관하고 있었기 때문이다. 게다가 법조문에 따라 "수첩 없이 여행하는 노동자는 떠돌이로 분류되고, 그러한 이유로 구속될 수 있다." **노사분쟁조정위원회**는 사업주를 위하여 구체제의 동업조합 단체와 비슷한 사법권을 재구성한다(1805년 법). 사업주는 실제로 그곳에서 다수를 차지하고 있으며(5명의 사업주 대 4명의 작업반장), 담보나 임금 문제로 분쟁이 생길 경우 업주의 주장은 무조건 옳은 것으로 간주된다(1781조). 거기에 1820년 8월 3일의 법령이 추가된다. 이 법령에 따르면 사업주는 상급자·주인으로 간주되며, 경찰과 감옥을 이용할 수 있다. "작업장에서 규칙과 질서를 혼란시킬 수 있는 모든 불법 행위, 주인에 대한 견습생들의 심각한 과실은 조정위원회에 의해 3일 이하의 징역형을 받을 수 있다." 마지막으로 **작업장 규칙**이란 것을 위해 샵탈은 법학자인 코스타즈에게 '노동을 지휘하는 이는 작업에 관계된 모든 일에서 복종을 받도록' 만들기 위한 법안을 기획할 것을 주문했다. 이 법안은 "직업의 다양성을 고려해 볼 때…… 공권력이 제정한 규정으로 생산의 온갖 세부사항을 충족시키려는 것은 헛된 일이므로, 최선의 방책은 노동의 감독을 책임진 이들에게 노동에 관계된 모든 것을 규제하도록 허용하는 것이다"라고 명시하고 있다.

19세기 내내 이 세 가지 제도는 가족 경영주의의 무기가 된다. 그것들은 혁명기의 동요와 그후의 재건 과정을 겪으며 그럭저럭 지속된다. 노동자 수첩은 1890년이 되어서야 완전히 폐지된다.[10] 노사분쟁조정위원회는 정치적 체제에 따라 구성과 책임자 임명 방식에서 많은 변동을 겪게 되지만, 노사 동수 대표로 구성되고 민주적으로 선출되면서 대단히 점진적으로만 가족 경영주의의 영역에서 벗어나게 된다. 작업장 규칙의 경우 그것은 기업 내에서의 사업주의 권력의 주요 부분을 이루고 있으며, 바로 그것을 중심으로 가족 경영주의가 진정으로 이루어진다. 실제로 이 규칙을 통해 사업주에 대한 노동자의 경제적 계약 관계는, 사업주가 완전히 자유롭게 규칙을 제정한다는 점에서 노동자에 대한 사업주의 일종의 후견인 계약의 형태가 된다. 그러한 규칙에 사업주는 대부분의 경우 생산의 영역을 훨씬 초과해 노동자 계급의 사회적이고 도덕적인 행동에 있어서 공장 밖에서의 태도와 풍습을 통제하기까지 하는 훈육적이고 도덕적인 일련의 요구 사항을 포함시킬 수 있다.[11]

가족 경영주의의 출현 조건과 그것이 사용한 무기의 내용물에 대해 이렇게 간략히 설명한 목적은 19세기말의 생산 구조에 대한 사회법의 영향을 알아보고자 한 것이었다. 19세기 수공업에서 노동자의 예속은 이미 보았듯이 국가가 노동자에 대한 권력을 사업주에게 양도한 때문이며, 국가가 사업주에게 기업의 생산과 관계된 모든 것을 조직하는 데 있어서의 모든 **책임**을 인정했기 때문이다. 노사분쟁조정

---

10) Marc Sauzet, 《노동자의 의무 수첩 Le Livret obligatoire des ouvriers》, Paris, 1890 참고.

11) 작업장 규칙, 그것의 역사적 기록 그리고 그것에 대한 입법적 논쟁에 대한 당시 가장 상세한 저작은 다음과 같다. Desroy du Roure, 《작업장에서의 권한, 작업장 규칙과 노동 계약 L'Autorité dans l'atelier, le Règlement de l'atelier et le Contrat de travail》. 보다 법적인 각도에서는 다음의 저작을 읽을 수 있다. M. Bodeux, 《노동 계약에 대한 연구 Études sur le contrat de travail》(1882), H. Lalle, 《작업장 규칙의 문제 La Question du règlement de l'atelier》(1906).

위원회 안에서 사업주에게 최고권이 주어진 점, 사업주들만이 작성한 작업장 규칙을 국가가 인정한 사실, 이 모든 것은 사업주를 노동자에 대한 합법적인 후견인의 위치에 놓는다. 그 때문에 사업주가 가진 권력의 특성이 예전에 영주가 가졌던 진정한 사법권과 같다는 여러 차례의 고발이 나왔다. 사업주는 그의 기업에서 재판관이자 헌병이고, 현대적 생산 수단의 소유는 토지의 봉건적 소유와 그것을 통한 토지에서 일하는 이들에 대한 지배와 그다지 차이가 없기 때문이다. 달리 말하면 책임의 개념이 노동 조직의 희생자인 노동자를 불리하게 만든다면, 그것은 바로 사업주가 저지른 잘못을 노동자가 증명해야 하기 때문이다. 이러한 개념은 또한 사업주가 생산을 특정하게 조직하려고 하는 과정에서 사업주의 권력에 대한 알리바이로 사용된다. 책임 개념은 기업에서 가족 경영주의 권력의 밑바탕에 있다.

사업주가 배타적 책임을 갖는 이유, 그리고 그의 권력에 이러한 특별한 힘을 주는 이유는 각 기업이 갖는 **독특한** 특성이다. 국가가 사업주에게 허용한 권력의 위임은 역사적으로 각 생산의 특수한 성격에 대한 인정에 근거하고 있으며, 민법을 제정할 당시 중심 기관을 바탕으로 모든 생산 장소에 유효할 만한 능력을 가진 규칙을 제정하는 것이 불가능해 보였다는 사실에 근거하고 있다. 그만큼 생산 장소는 다양하고 특수하다.

작업 시간, 노동자의 작업 · 위생 · 안전 · 나이 · 고용의 조건들과 관계된 일반적인 규범을 정함으로써 사회법은 정확하게 바로 이러한 각 생산의 특수성에 기반한 훈육적 규범들과 사업주의 권력을 해체시키려 한다. 노동 계급이 무릅쓰는 사회적 위험에 대해 보장보험 기술이 제안하는 보증금의 동질성 때문에 보장보험 기술은 모든 곳에서 유효하고, 모든 곳에서 적용되는 **일반적 규범**의 제정을 필요로

한다. 이러한 의무적 규범이 확산되면서 이제 사업주의 권력은 국가가 위임한 것이라기보다는 국가가 **인정하지 않는** 것 같아 보인다. 사회법이 포함하는 노동자의 보호와 위생에 대한 요구사항에 부적합하다고 의심받기 때문이다. 이제 사회법을 통해 사업주는 자신이 만들지 않은 규칙들을 적용해야 한다. 이 규칙들은 사회 전체의 연대성을, 위생 규범의 필수적 일반성을 내세우며 사업주의 권력이 갖는 임의성을 축소할 수밖에 없다.

따라서 보장보험 정책과 사회 입법에 관련된 안전과 예방에 대한 염려의 증가는 사업주의 임의성에 대한 합법적 의심을 제기하면서 사업주의 가족 경영주의 권력의 한복판에 붕괴선을 긋는다.[12] 분명히 사업주의 권력을 줄이는 데 있어서 노동 봉기와 노조 투쟁이 아무 일도 하지 않는 것은 아니다. 우리는 그것들이 세기말에 빈번하게 작업장 규칙과 그 내용의 억압적 성격, 벌금 부과 관행을 목표로 삼았다는 것을 안다. 그러나 노동보호법이 생김으로써 그러한 투쟁은 규범화를 위한 국가의 개입을 사업주에 대한 국가 권력의 임의적 위임과 대립시키기 위한 결정적 지지점을 발견한다. 그러므로 사회법은 가족 경영주의 장치를 깨부순다. 이것을 이해하기 위해서는 당시의 주요 법학자들과 경제학자들이 주도한 1880년에서 1920년 사이의 작업장 규칙의 문제에 대한 논쟁을 따라가 보는 것으로 충분하다.

한편에는 가족 경영주의학파가 있다. 프랑스에서 이 노선의 주요 우두머리는 위베르 발르루이다. 《노동계약론》에서 그는 '입법자들과 국가에 사업주의 권한을 전적으로 유지해 줄 것을' 요구하는데, 그것

---

12) Ganger, 《작업장의 안전과 산업재해 *Sécurité des ateliers et Accidents du travail*》, 1900, Paris.

은 "이 권한이 필수적이며 필요불가결하기 때문이다. 그런데 실제로 가결되거나 준비중인 법률은 그 권한을 전복시키려고 한다."[13] 왜 이러한 주장이 나왔는가? 그는 실제적이고 구체적인 노동 조건들이 계약에 의한 권리와는 별 상관이 없기 때문이라고 설명한다. 발르루에 따르면 기업의 순조로운 운영은 고용주가 공제 · 교육 · 규율의 수단들의 망으로 피고용자들의 생활 전체를 감싸안는 것을 포함한다. 그러한 수단들은 피고용자들 전체를 사업주에 매우 밀접하게 종속시킨다. 그래서 발르루에게 있어서 계약이란 개념은 그 자체로는 적법하지만, 사업주의 무한한 책임이란 명목으로 사업주의 적법한 권한이라는 개념 안에 점진적으로 흡수된다. 공장에 들어가는 노동자는 자신보다 앞서며 우위의 존재로 있는 권력을 감수해야 하는 상황에서 아버지에 대한 어린아이, 혹은 선생님에 대한 학생과 같지 않은가? 사업주의 권력에 대한 이유도 마찬가지 논리이지 않은가? 그 이유는 가족 · 학교 · 기업과 같은 기구들에 그 기구들이 책임을 지고 있는 활동에 적합한 법률을 만들 수 있는 이론의 여지가 없는 권리를 부여하는 생물적 · 문화적 혹은 경제적 삶을 생성하는 능력에 있지 않은가? 그리고 발르루는 자신이 옹호하는 사업주들을 대변해 이러한 조건들이 마음에 들지 않는다면 노동자들은 노동 수첩이 폐지된 지금 언제든 다른 곳에 갈 수 있다고 말한다.

다른 편에는 계약학파 혹은 '교환주의(échangiste)' 학파가 있다. 이 학파의 대변인에는 이브 기요(《노동과 사회주의》《파업》《노동 계약에 대한 연구》) · 폴 뷔로(《노동 계약》《직업 노동조합의 역할》) · 몰리나리(《노동조합 사무소》) 등이 있다.[14] 이들은 인간적인 이유에서 사회법의

---

13) Hubert Valleroux, 《노동계약론 Le Contrat de travail》, Paris, 1906.

정착에 호의적일 뿐만 아니라, 작업장 규칙에 대한 문제 제기가 세기 초부터 시작된 사회적 폭력의 시대를 마침내 종결시킬 방법이라고 생각한다.

그들은 이렇게 묻는다. 19세기를 피로 물들이고, 우리의 자유로운 사회에 대해 숨막히는 통제경제 체제가 도래할 위협을 가하는 온갖 파업·봉기·혁명들이 어디서 왔는가? 그것은 지나친 자유에서 오는가? 원칙적인 계약적 법규에서 오는가? 아니면 그보다는 계약적 법규의 불충분함, 그것의 순전히 이론적인 선언, 그리고 실제 사실에 대한 적용 불가능에서 오는가? 가족 경영주의 이론들은 그것들이 자본과 노동 사이의 절대적인 적대 관계를 가정하고 있는 공산주의 이론들을 타도한다고 말하고 있다는 바로 그 사실을 바탕으로 정당화된다. 공산주의 이론들이 옳다면, 그것들이 예고한 사회에 대한 국가적 규제에 반대할 것이 아무것도 없으며, 준봉건적 입장으로의 조심스러운 후퇴가 있을 뿐이다. 그러나 만약 혁명 이론가들의 책을 읽는 대신에 이 혁명의 당사자들의 말을 듣기로 한다면 어떨까? 정말로 그들이 무엇을 말하고 있으며, 그들은 무엇에 대항해 투쟁하는가? 분명히 부자와 빈자 사이의 지나치게 분명한 불균형에 대해서이다. 그러나 또한, 그리고 무엇보다도 굴욕·억압·사업주들의 절대적인 권한, 그들이 내린 결정의 임의성에 대해서이다. "따라서 사람들이 사회보장 문제 혹은 노동 문제라고 부르는 것은 무엇보다 권한의 문

---

14) 하지만 교환 혹은 계약이라는 같은 틀 내에서도 이들 저자들 사이에는 몇 가지 개념의 차이가 있다. 순수한 자유주의자인 기요와 몰리나리에게는 각자의 **자치**(self-government)(몰리나리가 사용한 표현)에 도달하기 위해 기업의 훈육적 조직에 대항하는 것이 문제이다. 기독교적이며 사회주의적인 영감을 받은 폴 뷔로(르 플레의 상속인)는 자본과의 관계를 바로잡아 준다는 점에서 노동 계약의 집단적 형태를 중요하게 생각한다.

제이다."[15] 그리고 "그 모든 것은 노동 계약에서 생겨난다. 노동 계약을 통해 완벽하게 한정적이고 제한적인 어떤 것, 즉 임금을 교환하는 대가로 노동자는 사업주에게 일에 대해서뿐만 아니라 자신의 인격에 대해서도 수많은 규정되지 않은 권리들을 행사하는 것을 허용한다." 진정한 위험은 그렇다면 계약에서 오는가, 아니면 권한에서 오는가? "파업을 하는 노동자에게는 한순간 주인의 보호에서 벗어나는 하인의 반항 정신이 있다고 모든 이들이 말한다. 이 반항 정신은 만약 실제로 고용주와 노동자 사이에 다른 모든 상황에서는 냉정하게 화내지 않고 정지나 단절을 유발할 수 있는 관습적인 단순한 관계들 중의 하나만이 있을 뿐이라면 심리적으로 설명이 안 되는 것이다."

가족 경영주의자와 계약주의자 간의 격렬한 논쟁은 당시까지 작용하고 있던 사업주의 권력에 사회법에 의해 강력한 충격이 가해졌음을 입증한다. 그러나 구체적으로 무엇이 발생했는가? 그러한 논쟁이 자본과 노동 사이의 직접적인 대립을 넘어서서 사업주와 노동자 간의 관계를 어느 정도에서 개선했는가?

사회법은 사업주의 권력이 자기 영역 안에서의 전적이고 완전한 책임이라는 이름으로 부여받았던 군대적 형태를 무너뜨린다. 그런데 그것은 필연적으로 사업주의 권력을 파괴하고, 가족 경영주의학파가 예언했던 것처럼 그것의 자유 재량권을 통해 자유 경제의 모든 원동력들을 날려 버리기 위한 것인가? 그것은 오히려 사업주의 권력을 해방시키고, 그 권력에게 완전히 다른 노동 경영 양식을 만들 가능성을 제공하며, 다루기 힘든 노동 계급을 감시하고 처벌하기 위해 쉼없이 신경 써야 하는 일에서 벗어나 노동 계급과 지배보다는 이윤

---

15) Desroy du Roure, *op. cit.*

을 더 고려하는 계약을 맺을 가능성을 제공해 주기 위해서일 것이다. 이러한 달콤한 말을 사업주들에게 전달할 책임을 맡은 사람이 테일러였다. 아니 그보다는 프랑스에 있는 그의 경쟁자들이 그러한 책임을 맡았다. 그들은 최초의 사회법이 생긴 바로 다음날 나타나서 사회법이 가져온 테일러의 **표준화** 운동에 따라 **노동의 합리화**에 대한 메시지를 설파하게 된다.

자신의 첫 저작에서 테일러는 사업주가 그것을 감수한다는 조건에서, 사업주가 자신의 가족 경영주의 권력을 해체함으로써 얻을 수 있는 이익을 설명하고 있다. 이윤 증가에 대한 장애물은 언제나 권력 관계에 의한 생산 관계의 파괴에 있지 않았는가? 그리고 노동자와 사업주 간의 모든 긴장은 사업주가 온갖 수단을 통해 임금을 줄이려 하는 데서 생긴다. 주로 작업장 규칙을 이용해 그들은 벌금을 부과함으로써 임금 총액을 줄이고 가능한 한 가장 군대화된 조직으로써 생산을 증가시킬 수 있다고 믿는다. 그런데 정말로 그들이 얻는 것은 노동자들과의 끊임없는 긴장, 그리고 생산성을 최대한 낮추려고 하는 노동자들의 결심이 아니라면 무엇인가? "그러므로 어떤 조직 시스템의 장기간에 걸친 작동이 피고용자나 고용주에게 만족을 주지 못한다면, 그 시스템이 그들의 이해 관계가 상호적임을 분명하게 증명하지 못한다면, 현재의 어떤 조직 시스템도 고려할 가치가 없다고 말할 수 있다."[16] 그러나 어떻게 그러한 이상적인 상황에 도달할 것인가? 테일러에게는 분명한 답변이 있다. 그것은 노동자들에게 더 나은 임금을 지불하는 것이다. 분명히 그렇다. 하지만 노동자들이 조직 구조가 그들에게 행사하는 압력에 저항하면서 생산성을 낮추려 애

---

16) F. W. Taylor, 《작업장 지침 *La Direction des ateliers*》.

쓰는데, 어떻게 그들에게 더 나은 임금을 지불하는 데 성공할 수 있는가? 이번에도 분명한 답이 있다. 그것은 위계적인 조직 구조에서 **기계 자체**로 규율을 옮기는 것이다. 그리고 그것은 노동 조건의 표준화에 헛되이 대립하는 대신에 그것을 생산성을 줄이는 무기로 사용하도록 내버려두는 대신에 노동 조건의 표준화 운동에 의지함으로써 이루어질 수 있다. 표준화는 위생과 노동력의 보호라는 이유에서 노동력의 사용에 있어서 기준을 결정한다. 표준화는 어떤 조건에서 어떤 일이 어떤 유형의 개인에 의해 행해질 수 있는지를 말해 준다. 그것은 요구된 노력이 노력을 제공해야 하는 사람과 관계해서 불균형을 이루지 않도록 만드는 것을 목표로 삼는다. 그러므로 그것은 기계에 인간을 적용하고자 하는 염려를 나타낸다. 그것은 동시에 생산 안에 있는 군대적 규율과 끝장을 내는 수단이기도 하다. 사람들은 기계 위에서 하나의 작업이 행해질 수 있는 최소의 시간을 찾아 기계를 그 리듬에 맞게 조정하게 된다. 사람들은 그 일과 그 리듬에 가장 잘 적응할 가장 능력 있는 사람을 선택할 것이며, 그에게 생산의 가장 작지만 정확한 몫인 이 기계를 할당할 것이다.

조직 구조 부분의 **과도한 규율**——끊임없는 감시, 벌금이나 임금 억제 형태로 주는 벌, 권력 행사의 형태로 행해지는, 당연히 저항을 불러일으키기 때문에 값비싼 관행들——대신에, 이 모든 군대식 정신의 무기들 대신에 테일러는 기계에 대한 인간의 **최적의 적응**을 추구할 것을 제안한다. 이것은 산업의 합리화에 대한 염려에 생산의 표준화를 접목하기 위해 사회법과 함께 등장한 생산의 표준화 요구에 부합하기 시작한 움직임이다. 합리화라고 말하는 것은 바로 기계적 장치가 일종의 보이지 않는 방법으로, 한 가지 일을 수행하는 데 필요한 시간과 움직임을 합리적으로 계산해 기계의 리듬에 도입한 결과를 통해 노동을 통제하게 되는 것이기 때문이다. **경제적 합리성**이라고 말하는 것은 시간과 움직임의 절약에 대한 하나의 유일한 염려가 이러한 노동의 새로운 조직화를 이끌기 때문이다. 이제부터 감시는 더 멀리에서 행해질 수 있으며, 저항은 억압적인 질서, 억제적인 조직 구조에 대한 봉기가 아니라 비합리적인 시위처럼 보이게 될 것이다. 바로 이러한 새로운 경제적 합리성과 관계하여 이제 노동자는 이러한 조직의 **인간 요소**로 지칭된다. 그는 더 이상 결정적 인자가 아니라 합리적으로 조정된 일에 어느 정도로 훌륭하게 적응했느냐에 따라 판단되는 단순한 요소, 항상 **비합리성의 위험**을 가진 요소이다. 그러므로 이러한 경제적 합리성의 법칙에 최대한 부합하기 위해서 선택·적응·개인의 표준화로 가능한 한 인간의 비합리성을 줄이는 것이 문제가 된다.

테일러의 생각에서는 이러한 규율의 이전——조직 구조에서 기계로의 이전——은, 즉 생산성의 합리화는 권력의 문제가 개입시킬 수 있는 나쁜 영향으로부터 사업주와 노동자 간의 관계를 해방시키려는 목적을 갖고 있다. 이러한 합리화는 더 나은 임금을 지불할 수 있게 해주고, 따라서 이러한 관계가 오직 계약적 협약이라는 차원 위에 이루어지도록 해줄 것이다. 그러나 정말로 이러한 긍정적인 해결이 이루어지는가? 실제로 표준화에 의해서 계약주의학파의 꿈이 실현되는가? 가족 경영주의가 그들 사이의 관계에 가하는 제약에서 벗어난 자본과 노동이 마침내 자유롭게 서로 교류하고 차분한 경쟁을 할 수 있는 상황, 마침내 두 협력자의 이익을 잘 이해하고 생산에 대해 가장 큰 염려를 하는 쪽에 권력이 속하게 되는 상황이 올 것인가?

사실 테일러주의가 경영진에게 제시하는 것과는 대칭적으로 반대되는 입장이 노동자 측에서 구성된다. 왜냐하면 보장보험 기술이 가져온 생산 조건의 표준화가 생산성 추구를 다시 문제삼기 위한 지지대의 구실을 할 수도 있으며, 계약 관계에 이의를 제기하는 수단이 될 수도 있기 때문이다.

경제적 합리성과의 호환성을 염려해서 이러한 안전 규범들에 최소한의 의미를 부여한다면 표준화는 최대 이윤의 추구에 대한 후원자의 구실을 한다. 그러나 우리는 안전 규범들을 **사회적 합리성**의 틀에 집어넣음으로써 그것들에 대해 최대한의 의미를 부여할 수도 있는데, 이 의미는 이 규범들이 노동력의 최적의 활용만이 아니라 노동자의 건강 보호와 복지의 증진을 향하게 한다. 규범들은 단지 위험을 줄이는 것뿐만 아니라 위험을 예견하는 것을 목적으로 한다. 그런데 노동의 조직화에서 생산성만을 최우선시하고 염려하는 것에서 이러한 위험들이 발생하는 것이 아니라면 어디에서 발생하는 것이겠는가? 또한 모든 이의 노동에 있어서 안전과 복지의 조건을 최소한으로 고려하도록 유도하는 생산성에 대한 이러한 강박관념이 사업주들에게 영향을 미치는 이윤에 대한 개인주의적인 생각에서가 아니라면 어디에서 발생하는 것이겠는가? 사회적 합리성이라는 관점에서 보면, 따라서 **비합리성의 위험한 몫을 포함하고 있는 것은 바로 경제적 요인**이다. 위험성 자체가 기업의 개인주의적 논리로부터, 모든 이의 복지가 아니라 소수의 이익을 위하는 기업의 편향성으로부터 생긴다.

그러므로 사회적 합리성이 포함하는 개인적인 계약 관계를 재개할 것이 아니라, 개인적인 계약과 그것이 가져오는 이익의 임의성을 최대한 억제해야 할 것이다. 생산에서의 비합리성은 개인적 이익을 차릴 생각에서 발생하기 때문에, 사회적 합리성은 언제나 집단의 원리를 먼저 내세움으로써 비합리성을 줄이는 것을 목적으로 할 것이다.

소외된 계층들을 보호하고 향상시키고자 하는 염려를 갖고 사회보장의 합리성에 뜻을 같이하면서 노조투쟁은 공권력에게 자신의 목소리를 들려 줄 수 있고, 현존하는 집단들의 불평등과 사업주에 대한 노동자들의 취약한 위치, 그리고 한편의 집단적 염려를 통해 다른 한편의 이익 추구 정신을 억제할 필요성을 증명할 수 있다. 제1차 세계대전 후에 자리잡기 시작한 집단적 협약이 그 좋은 사례가 된다. 그 원리에 있어서 집단적 협약은 산업재해 문제를 관리하는 데 사용된 보장보험 계약의 형식을 매우 정확하게 따르고 있지만 이번에는 임금 문제에 적용된 것이다. 사고를 당한 노동자가 더 이상 개인적으로 사업주의 잘못을 증명할 필요가 없이 자동적으로 보상금을 받는 것과 마찬가지로 노동자는 취업할 때 더 이상 개인적으로 임금을 협상하지 않고, 주어진 분야에서 같은 조건을 가진 모든 노동자들이 받는 공인된 임금을 처음부터 받는 것이다. **신분**은 계약 관계의 틀에서 가장 약하다고 선포된 당사자에 대해 국가가 부여하고 인정한 보호 장치들의 총체들로 구성되어 있다. 따라서 신분은 계약을 보완하고, 계약이 허용하는 조정 범위를 제한하게 된다.

그러므로 사회법에 의해 도입된 보장보험의 표준화는 사업주로 하여금 자신을 징계 문제로부터 벗어나게 하는 경제적 합리성을 이용하도록 해준다. 경제적 합리성은 노동자와 직접 충돌하는 부분을 줄여 주며, 생산성 요구를 덜어 주고, 기업주와 노동자 간의 관계를 임금 협상이라는 측면에서만 보게 만든다. 노동자들은 생산의 조직화에 대해 영향력이나 가능한 합리적 이의 제기를 더 이상 갖지 않기 때문이다. 그러나 이러한 표준화는 동시에 노동조합이 사회적 합리성을 사용하는 것을 허용한다. 사회적 합리성은 생산성에 대한 사업주의 요구를, 그러한 요구 뒤에 자리잡은 이윤 추구 정신의 비합리성을 고발하려는 목적을 가진 운동의 표적으로 삼는다. 그러므로 사회적 합리성은 생산성 대신에 더 많은 보호 장치의 증가, 계약 대신에 더 많은 몫의 신분을 항상 요구하도록 만든다.

3. 복지국가를 향하여

기업의 가족 경영주의적 구조에 타격을 입힘으로써 사회법은 사업주에 대한 노동자의 직접적인 예속 상황을 깨뜨린다. 이러한 예속 상황은 노동자와 사업주 간의 관계를 공식적으로 지배하는 계약적 허구를 가장하여 자리잡고 있었다. 그러나 그것은 사회적 합리성과 경제적 합리성이라는 두 개의 적대적인 논리들 안으로 노동자와 사업주를 끌어들이기 위한 것이다. 보장보험 기술의 도움으로 생산 관계 속에 도입된 표준화의 효과는 노동자와 사업주 간의 권력 관계를 제거하기보다는 노동자와 사업주가 각각 그 관계에 부여하고자 하는 최소의 의미와 최대의 의미에 따라 그것을 재분배했다. 그러므로 표준화는 예전에 노동과 자본을 직접적으로 대립시켰던 갈등의 두 가지 추상체——사회보장과 경제——로의 **전환**을 실행했을 뿐이다. 제1차 세계대전 후의 사회보장 문제에 대한 논쟁의 전개 방향은 이러한 전환을 잘 보여준다. 거의 19세기 내내 그랬던 것처럼 사람들은 이제 기업의 자선 개념을 통해 노동을 자본과 화해시키는 데 적합한, 혹은 생산조합을 발전시킴으로써 노동에 대한 자본의 무게를 제거하는 데 적합한 노동의 조직화 형식을 더 이상 찾지 않는다. 생산 관계의 구성에 대한 최선의 모델을 찾으려는 노력과 꿈은 이제 끝났다. 당시의 문제는 다른 곳에 있었다. 그것은 더욱 추상적이었는

데, 사회보장과 경제라는 두 가지의 실체, 두 가지의 논리를 최대한 잘 접목시킬 필요성에 근거를 두고 있었기 때문이다. 그것은 또한 이런 표현이 가능하다면 높은 곳으로 이동했는데, 이러한 접목이 제기한 문제가 직접적으로 **국가**와 관계되기 때문이다.

제1차 세계대전 후 얼마 지나지 않아 우리는 '사회보장'과 '경제'라는 두 가지의 추상적 개념들을 중심으로 그 중 하나의 합리성만을 앞세우고자 하는 실제적인 세력들이 모여드는 것을 보게 된다. 노동 운동은 무정부적 조합주의에서 벗어났다. 무정부적 조합주의는 파업을 일종의 혁명적 훈련으로 삼았으며, 사회 개혁을 총파업을 늦추려는 유화책이나 소화기로 보고 거부했었다. 노동자들의 요구는 이제 사회보장의 영역을 보호하고 확대시키고자 하는 것이다. 레옹 주오와 함께 대다수 조합이 전쟁 경제 체제의 조직화에 참가한 것, 그 기회에 새로운 사회법들을 구체화시킨 것은 노동 운동이 사회적 합리성의 확장이란 명분하에 사회의 공익을 책임지고 있는 듯한 인상을 주게 만든다. 마찬가지로 우리는 이전 세기의 가족 경영주의 기업이 카르텔과 독점에, 거대한 익명의 산업 그룹에 길을 양보하는 것을 보게 된다. 이러한 거대 산업 그룹의 전개는 오직 경제적 합리성과 생산성의 증대에만 복종하는 것처럼 보인다. 그것들은 점점 더 국가 안의 국가들처럼 보일 정도이다.

그런데 각자 자기 방식대로 현대의 합리성을 구현한다고 주장하는 이 두 세력——조합과 독점 기업들——바로 앞에서 정말 문제가 있는 것처럼 보이는 것은 바로 국가의 입장과 역할이다. 사람들은 시민의 평화를 보호하기 위해서 국가가 중립적이기를 바랐으며, 이 목적을 위한 국가의 개입을 오직 연대성이라는 명분하에서만 허용했다. 그러나 그렇게 함으로써 국가는 사회와 사회의 갈등에 대해 다소 외부적인 입장에 놓이게 되었다. 그런데 조합 조직의 성장과 카르텔과 독점의 확장이 그러한 세력들을 사회의 생활에 있어서 국가의 활동 외의 다른 결정적 요소로 보이도록 만드는 마당에, 그러한 중립과 거리두기는 무능력과 동의어가 되지 않는가? 위험하게 서로 적대적인 방향으로 미래를 결정하고 있는 것처럼 보이는 이 두 세력들에 대해 국가가 어떤 진지한 영향력도 갖고 있지 않은데, 어떻게 국가가 미래를 준비하고 사회의 진보를 보장할 수 있을 것인가?

바로 정확히 이러한 식으로 1920년대에 '국가에 대한 질문'이라고 부르기에 적합한 질문이 제기되었다.[17] 국가는 아마도 중립이겠지만 약하다. 너무 약하다. 그래서 어떤 방식으로든 그러한 허약함에서 벗어나야 한다. 사회 진보를 보장한다는 사회적 사명과 약속을 자랑하는 세력들과, 즉 국가에 대한 경제의 자율성 속에 위험하게도 이윤에 대한 개인주의적 정신이, 그리고 생산의 조직화를 주도하는 반사회적인 이기주의가 마음대로 할 수 있는 영역이 있다는 것을 고발하는 세력들과 국가를 연합시켜야 한다. 혹은 경제적 합리성을 내세우는 세력들과, 즉 사회의 진보를 허락해 주는 자원들을 단지 사용할 수 있기를 원한다면, 우선 경제적 합리성을 촉진시킬 필요성을 내세우는 세력들과 국가를 결합시켜야 한다. 이러한 관점에서 보면 만약 국가가 진보의 수호자라는 자신의 역할에 걸맞게 보이고자 한다면, 그것을 위해서 국가는 국가보다 더 잘할 수 있다고 자부함으로써 국가의 기능을 빼앗고 국가의 목적에 해를 입히고자 하는 조합에게 국가의 권한을 강제해야 한다. 두 번의 세계대전 사이에 일어난 모든

---

17) 이 논쟁에 대한 소개는 다음의 저작에서 찾아볼 수 있다. Joseph Barthélemy, 《대표 민주주의의 위기 La Crise de la démocratie représentative》, 1928.

논쟁은 이 두 이론을 중심으로, 그리고 사회에서 서로를 앞에 내세우고자 하는 적대적인 세력들이 나타내는 주장을 중심으로 이루어진다. 그 둘 모두는 공화국의 중립성을 희생시키면서 국가로 하여금 이두 가지 당파적 논리들 중의 하나를 명백히 지지하도록 독촉한다. 바로 이러한 적대적인 사조들 사이에서 국가의 역할이 위험하게 동요하는 것을 바탕으로 우리는 왜 케인스 이론이 크게 성공할 수 있었는지를 이해할 수 있다. 케인스 이론은 국가가 사회보장과 경제라는 두논리 중 어느쪽에 힘을 실어 주는 대신에 이 두 논리를 중앙에서 접목시키도록 해준다. 따라서 공화주의 국가의 중립성을 효율적으로보존하는 이 이론의 능력에서 그것의 가치가 설명될 것이다. 그러나또한 그러한 효율성의 형태에서 그것의 대가를 보게 될 것이다.

국가의 문제에 대한 첫번째 해결책은 시민들이 선출한 의회를 생산자와 소비자를 대표하는 하나 혹은 여러 개의 작은 의회로 늘림으로써 의회의 권력을 순수하게 정치적인 영역에서 경제적·사회적 영역으로 확장하는 것이다. 사회의 정치적 운영에서 경제적·사회적생활의 운영까지 민주주의를 확장시키려는 이러한 생각은 **산업 민주주의**(démocratie industrielle)라는 이름을 얻었다. 이것은 영국인 시드니 웨브의 용어로 프랑스에서는 이아생트 뒤브레이·막심 르루아·알베르 토마, 그리고 후에 조르주 기르비치 같은 사람들이 이어받았다.[18] 앞의 세 사람은 사회주의적 조합주의의 사상가들이다. 그들은 이 사상의 주류에 속하며 레옹 주오와 함께 순수하고 엄격한혁명보다는 '사회보장'이라는 카드를 사용하기로 결정했다. 그렇지만 무정부적 조합주의에 속한 그들은 의회 민주주의에 대한 멸시를지니고 있다. 그로 인해 그들은 프루동과 생시몽이 뒤섞인 영향을 받게 되었으며, 생산자와 산업을 각각 찬양하게 되었다. 네번째 인물은 법학자이며 사회학자로서 특히 레옹 뒤기가 이론화했던 것과 같은 사회법을 중시하면서 의회주의를 비판한다.

이러한 '산업 민주주의' 사조는 정당의 파산에 대한 확인에서 출발한다. "시민들이 정당을 중심으로 모이는 일이 점점 줄어들고 있다. 그들은 경제적 혹은 사회적인 큰 세력을 중심으로 모인다. 시민은 자기 할아버지가 헌장(Charte)에 대해 찬성이나 반대를 했듯이 독점 기업에 대해 찬성하거나 반대한다."[19] 그리고 이 세력들은 "법적으로 국가 기구들 밖에 머물면서, 정부 내에서 그들 사이의 동의를 용이하게 해줄 수 있는 수단을 발견하지 못한 채 패권을 다투고 있다." 결국 "이 세력들이 정부에 접근하도록 만드는 것이 필요한 작업이다."[20] 따라서 이 세력들 사이의 관계를, 그리고 그들에 대한 국가의 관계를

---

18) 시드니 웨브와 비어트리스 웨브의 주요 저작, 《산업 민주주의 Industrial Democracy》는 1898년에 영국에서 출판되었다. 이 책은 막심 르루아가 생산력에 근거한 국가 체제를 연구할 때 참고서로 사용했다. 그 연구는 《공권력의 변모 Les Transformations de la puissance publique》(Paris, 1907) 혹은 《법. 민주주의에서 권한 이론에 대한 시론 La Loi, Essai de la théorie de l'autorité dans la démocratie》(Paris, 1908) 같은 저서에서 1914년의 전쟁 전에 구상된 것이다. 그의 노선은 전후에, 그리고 투르에서의 강의 후에 특별한 지지를 받게 된다.(《조합주의의 새로운 기술 Les Téchniques nouvelles du syndicalisme》, 1921; 《행복한 공화국을 향하여 Vers une république heureuse》, 1922; 《생산자들의 사회주의 Le Socialisme des producteurs》, 1924) 당시 막심 르루아의 연구는 테일러식의 생산성과 노동 계급에서의 생산 사기 고취를 결합시키고자 한 이아생트 뒤브뢰이 같은 사람이 이어받았다.(《새로운 표준. 생산성과 기쁨의 원천 Nouveaux standards. Les sources de la productivité et de la joie》, Paris, 1931; 《산업 공화국 La République industrielle》, 1935) 알베르 토마의 저술은 특히 상황을 나타내는 것이었으며, 국제 노동사무국에 의해 출판되었다. 그는 사무국 경영자의 한 사람으로 양차 세계대전 동안 핵심 인물이었다. 마지막으로 조르주 기르비치에 대해서는 그의 논문, 〈사회법의 개념 Idée de droit social〉(Paris, 1932)을 언급할 수 있다.

19) Maxime Leroy, 《행복한 공화국 La Republique heureuse》, op. cit.

20) Ibid.

조정해야 한다. 이 사조의 지지자들은 경제는 단지 수단인 반면 사회보장은 진보의 목적이라는 생각을 사람들이 받아들이기만 하면, 사회보장과 경제가 공익을 위해 동시에 투쟁할 수 있도록 만들어 준다는 것을 사람들이 고려하고자 한다면 이 세력들 사이의 관계를 조정하는 것은 가능하다고 말한다.

연대성에 대한 염려를 통해 사회보장은 이익에 결부된 개인주의적 이기심을 분명히 감소시키는 장치이다. 그러나 경제도 그러하다. 왜냐하면 미국인 테일러와 프랑스인 페이욜이 가져온 산업의 합리화를 가지고 우리는 생산 조직에 대한 이윤 추구 정신의 비합리적인 영향력을 감소시키는 것을 기대할 수 있기 때문이다. 공익이 실현되도록 하려면 사회적 연대성이 산업적 합리성으로부터 이익을 이끌어내서 알베르 토마의 표현대로 '사회보장이 경제를 압도하는' 정도까지 이르도록 만들면 충분할 것이다.

그러나 어떻게 거기에 다다를 것인가? 어떻게 경제적 · 사회적 생활의 운영에서 공익의 방향이 승리하도록 만들 것인가? 답변: 정치적 능력을 추상적 시민이 아닌, 있는 그대로의 생산자 · 소비자 · 기업가에게로 확대한다. 뒤기 이후에 귀스도르프가 이론화했듯이 법의 근원은 국가에 있는 것이 아니라 사회 내에 있으므로 반드시 탈중앙화된 형식에 따라 생산의 실제적 기초 위에서 있는 그대로의 사회가 드러나도록 만들어야 하며, 의회를 추상적 의견들의 갈등이 아니라 사회의 실제적 움직임이 나타나는 장소로 만들어야 한다. 사회적 · 경제적 세력들의 결집 형식은 이미 제1차 세계대전 동안 알베르 토마가 참여한 '국가경제위원회(Conseil national de l'économie)'를 통해 윤곽이 드러났다. 사회를 구성하고 있는 구체적 세력들을 바탕으로 한 공익의 표현이 존재하지 않는 일반 의지의 정치적 대표자들에게, 그리고 의회 집단――의회 집단의 일시적 동맹과 끊임없는 분열은 '경제적 모임'의 등장과 사회를 희생시키는 개인주의의 승리를 용이하게 한다――에게 꼭 필요한 것이 되도록 하기 위해서는 이 형식을 확장시키고, 특히 탈중앙화하는 것으로 충분할 것이다. 작은 경제적·사회적 의회들의 발전을 통해 사람들은 사회의 실제적인 행위자들에게 국가의 권력을 재분배하고, 특히 경제의 발전보다는 공익의 의미, '사회보장'의 정신을 내세우도록 할 생각이다. 이처럼 정치적 권력을 공인받은 사회보장은 경제의 비합리성을 줄일 수 있을 것이다.

그러나 사회적 세력들을 향해 정치적 권력을 재분배하는 것이 사회의 운영에 있어서 더 큰 조화를 가져온다고 어떻게 보장할 것인가? 그러한 조치가 다양한 범주의 생산자들의 당파적이고 모순적인 선택에, 한쪽의 편협한 동업조합주의에, 그리고 다른 한쪽의 터무니없는 요구에 국가를 넘겨 주지 않을 것이라고 어떻게 확신하는가? 특히 그렇게 만들어진 무정부 상태의 상황이 이러한 새로운 기반 위에서 공익을 추구하기는커녕 국가――이미 자신의 힘을 포기한 국가――를 정복하기 위한 발판만을 마련하고자 하는 공산주의적 전복의 가능성을 제공하지 않을 것이라고 어떻게 걱정하지 않겠는가?

산업 민주주의 지지자들이 제시한 이러한 해결책은 실제로 공산주의자들에 의해, 그리고 공산주의자들과 합류하기 위해 레옹 주오의 CGT(노동총연맹)와 결별한 노조 소수파들에 의해 글자 그대로 받아들여졌고 동시에 거꾸로 이용되었다. 그들은 그렇다. 실제로 정치적 권력을 생산자들에게로 확대해야 한다고 말한다. 그러나 사회보장과 경제라는 두 가지 실체 사이에서 어떤 점진적인 조화를 기대할 수 있다는 것을 믿지는 않는다. 이 두 영역은 자본과 노동 사이의 주요 모순을 과장한 용어만을 제공할 뿐 분명히 그것의 초월 양식이나 완화 양식을 제공하지는 않는다. 공산주의자들에 의하면 산업의 합리성은 자본주의의 맥락에서 아마도 이윤의 도구이거나, 착취 논리의 최고 악화일 뿐일 것이다. 왜냐하면 그 합리성은 노동자들의 완전한 프롤레타리아화를 유발하기 때문이다. 세분화된 노동과 그것이 유발하는 소외, 그리고 생산에 대한 노동자의 이러한 낯섦이 그것의 완전한 증거이다. 더 쉽게 협상할 수 있는 임금 보수를 이용해 생산에 대한 노동자의 전권을 박탈하려는 이 현대적 협약을 거부해야 한다. 더 정확하게 말해 이 논리를 그것의 한계까지, 즉 이 논리가 노동자와 사업주 사이의 관계를 순수한 권력 관계, 후자에 의한 전자의 억압 관계로 다시 나타나도록 할 때까지 밀고 가야 한다. 따라서 생산자들의 권리 확대는 그 권리가 자본주의의 논리에 피해를 입히는 데 쓰이고, 자본주의의 논리와 정면 충돌하는 한에서만 가치가 있을 뿐이다. 여기에서는 단지 경제를 사회보장에 종속시키는 것뿐만 아니라 사회보장에 근거해 경제를 파괴하는 것이 문제이다.

바로 산업 민주주의의 그러한 전복의 잠재성에 맞서서 양차대전 사이의 온갖 **신동업조합주의**(néo-corporatismes)가 생겨난다. 그것들은 이제 **권위적 민주주의**라는 유감스럽게 유명한 용어하에 재분류될 수 있다. 그것은 매우 넓게 분포하고 있는 이 사조의 주인공들이 모두 정신적으로 피노체트여서가 아니다. 때로는 전혀 그렇지 않다. 그러나 그들 각자에게는 국가의 권한을 강화함으로써만 사회를 구할 수 있을 것이라는 감정이 존재한다. 이때 권한이라는 용어는 권력이라는 용어의 반대 의미로 이해되어야 한다. 국가 권력의 확장은, 어떤 면에서는 실제로 공익을 책임지고 있는 사회 집단들에게 그것을 재분배하자는 취지였다. 반면에 국가 권한의 증가는 사회 개념의 유일한 보관자로 간주되는 강한 행정부 안에 권한을 집중시키는 일일 것이다.

이러한 신동업조합주의의 이념은 마르셀 데아와 앙리 드 망을 비롯한 신사회주의자들, 아르노 당듀를 비롯한 당시의 새로운 우파, 《오르드르 누보》지의 참여자들, 또한 적어도 부분적으로는 《에스프리》지와 프랑수아 페루의 초기 이론들을 포함하는 애매한 분위기 속에서 등장했다.[21] 이러한 신동업조합주의의 흐름과 대등한 것들이 다른 곳에서 만들어 내는 전체주의적인 차원과 그들 모두를 동일시하지 않더라도, 그들의 출발점에는 매우 큰 유사성이 있다는 것을 확인하지 않을 수 없다. 그들 모두에게 있어서 악은 노동자와 노동 사이의 이러한 최근의 분리에 있으며, 사회의 비도덕화를 만드는 도덕적 단절에 있다. 노동자의 관심을 오직 임금에만 향하게 만듦으로써 이러한 단절은 탈사회화와 개인주의의 강화를 유발한다. 그래서 개인의 만족은 노동 밖에서 찾아질 수밖에 없다. 그러한 만족은 개인으로 하여금 공적 영역을 희생시키며 사적 영역의 확대를, 즉 임금과 소비의

---

21) 이 모든 흐름에 처음으로 영감을 준 사람은 분명 앙리 드 망이다. 그는 《마르크스주의 너머 Au-delà du marxisme》(1927)에서 마르크스주의를 비판하고, 《노동의 기쁨 La Joie au travail》(1930)에서 노동자와 노동의 관계에 대해 연구하며, 《국가주의와 사회주의 Nationalisme et Socialisme》(1932)에서 사회주의와 국가주의 사이를 비교한다. 그 영향을 받아 마르셀 데아는 《사회주의의 전망 Perspectives socialistes》(1930)을 썼다. 또한 오르드르 누보 집단도 영향을 받았는데, 특히 두 사람의 지도자가 쓴 세 권의 책은 1930년대초에 상당히 큰 반향을 불러일으켰다. 아르노 당듀와 로베르 아롱이 쓴 《프랑스 국민의 쇠퇴 Décadence de la nation française》(1932) · 《미국의 암 Le Cancer américain》(1932) · 《필연적 혁명 La Révolution necéssaire》(1933)이 그것이다. 프랑수와 페루는 기업에 대해 위의 두 사람과 비슷한, 그리고 《에스프리》지와 비슷한 분석을 하게 된다. 그는 동시에 《자본주의와 노동공동체 Capitalisme et Communauté de travail》(1938)에서 공농체와 권한의 개념에 대한 동등한 재평가를 한다.

확대를 요구하도록 한다. 따라서 노동자는 유기적 생산자라는 자신의 독특성을 잃어버리고 원자화된 개인들로 이루어진 익명의 대중에 속하게 된다. 원자화된 개인의 사회적 단절은 그것의 반대항——맹목적 대중 속에서의 동일화된 융합——과 마찬가지로 개인의 근본적인 불만족이 오로지 생산 체계 탓이라고 말하는 사람들의 정치적 조작에 이용되게 된다.

따라서 신동업조합주의자들은 이러한 개인주의를 낳는 '미국식' 모델에 반대하여, 또한 너무나 쉽게 그것의 결과를 착취하는 공산주의 모델에 반대하여 이중의 소송을 제기한다. 적용해야 할 치료책의 용법은 한없이 달라질 수 있지만, 그것의 원리는 모든 신동업조합주의에게 있어서 동일하다. 노동자와 노동 사이의 단절, 사회법과 산업적 합리성 사이의 단절, 사회보장과 경제 사이의 단절에서 비극이 발생하기 때문에, 먼 미래에 그것들의 조화를 기대하는 것이 헛된 일인 것처럼 보이기 때문에, 그 미래와 우리 사이의 시간이 그것들 각자가 서로를 짓누르게 만들고 그것으로 숙명적인 폭발을 일으키기 위해 이러한 단절을 만드는 전략에 의해 유용하게 이용될 것이므로, 지금부터 노동자와 노동의 화해를 만들어 가지 않을 이유가 무엇인가? 어떻게? 노동자의 신분에 대한 요구를 기업의 쇄신된 명령에 대한 요구 속에 겹쳐 넣음으로써 그럴 수 있다. 그렇게 **노동공동체**가 창조될 수 있을 것이다. 노동공동체 속에서 각자는 기업 내에서의 자기 자리를 알게 될 것이며, 그로부터 적법한 직업적 자부심을 얻을 것이고, 그만큼 적법한 **권한**에 따르는 것을 받아들이게 될 것이다. 그리고 재건된 공동체들로 이루어진 이러한 사회 위에 자신의 힘을 확신하며, 자신의 권한을 보장받고, 사회의 올바른 질서를 유지시키기 위해 그 권한을 사용할 줄 아는 국가가 지배할 것이다. 이 국가는 국가의 필요성을 더 잘 마비시키기 위해 국가를 구속했던 소위 중립성에 대한 지나친 조심스러움에 시달리지 않을 것이다. 《필연적 혁명》속의 당듀와 아롱의 말에 따르면 "우리에게 혁명이란 개념은 질서의 개념과 분리될 수 없다. 질서가 더 이상 질서 속에 있지 않을 때 그것은 혁명 속에 있어야 하며, 우리가 생각하는 유일한 혁명은 질서의 혁명이다."[22]

사회의 흐름에 대한 국가의 영향력 부족이 문제이기 때문에 국가의 권한을 증가시킴으로써, 권한을 엄밀히 집중시킴으로써, 그리고 경제적 · 사회적 영역에 권한의 발현을 확장시킴으로써 이러한 영향력을 확보할 수 있을 것이라고 그들은 말한다. **국가의 권한을 확장**하는 것이지 산업 민주주의의 지지자들이 요구하듯이 **국가의 권력을 남용**하는 것이 아니다. 공식적으로 국가의 입장은 사회보장과 경제 사이의 관계의 균형을 잡으려 노력하는 것이다. 그러는 대신에 우리는 특히 노조 세력의 모순적인 술책하에서 이 두 영역의 관계가 틀어지는 것을 본다. 국가의 권한을 증가시킴으로써 우리는 사회적 질서의 원리가 당파적 이익 위에 군림하도록 할 것이다. 이것은 경제와 사회보장에 자신의 법을 명하고 외부로부터 힘에 의해 그것들을 나누는 간격을 줄이고 정치에 대한 경제의 종속을 명분으로 경제에 대한 사회보장의 종속을 강제하는 정치의 형식이다.

그러면 사상들과 이해 관계들의 논쟁에 주어진 자리가 그처럼 엄격하게 제한되는 현상이 나타나는 순간부터 이러한 길이 새로운 전제 정치로 향하는 것을, 권한의 원리가 민주주의의 기초를 능가하는 것을 어떻게 피할 것인가? 이 방향은 전복을 향하지 않는다. 그러나

---

22) Dandieu et Aron, 《필연적 혁명 *La Révolution necéssaire*》, *op. cit.*

그것은 위험하게 경직된 질서를 만들기 위한 것이 아닌가? 이 방향은 경제와 사회보장 사이의 심한 간극을 줄여 주지만, 그 이익에서 오는 대가는 정치의 위험한 자율화가 아닌가? 이러한 유혹이 어디로 향할 것인지 보여주는 예들을 이탈리아와 독일에서 볼 수 있다는 점에서 더욱 그렇다.

양차 세계대전 사이에 나타난 국가에 대한 이러한 질문을 주마간산 격으로 상기한 것에 대해 사람들은 제1차 세계대전 전에 있었던 뒤 기와 오리우 사이의 논쟁의 연장이자 희화화라고 생각할 수 있을 것이다. 정치적 주권만을 기반으로 해서 국가를 세우는 것이 불가능하다는 게 제시되거나 증명될 때마다 국가는 위협하는 동시에 위협받는 순수한 힘처럼 보인다. 즉 **사실의 힘이거나 초월적인 힘, 단순한 구속력이거나 적법한 권한, 사회화함으로써 정당화시켜야 하는 구속이거나 집중시킴으로써 유효화해야 하는 권한**이다. 이러한 두 경향 사이에서 진보의 개념은 한쪽에는 리듬을, 다른 한쪽에는 목표를 제공한다. 그것은 국가가 너무 무정부주의 쪽으로 기울거나 너무 독재주의 쪽으로 기울지 않는 것처럼 보일 만큼 충분히 둘을 결합시킨다. 이러한 생각은 그것이 내포한 두 경향이 자유롭게 되고 정치적 몽상들——민주주의가 국가의 중립성과 함께 사라진다는——을 조장하는 즉시 신용을 잃게 된다. 어쨌든 1920년대와 1930년대에는 국가가 통치하기 위해서 사회에 대한 영향력의 증가——이것은 주권자의 투표에 기반한 유일한 토대가 보장해 주지 않는 것이다——가 있어야 하는 것처럼 보이며, 사회의 연대성의 수호자라는 국가의 역할이 실행되는 데 필요한 수단들이 비극적이게도 존재하지 않는 것처럼 보인다.

이러한 사실로부터 아마도 우리는 이 시기말에 케인스 이론이 그토록 환영받은 이유를 더 잘 이해할 수 있을 것이다. 첫번째 이유는 다음과 같다. '일반 이론'은 그것의 원리상 경제와 사회보장 사이에 어떠한 종속 관계도 포함하지 않는 관계가 맺어지는 것을 허용한다. 왜냐하면 그 이론은 바로 **순환 메커니즘**에 의해 그것들을 연결시킬 것을 제안하기 때문이다. 이 이론은 실제로 경제가 수요 감소로 손해를 입을 위험이 있을 때, 사회보장을 사회 안의 구매와 고용 능력의 증가라는 인위적이지만 효과적인 투입을 통해 경제를 이어받고 '재건시키는' 수단으로 삼는다. 그 이론은 또한 그렇게 지속적으로 좋은 작동 상태로 유지된 경제를 사회 정책의 추구에 자양분을 주는 수단으로 삼는다. 그 이론이 노동자들에게 제공하는 사회 정책의 보장은 노동자들이 극빈 이하의 상태에 빠져 경제 활동이 다시 시작될 수 있을 때 경제 활동을 다시 할 수 없도록 만드는 대신에, 생산에 언제든지 투입될 수 있는 상태로 노동자들을 유지하는 데 사용된다. 따라서 공화주의 국가의 중립성은 보존될 수 있게 된다. 즉 국가는 경제나 사회보장 중 어느 하나를 선택할 필요가 없으며, 따라서 그러한 심급들 뒤에 늘어선 세력들에 대한 어떠한 선호도도 표현할 필요가 없다. 국가는 그 둘을 효율적으로 **접목**하는 데 만족할 수 있고 만족해야 한다.

민주주의 국가가 케인스 이론에 매력을 느끼는 두번째 이유는 이 이론이 국가가 처한 성가신 양자택일——증가된 권한을 행사하면서 사회를 경직되게 하거나, 혹은 사회 안에서 서로 모순적인 전략을 펼치는 수많은 관계자들에게 자신의 권력을 재분배하면서 사회가 해체되도록 내버려두는 양자택일——을 피할 수단을 제공한다는 데 있다. 사회가 더 잘 통치되도록 만들기 위해 일반 이론은 이 두 유혹 사이의 중간 지점을 만드는데 그것은 사회를 **시간에 의해 조절**(ré-gulation par le temps)하는 것이다. 실제로 이 이론은 위기 현상들을 예고해 주는 기호들에 작용함으로써 위기 현상들을 예견하는 능력과, 안정기와 불안정기 사이의 변동의 폭을 줄일 수 있는 수단들 덕분에 위기 상황에서 빠져나오는 능력을 제공한다. 그 이론은 경제적·사회적 삶의 경향들이 읽혀질 수 있으며, 위기를 예견할 수 있고 안정을 준비할 수 있는 **변수들의 통치**(gouvernement des variables) 원리를 제공해 준다. 시간을 고려한 최초의 경제 이론인 케인스 이론은 공화주의 국가에게 사회에 대해 외부적인 입장을 견지하면서 사회의 흐름을 통제하는 수단을 제공한다.

공화주의 국가는 그것의 기반이 되는 이상을 유지하기 위해서 사회 진보의 보증인으로 나서야 했다. 그리고 바로 이러한 임무에 실패하는 분명한 장면을 보여주었기 때문에 공화국은 양차 세계대전 동안 위험에 처하게 되었던 것이다. 제2차 세계대전이 끝날 무렵 등장한 케인스주의에서 영감을 받은 해결책을 가지고 우리는 어떤 면에서 이 문제가 해결됐다고 평가할 수 있다. 국가는 이제 자신이 보증하는 이 진보의 흐름을 보장할 방법들을 가지고 있다. 국가는 어쨌든 새로운 방법들의 완전히 새로운 세트를 통해 이러한 경제적·사회적 변수들을 동시에 조작함으로써 사회를 통치하는 데 성공한 모든 증거들, 특히 외부적인 신호들을 제공한다. 국가는 이러한 변수들에 대한 지식을 통계 기구들과 계획화를 통해 노골적으로, 그리고 아마도 어리숙하게 통제한다. 더 나아가 **진보**——국가는 진보의 외부적이며 대단히 종종 허점 많은 보증인일 뿐이었다——가 이제는 사실상 그것의 머리 위에 있다고 말할 수 있을 것이다. 진보를 보증하기 위해서는 아마도 진보를 책임지고, 진보의 **실제적인 책임자가**

되는 것 외에는 다른 방법이 없었겠지만, 단번에 사람들이 착수하는 것은 국가와 사회 사이의 관계의 역전이 아닌가? 아마도 국가는 사회적 갈등에 대해 항상 중립의 입장을 유지할 것이다. 그러나 그것은 사회로부터 벗어난 국가의 입장에서 사회의 운명을 구현하기 위해서이다. 복지국가는 사회를 나누는 이데올로기적 선택에 참여하지 않는다. 그러나 복지국가는 미래에 대한 영향력을 국가 쪽으로 오도록 하기 때문에, **그리고 그런 만큼 사회로부터 그것을 박탈하기 때문에 운명의 지렛대를 책임진다.**

사람들은 어떻게, 어느 정도에서, 그리고 어떤 대가를 치르고서 공화국이 공화국 자신과 융합된 사회를 만들겠다는 자신의 약속의 기반이 되었던 권리의 언어라는 공화국의 대표적인 도구에 영향을 미치는 모순들을 극복할 수 있었는지를 자문해 왔다. 권리의 언어가 갖는 모순적인 의미들 때문에 공화주의 국가는 처음에 한편으로는 노동권의 선포에 걸었던 기대에 부합하도록 만들기 위해 사회를 재조직하자는 독촉과, 다른 한편으로는 개인의 권리 보호와 재산의 안정, 그리고 자유라는 명목으로 사회에 가해지는 모든 개입을 배제하자는 독촉, 이 이중의 독촉에 의해 마비되고 어찌 보면 덫에 걸리게 되었다.

이러한 개입의 수단은 사회 문제들에 적용된 보장보험 기술이 조작한 것과 같은, 사람들이 통계의 균질적 언어라고 부른 것 안에서 19세기말에 발견되었다. 권리의 고전적인 언어가 그것의 원칙에서는 절대적이고 사회에 대한 효과에 있어서는 모순적인 만큼 통계의 언어는 그것의 표면에 있어서는 상대적이고 효과에 있어서는 균질화하는 것이다. 그것은 노동권과 소유권 사이의 절대적인 대립을 위험과 기회에 대한 상대적 계산으로 대체한다. 노동자와 자본가의 분리에 대해 그것은 공동의 보상 메커니즘, 그들이 형성하는 공동체의 틀 속에서 겪는 손해의 집단적 복구 메커니즘으로 대응한다. 이러한 기술을 사용한 결과로 생기는 소위 사회법들은 절대적인 것이 아니라 상대적이며 상황적인 법들이다. 그것들은 사회의 당파적 변형에 국가를 개입시키는 것이 아니라, 사회의 결핍과 과잉을 보수하는 데 공동체를 개입시킨다.

사회적 관계들에 대한 이러한 해결책의 **영향력**을 고려하면, 이러한 해결책은 노동 계급을 고용주들에게 예속시키는 장치를 해체하게 된다. 그런 장치는 바로 사회의 모든 구성원에게 평등하다고 선포된 주권과 대조되기 때문이다. 그러한 해결책은 사업주의 가족 경영주의적 권력의 핵심 자체를 타격한다. 이 권력의 핵심은 노동 계약을 예속계약으로 바꾸는 위압적인 방법들에 따라 기업을 조직하기 위해 기업의 독특성에 기반을 두는 데 있다. 규범의 보편성은 사업주의 개인적인 권력의 임의성을 깨뜨린다. 그러므로 사회법을 통해 기업의 가족 경영주의적 지배를 해체함으로써 노동자와 사업주 간의 관계의 균형이 회복된다. 그러나 이것은 그렇다고 새로운 조화를, 각각의 입장에 대한 조용한 투명성을 유발하지는 않는 장치에 따라 이루어진다. 왜냐하면 한쪽은 노동자에 대한 국가의 보호 영역을 한없이 확장시키기 위해 이러한 표준화에 의지하려 하는 반면, 다른 한쪽은 오직 생산성을 증가시키려는 목적으로 생산의 합리화를 만들기 위해 그것을 사용하기 때문이다.

이러한 작업의 정치적 **대가**는 사회적 합리성과 경제적 합리성을 배타적으로 요구하는 단체들이 비대해져 가는 양차 세계대전 동안에 측정되기 시작한다. 한쪽에서는 조합들이, 다른 한쪽에서는 카르텔과 독점 기업들이 사회의 미래에 대해 자신들의 법을 강요하고, 각자가 다른 쪽보다 더 공익을 실현할 소명을 가졌다고 주장한다. 그리고 그 모든 것은 중립적이기보다는 무능력한 국가를 배경으로 이루어진다. 이 두 합리성 사이의 적대 관계를 기반으로, 하나가 다른 한쪽에 예속되는 형태로 강제로 그 둘을 화해시키고자 하는 희망을 품는 파시스트적이거나 공산주의적인 위험이 부상하자 사람들은 그 대가를 치르기로 한다. 그 대가는 경제와 사회보장을 어찌 보면 순환적으로 결합시키고, 결국 각각이 자신의 운명을 사회에 강제하려는 경쟁적인 세력들로부터 국가가 같은 거리를 유지하도록 하는 이점을 가진 케인스 이론의 형식에 따라 그 둘을 그 핵심에서 접목함으로써 국가를 사회의 미래에 대한 실제적인 책임자로 만드는 데 있다. 이 일은 사회가 자신의 흐름에 대한 직접적인 영향력을 갖지 못하도록 하면서, 그리고 국가를 사회의 연대성의 보호자뿐만 아니라 사회 진보의 실제적인 보증인, 그 운명의 대리인인 권력처럼 보이게 하면서 이루어진다.

진보의 보증인인 국가가 이론화할 뿐이었던 것을 복지국가는 사회에 대한 국가의 위치를 거꾸로 바꾸면서 실현한다. 이전에는 사회가 자신의 진보를 계속할 수 있도록 사회의 연대성을 강화하는 것이 문제였다. 이제는 국가가 진보를 가르치고, 사회의 사회보장 향상을 보장하는 방법들을 끌어내기 위한 실제적인 책임자가 되며, 사회가 자신의 이상에 부응하는 것을 방해하는 악·빈곤·억압의 근원을 근절하는 것이 문제이다. 사회는 **자신의 미래의 주체**라기보다는 사회 위로 구상되고, 각자에게 자유를, 모든 이에게 안전을 가져다 주고자 하는 **향상의 대상**이다

국가와 사회 사이 관계의 역전의 밑바탕에서 사람들은 본질적으로

사회적 관계의 장 안에 있는 **책임 개념의 제거**를 발견했다.

이러한 개념에 의존하지 않으면서 사람들은 사회 문제들에 대한 효과적인 해법과, 각 문제에 대한 상대적인 해결책을 제시하면서 문제들을 악화시키지 않을 방법을 찾을 수 있었다. 사회 전체를 개인이 겪은 실제 손해의 보상 메커니즘 안에 끼워 넣음으로써 사람들은 참고 견딘 고통에 대한 책임을 특정인, 특히 기업가들에게 전가하는 것을 피할 수 있었다. 사람들은 현재의 사회 조직에서 생긴 문제들을 해결하면서도 사회의 재구성을 피할 수 있다는 것을 증명했다. 사람들은 조직 정의의 절대성을 복구 과정의 상대성으로 대체했다. 그러나 잘못과 장점의 절대성을 대신하게 된 위험과 기회의 상대성 자체가 기대와 요구의 과잉증가 원리의 싹을 포함하고 있지 않은가? 여러 사회적 범주들이 분업의 틀 안에서 느끼는 장애나 손해에 대한 보상권을 **상대적으로** 서로에 대해 요구할 수 있다면, 그러한 요구의 증가에 대한 한계의 가능성은 어디에 있는가? 사람들은 이제 더 이상 "사업주의 잘못이다"고 말하지 않고 "사회의 사실(잘못이라는 뜻으로 이해하자)이다"라고 한다. 그리고 그것의 결핍을 보상하기 위해서는 무엇을 하지 말아야 하는가? 사회보장의 향상을 어디까지 이끌어야 하는가?

마찬가지로 노동 조직 안에서 책임 개념의 예전 효과들을 제거하거나 줄이면서 사람들은 노동과 자본의 대립을 피할 수 있었다. 생산 관계의 영역에서 보편적인 규범들을 세움으로써 사람들은 기업에 관계된 모든 사물과 모든 사람에 대한 사업주의 독자적 책임의 확언에 근거한 가족 경영주의 형태의 사업주의 억압을 근본적으로 깰 수 있었다. 자본과 노동의 직접적 대립을, 거기에서 나오는 즉각적인 폭력을 사람들은 경제와 사회보장을 양립 가능하게 할 필요성으로 대체할 수 있었다. 그러나 이것은 이러한 필요성을 국가에 양도함으로써, 국가를 사회의 미래에 대한 **책임자**로 만듦으로써 이루어졌다.

그러므로 책임을 없앰으로써 자유주의적인 확신과 사회주의의 협박을 벗어나는, 사회적 문제들에 대한 실용적인 해결책을 찾도록 해주는 이러한 능숙함에는 매우 큰 대가가 있다. 그리고 이 대가에 대해서 사람들은 1960년대초에 인식하기 시작한다. 사회적 관계의 영역에서 책임을 제거했기 때문에 국가는 자신이 떠안고 있던 진보의 **약속**을 대가로 모든 이에게 **배당**(attributions)을 실행해야 하고, 개인들은 이러한 국가에 대해 국가가 자신들에게서 **빼앗은** 자신들의 **미래**에 대한 영향력을 보상해 달라고 끊임없이 **요구**하는 상태에 있다. 그래서 국가와 개인 사이에는 더 이상 사회가 없다고 할 수 있으리라.

제IV장
사회의 동원[1]

　10여 년 전부터 복지국가는 위기에 처했다고 공식적으로 선언되고 있다. 장 푸라스티에가 '영광스러운 30년'이라고 표현한 제2차 세계 대전 이후 30년 동안의 대단한 성장에 기반하고 있으며, 경제적 발전 과 사회적 진보를 동시에 보장할 수 있는 이러한 국가의 형태는 그것 과 더불어 사라질 수밖에 없는 처지에 놓이게 됐다는 것이다. 국가 재 원의 막대하고 지속적인 증대를 더 이상 이용할 수 없는 복지국가는 더 이상 약속을 지킬 수도 없을 것이고, 이전과 같은 리듬으로 계속 '사회보장을 실행'할 수도 없을 것이다. 이처럼 비용이 많이 드는 방 법을 계속해서 이용하고자 한다면, 복지국가는 경제의 자유로운 원 동력을 너무나 심하게 압박해서 결국은 나라를 돌이킬 수 없이 국가 사회주의로 이끌게 될 것이다. 그래서 사람들은 분명히 신선한 접두 사와 안심시키는 부가형용사로 꾸며져 있지만 본질적인 것은 변화하

---

　1) 이 장은 장 폴 퀴르니에와 공동으로 작업한 연구와 논의 속에서 이루어진 것 이다. 퀴르니에는 특히 평생 교육과 관련된 연구를 하고 있는 중이다.

지 않은 ('프랑스식의') (신)자유주의와 사회주의의 이데올로기들이 다시 등장하는 것을 최근에 보게 되었다. 즉 위기가 진보의 환상을 사라지게 했기 때문에 우리는 이번에야말로 이 두 이론들 중 하나를 선택해야 할 것이다. 따라서 우리는 결국 출발점으로 돌아오기 위해 이 먼 길을 온 셈이 된다……. 위기는 역사의 타이머를 다시 영으로 맞추고, 우리에게 다시 자유주의냐 사회주의냐라는 동일한 근본적인 딜레마——이것은 우리가 지금까지 순전히 지연책들을 통해 헛되이 피하려고 했던 것이다——와 마주치게 만든다.

복지국가의 위기에 대해 우리는 여기에서 완전히 다른 해석——사실 방금 언급된 아주 지배적인 해석과는 완전히 반대되는——을 제시하고자 한다. 복지국가가 **무엇에 대한** 해결책이었으며 **무엇으로** 이루어져 있는지 알아보았기 때문에 우리는 이제 지난 세기의 이데올로기들로 우리를 되돌리려 하는 유행을 따르기보다는 공화국의 출발에서부터 제기된 문제——그 유명한 '사회보장 문제'——에 대해, 이 위기의 **의미**와 **사안**에 대해 조사를 할 수 있다. 이처럼 관점을 바꿈으로써 우리는 복지국가의 '위기'가 혁명과 전통 사이에서 진보가 정중앙선을 택한 것이 실패한 증거라기보다는 어떤 점에서는 단지 진보의 전략적인 성공의 당연한 결과라는 것을 보여주고자 할 것이다. 마찬가지로 우리는 사회보장의 위기——양적인——를 연대의 기술에 극적으로 가해진 반격이 아니라 이 기술의 질적인 비약의 기회라고 표현할 것이다. 위기에 관하여 우리는 특히 오늘날 정치의 위기, 정치의 낡은 이데올로기적 분열, 점점 더 필연적으로 자율적이 되는 사회보장 형태에 비해 현실에서 동떨어진 정치 이론과 언어가 문제임을 보게 될 것이다.

복지국가의 출현은 혁명적이고 보수적인 두 경향——이 둘 사이의 절대적이고 열정적인 적대 관계는 언제라도 공화국의 기초를 파괴시킬 위험이 있었다——에 맞서 사회를 '연대시킬' 필요성과 관계가 있음에 틀림없어 보인다. 이러한 필요성에 사회가 복종한 것은 진보——진보의 혜택은 사회의 조화와 개인의 성숙이라는 공화국의 이상을 평화적으로 실현시켜야 한다——의 약속으로 보상된다. 그렇지만 20여 년 전부터 진보라는 명목으로 진행된 이러한 정치에 대한 이데올로기적 고발이 이루어진 것은 혁명과 전통의 공모라는 이중 의지의 전략적 승리에 비례해서가 아닌가?

시간이 흐른 지금 거리를 두고 보면, 1965년에서 1975년 사이 10여 년간의 극좌파 운동은 빈곤을 명분으로 진행되는 혁명이라는 고전적인 가설을 소멸시키는, 진보의 물질적인 성공에 대한 확인에 의해 규정되었던 것처럼 보인다. 바로 이러한 확인을 바탕으로 극좌파는 복지국가가 개인의 욕망을 실현시키겠다는 약속을 지키지 않았다고 다그치고, 국가로 하여금 진보라는 이름으로 자신의 주권을 포기하도록 만든 기만의 상거래를 고발하며, 무한정 생활비를 '버는' 대신에 단 한번으로 영원히 **삶을 바꾸기**를 요구하게 된다.

마찬가지로 1960년대의 클럽(장 물랭, 시투아앵 60 등)과 더불어 태어난 개혁주의 운동은 진보의 전략이 전통주의자의 장애를 이겼다는 확증에 근거하고 있다. 그리고 개혁주의 운동은 국가에 의해 운영된 이 진보의 대가인 정치적 무감각과 시민 정신의 쇠퇴를 고발하면서, 그리고 위로부터 사회의 욕구를 만족시키려고 하는 대신에 **사회를 변화시키라고** 요구하면서, 이러한 정치가 사회적 연대성에 대해 미친 궁극적 효과에 대해 조사한다.

사회보장 문제의 해결 장치로서 복지국가는 자신이 정치적 상상계의 영역과 시민 사회의 현실 영역 사이에서 조직하는 타협의 효과에 전적으로 근거하고 있다. 사회 조직에 있어서의 계약 모델에 대한 이 두 가지 의미——정치적이고 상업적인, 그리고 유토피아적이고 견유적인——사이에서 복지국가의 통치 체계는 어떤 점에서는 전자에 의해 양분을 섭취하는 위험한 몽상들을 (진보에 내재해 있는 제약의 이름으로) 억제하는 일을 할 뿐만 아니라 상업 논리의 견유적인 현실주의에 의해 사회 안에 유지되는 억압과 비참함의 형태들을 (이 진보의 혜택 덕분에) 보상하기도 한다. 바로 이 장치가 앞선 두 번의 10년 기간 동안 국가에 대한 이중 고발——진보라는 이름으로 개인의 주권을 약탈하는 것(극좌파의 설명), 그리고 이 진보를 희생시키며 사회 안의 모든 책임을 파괴하는 것(개혁주의자의 설명)——에 의해 재검토되게 된 것이다.

그때부터 모든 사람들은 이제 국가가 진보의 제약을 부과하고 진보의 혜택을 분배하는 데 있어서 진보의 유일무이한 요인처럼 행동할 수도 없고, 행동해서도 안 된다는 것을 어느 정도 인정하기 시작한다. 그리고 이 아래로부터의 거부와 위로부터의 실패의 확인이 결합한 것은 사회보장의 자율화(autonomisation du social)를, 즉 사회 안에서의 진보의 수단과 목적의 직접적인 충돌을 가능한 동시에 필요하게 만든다. 약 15년 전부터 정치적 영역에서 **변화**라는 용어가 진보라는 용어를 대체했다. 진보는 한편으로는 사회를 국가가 지배하는 것에 대한 변명의 역할을 하고, 다른 한편으로는 사회가 국가가 주는 혜택을 수동적으로 기대하도록 만드는 역할을 한다는 혐의가 너무 짙은 용어였다. 그런데 이 변화라는 용어가 경제적이고 사회적인 생활의 모든 영역과 장소에서 시민의 주권과 사회의 연대성 사이의 관계를 재협상하는 것을 통해, 개인의 자율과 집단적 책임 사이의 직접적인 충돌을 통해, 사회의 생성에 대한 각자의 그리고 모두의 **연루 절차**를 위치시키는 것이 아니라면 구체적으로 무엇과 부합하겠는가?

우리가 정치에 대한 복지국가의 영향력을 고려해 볼 때, 복지국가의 힘은 사회주의와 자유주의의 적대적인 관점들을 정부라는 하나의 기관에 (케인스식 기술을 통해) 통합시키는 능력에서 비롯된다. 경제와 사회보장 사이의 긍정적인 순환——하나가 다른 하나에 대해 서로 양분을 제공하는——을 확립하는 것은 지배적 정치 이데올로기들의 대립을 감소시킨다. 이 두 정책 모두를 진보에 대한 꾸준한 추구라는 요구에 종속시키는 이러한 통치 기술은 분명히 각자의 특수성을 고려한다. 왜냐하면 이러한 순환은 경제나 혹은 사회보장에 우선권을 주면서 확립될 수 있기 때문이다. 그러나 복지국가의 위기의 핵심이 바로 사회보장의 자율화——진보의 조건과 목적에 대한 결정을 사회 자체로 환원하는 것——라면, 어떤 발현(manifeston)의 방식들이 이 적대적인 정치적 입장들에게 열려 있는가? 그리고 위기의 출구가 사회의 동원을 통해 경제와 사회보장 사이의 분리를 없애는 것이라면, 구시대로부터 물려받은 이 분할에서 여전히 완전하게 벗어나지 못한 정치 영역 안에서 어떻게 사회의 동원이 실행될 수 있을 것인가? 모든 정당들은 노골적으로 변화라는 용어를 사용한다. 그러나 그들은 말로는 이처럼 현대성(modernité)을 받아들이지만 실제로는 복지국가의 낡은 방법들을 그대로 유지하고 있다. 그리고 이 방법들이 더 이상 효능을 발휘하지 못하기 때문에 그들은 선거 기간 중에는 이데올로기적 긴장이 유지되도록 놔두다가 선거가 끝나면 침울한 표정으로 위기를 그날그날 모면한다. 어떻게 이 모든 것이 **정**

치 안에 있는 불안의 명백한 표시라는 것을 알지 못하겠는가?

이 마지막 장에서 우리는 어떻게 복지국가의 위기가 지난 세기 중에 이미 진단된 개인과 국가 사이의 **사회보장의 부재**라는 유명한 문제로 되돌아오도록 만드는지를 보여주고자 한다. 그리고 이 문제와 더불어 나타나며 이 문제의 지속에 의해서만 유지되는 적대적인 확신들의 제거 없이는 어떠한 해결책도 불가능하다는 것을 주장하고자 한다.

1. 삶을 변화시키기

우리는 1960-70년대의 극좌파에 대해서 두 가지 접근을 할 수 있다. 하나는 극좌파를 공산주의 진영, 공산주의의 역사, 공산주의를 지배하는 급진화의 논리, 공산주의에 있어서 아주 중요한 혁명적 효율성의 명령에 연결시키는 것이다. 다른 하나는 극좌파를 제2차 세계대전 후에 시작된 경제적이고 사회적인 발달 상황에 결부시키는 것이다. 이 두 접근 방식은 사실 극좌파라고 일반적으로 분류된 작가들을 아주 분명하게 두 집단으로 나눈다. 한편에는 19세기의 혁명적 이론가들을 재검토하며 그들 최초의 순수성을 되찾고, 그들의 이론적 엄밀함을 뽑아내며, 오랜 세월 동안 축적된 먼지들을 털어 버리고, 공산주의 진영 내의 이러저러한 경향에 의해 가해진 '수정주의적' 변경을 고발하고자 하는 작가들이 있다. 이 첫번째 그룹에는 트로츠키주의자나 마오쩌둥주의자의 분석들이 속하는데, 이 완강한 이론가들의 선봉에는 루이 알튀세가 있다.

다른 한편에는 사회의 진화가 최소한 혁명적 이상에 가져다 주는 것처럼 보이는 거부에 따라 이 이상의 내용을 재평가하기 위해 이 이상과 현대성의 스펙터클을 충돌시키는 일련의 저서들을 발견할 수 있다. 거기에는 기 드보르·라울 바네엠·앙리 르페브르·허버트 마르쿠제와 같은 작가들이 있다. 첫번째 경향의 사람들이 혁명의 근원적인 가치를 되찾고자 했던 곳에서 이들은 가치의 혁명을 실행하고자 한다. 또한 우리는 여기에서 첫번째 경향을 극단주의——최후의 극단에 위치한 운동을 나타내는 극단적인 진술——라는 단순한 표현으로 지칭하고 극좌파라는 용어는 현대 세계와 혁명적 노선을 충돌시키기 위해 혁명적 노선의 방향을 바꾸는 두번째 경향을 위해 남겨두기로 한다.

이 구별은 엄밀한 의미의 극좌파의 출발점이 혁명 전략의 경제적 전제들——극단주의는 여전히 이 전제들을 근거로 활동한다——이 무효화된 것에 있는 만큼 더욱더 타당한 것처럼 보인다. 혁명 의지는 비참함을 먹고 자랐다. 이 비참함은 자본주의 경제의 폐해를 분명히 하면서 혁명의 필요성을 증명할 것이다. 민주주의 체제하에서 나타나는 비참함의 지속은 그때까지 민주주의 체제에 맞선 결정적인 논거를 제공했고, 그 체제들이 억압을 합리화하는 형식적인 변명의 역할을 했다는 증거를 제공했다. 그런데 공산주의——극단주의—— 담론은 노동 계급의 증가하는 빈곤화 경향에 대한 마르크스주의 이론과 점점 더 많은 봉급 생활자들이 프롤레타리아화된다는 이론을 정교하게 다듬으려 했지만 추종자들에게만 먹혀들었을 뿐이다. 비록 성장의 열매가 항상 공평하게 나누어지지는 않는다 하더라도 성장은 명확한 사실인 듯했다. 게다가 사회주의 모국과 그 위성국가들에 널리 퍼져 있던 규율과 교화의 도움 없이도 성장은 계속되었다. 따라서 물질적 진보와 생활 수준의 향상이라는 부분에 있어서 부르주아 민

주주의를 진지하게 비판하고자 하는 것은 쓸데없는 일이다.[2]

그러나 우리가 처음에 공화국의 이상 안에 들어 있던 요구를 이 성장──그리고 성장의 결과들──과 대조한다면 무엇이 나타나는가? 이것이 진정한 극좌파의 출발점이다. 오랫동안 진보는 가설의 형태로만 존재해 왔다. 사람들은 모든 점에서 최초의 이상에 부합하는 조화로운 사회의 고통 없는 실현을 기대했다. 진보는 사회적인 조화의 뛰어난 형태, 각자의 개인적 성숙에 대한 약속으로 국가가 개인에게 약속한 것이다. 즉 이 약속은 개인의 즉각적인 요구들을 보류하기 위해 필요한 것이다. 개인은 자신의 주권의 자발적인 행사를 포기하는 대가로 분명히 자신의 생활 수준이 향상되는 것을 봤다. 그러나 그의 삶의 **양식**(mode)은 무엇이 되는가? 결국 그는 삶의 자연스러운 운동을 무시하며 삶을 질식시킬 정도로 그의 삶에 달라붙어 있는 국가적으로 기획된 편안함의 그늘을 위해, 아주 고도의 투쟁을 통해 획득한 정치적 노획품을 놓아 주지 않았는가?

당장 실행될 수 없는 주권 대신에 사람들은 개인에게 선포된 그의 주권의 완성된 형태들을 천천히 그러나 평화롭게 가져오는 시간의 능력을 믿으라고 제안했다. 그런데 이 필요한 믿음은 이제 시간과 시간의 요구라는 명목으로 지배의 도구──모두를 무한정한 기다림 속에 위치시키는 수단──가 되지 않았는가? 진보는 사회보장을 향상시켰고, 사회의 연대성의 표현들을 구성원 모두에게까지 확대시켰다. 그러나 모두의 안전과 각자의 자유를 최대한 실현한다는 명목

---

2) 우리가 아는 바로는 극좌파에 관한 종합적인 연구는 없다. Richard Gombin, 《극좌파의 기원 *Les Origines du gauchism*》(Seuil, 1971)은 공뱅이 보기에 구성중에 있는 이데올로기의 오래된 뿌리를 찾고 있다. 반면에 극좌파는 오히려 우리 생각에 따르면 혁명 이데올로기의 '긍정적인 분해' 작업을 실행한다. 따라서 우리가 여기 제시하는 도식은 희미한 윤곽을 드러내는 가치만 있을 것이다.

으로 개인들에 대한 사회적 통제의 음흉한 형태가, 즉 개인들보다 우선하는 진보의 요구──개인들은 이것을 사용하기보다는 이것에 봉사해야 한다──에 개인들을 예속시키는 것이 나타나지 않았는가?

극좌파의 출발점은 소비 사회에 대한 비판이다. 소비 사회는 지나간 세기의 혁명 운동들을 불러일으켰던 희망에 대해 거짓 만족을 제공한다. 실제로 할부로 살 수 있으며 빠르게 소비되고, 그것을 획득하기 위해 매순간 인간의 모든 힘을 동원하지만 각자에게 항구적인 욕구불만──결코 관조될 수 없고, 실제적인 쾌락으로 변환될 수 없는 소유의 느낌──을 갖도록 만드는 상품의 형태로 제공된 이러한 종류의 만족은 무슨 가치가 있는가? 상품의 확산 과정이 그처럼 제공된 만족의 현실보다 우월한데 말이다. 그리고 소비 논리가 끊임없이 새로운 필요가 창출되기를 요구하는데 어떻게 진정한 만족이 있을 수 있을까? 겉보기에는 합리적이지만 이 체계는 불합리하다. 왜냐하면 이 체계는 만족과 행복을 목표로 하는 것이 아니라 일종의 피상적인 편안함을 목표로 하기 때문이다. 물론 개인들은 이 편안함 때문에 행복하다고 말한다. 그러나 그들은 또한 불안하다고 말하고 점점 더 그렇게 느끼게 된다. 더 가지지 못하는 데 대한 불안, 필요한 것을 가지지 못하는 데 대한 불안, 그것을 잃어버리는 데 대한 불안, 모두 있는 것에 대한 불안, 아무것도 없는 것에 대한 불안이 그것이다. 그러면 행복하다는 의식, 자신에게 넋을 빼앗긴 의식은 무슨 가치가 있는가? 이것은 사회 안에서 개인이 소외된다는 증거이며, 행복한 의식을 만들어 내는 비판 의식이 상실된다는 증거가 아닌가?

이것은 착취의 비참함이라기보다는 소외의 비참함이다. 이것은 소외가 개인 안에서 서서히 야기시키는 변질 때문에 더욱 무서운 것이다. 이기주의적 고립은 개인의 탐욕에 제공된 재물을 통해 인간들의 욕망과 욕구를 획일적으로 틀짓는 질서라는 덫에 개인을 빠뜨리기 때문에 개인을 다른 사람들로부터 고립시키고 기계적으로 모든 다른 사람들에게 맞추는 이기주의적 고립을 위해 자기의 존엄이 상실되고, 혁명적인 서사시의 위대함을 이룬 주권 정신이 상실되는 것은 더욱더 무서운 일이다. 그리고 바로 이러한 결과를 위해 공화국은 주권의 요구를 거절했던 것이다! 공화국은 주권을 그것의 가장 깊은 원천, 즉 개인의 마음 안에서 파괴하고 있는 중이 아닌가! "근본적인 초월에 대한 혁명적 의지를 키운 비참함이 완화되었기 때문에 포기와 타협으로 이루어진 새로운 비참함이 나타났다. 비참함의 포기와 포기의 비참함."[3]

무엇을 포기하는 비참함인가? 개인의 진정한 체험, 그것이 숨겨둔 풍요로움, 진정한 체험만이 때때로 전격적으로 폭로하는 수많은 잠재성들, 거의 대부분 완수되지 않지만 기계적 성장의 무감각한 행동보다는 더 중요한 담대하고 너그러운 행동들의 풍요로움을 포기하는 비참함이다. 일상 생활의 포기, 멀고 다가갈 수 없는 실체——공인된 예술 속에 응축된 미학, 정치 모리배들의 논쟁에 휘말린 정치, 대학교에 갇힌 철학——들을 향해 모든 존중할 만한 가치를 빼내는 차가운 기술이 파괴하는 진정한 삶의 토양에 대한 포기가 있다. 현재 감각의 포기, 그것이 길이를 모르는 체험된 총체에 대해 제공하는 감정의 포기가 있다. 왜냐하면 모든 진정한 감정은 산술적으로 증가된 과거일 뿐인 미래를 향해 모든 것을 가져가는 시간성의 우울

---

3) Raoul Vaneighem, 《젊은 세대를 위한 삶의 노하우 Traité de savoir-vivre à l'usage des jeunes générations》, Gallimard, 1966.

한 밑그림 안에 억지로 삽입됨에 따라 무효화되기 때문이다.

이 모든 것은 허상, 신기한 물건, 페티시, 소비할 수 있는 것, 따라서 파괴될 수 있는 것을 얻기 위해 포기된다. "소비재의 풍부함은 진정한 체험을 빈약하게 만들었다. 우선은 진정한 체험에 물건으로 된 보상물을 제공하기 때문이고, 그 다음에는 그 물건들을 소비하고 따라서 파괴해야 하기 때문에 그것들에 애착을 가질 수 없기 때문이다."[4] 기술과 국가의 전능한 힘에 매혹돼 찬미하기 위해 "시민들은 그들의 자유와 개성을 포기한다. 국가는 기술——제2의 본성——이 된다. 인간은 약해지고 약하다고 느낀다. 그는 자신에게 두려움과 찬미의 종교적 감정을 불어넣는 제2의 본성 앞에서 무장 해제된 자신의 나약함을 즐긴다."[5] 일종의 생존을 얻기 위해 현재를 포기한다. 왜냐하면 "한쪽을 얻게 되는 것은 다른 한쪽을 잃게 되는 것이기 때문이다. 위생 분야에서의 진보에 의해 양적으로 정복된 죽음은 질적으로 생존 안에 삽입된다." 결과적으로 "할부된 죽음의 미봉책이 진정한 삶의 부재에게 제공된다."[6]

이렇게 주권이라는 순금이 소비재라는 가짜 화폐와 교환된다. 자신의 주권의 즉각적인 행사를 진보라는 명목으로 개인이 포기하는 것에 대해 진짜와 가짜 욕구들을 분리할 수 없도록 뒤섞은 상품의 세계에서 온 싸구려들만이 보상으로 제공된다. 이러한 포기는 개인에게 자신을 완성할 수단을 주는 대신에 개인의 결정 원리를 개인 안에서 파괴한다. 극좌파가 무엇보다도 먼저 고발하는 것은 **기만의 시장**이다. 공화국과 시민들 사이에 이루어진 암묵적 협정은 주권의

---

4) *Ibid.*
5) Henri Lefebvre, 《모더니티 입문 *Introduction a la modernité*》, Minuit, 1900.
6) *Vaneighem, op. cit.*

즉각적인 요구를 진보에 대한 믿음으로 대체함으로써 기만의 시장을 이룬다.

  이 불평등한 물물교환──근본적인 주권을 돈을 내는 안전과 맞바꾸는──의 결과는 그것을 선동하는 자들의 상업적이고 국가적인 영향력에 개인이 예속되는 것이 아니라면 무엇인가? 옛날의 지배는 아주 가시적인 착취와 억압에 근거하고 있었다. 그것은 권력과 부를 집중시켰고, 그것의 힘과 그 힘의 수단을 보여주었다. 새로운 지배는 올가미에 걸린 사람들에 의해 퍼뜨려진 숨 막히는 순응주의를 유도하기에 적절한 기능적인 테크놀로지의 일반화된 확산을 통해 거의 반대로 실행된다. 왜냐하면 체제의 기능성에 대한 환상은 그것을 믿고 있는 사람들에게 모든 생생한 독특성의 표현을 시대에 뒤떨어진 비합리성의 유물이라고 고발하도록 하기 때문이다. "우리 사회의 독창성은 압도적인 기능주의와 생활 수준의 점진적인 개선에 의해 사회 세력들의 응집력을 얻기 위해 공포 정치보다는 테크놀로지를 사용하는 데 있다."[7]

  편안함을 통해 이 순응주의가 발달함에 따라 사람들은 자유의 사용가치가 교환가치를 위해 점차적으로 줄어드는 것을 본다. 즉 사람들은 자유의 사용가치를 표준화된 상품의 이용과 교환하게 된다. 그리고 바로 이러한 방식을 통해 지배가 이루어진다. 즉 부의 사용을 조직화하는 것은 자유의 사용을 감소시키고, 자유를 펼치는 대신에 그것을 이용하는 수단과 취향을 무력화시킨다. 그리고 프로그램된 시간의 흐름 앞에서 이처럼 짜여진 체념은 시간의 흐름에 영향을 주

---

7) Herbert Marcuse, 《일차원적 인간 *L'Homme unidimensionnel*》, Minuit, 1968.

고자 하는 개인들의 욕구를 포기하도록 만든다.

소비를 유도하는 기술주의 사회가 개인을 이처럼 음흉하게 지배하는 것에 대항해서 우리는 무엇을 할 수 있는가? 마르쿠제는 대혁명의 최초 가치들과, 즉 이른바 과학적 사회주의의 공식 이전에 존재하던 강력한 유토피아적 상상력과 다시 관계를 맺자고 제안한다. 과학적 사회주의는 오로지 전략적인 사상을 위해 사회의 조직화의 이상적 양식에 대한 성찰에 종지부를 찍었다. 혁명에 대한 마르크스적 교리는 조화로운 사회의 도래를 생산력의 단선적인 축적에 종속시켰다. 그 교리는 이러한 사회의 도래를 진보의 논리적인 결과라고 보았다. 즉 진보의 가속화를 통해 사람들은 사회주의에 접근할 수밖에 없다는 것이다. 그런데 진보는 기술적·정치적 물신화를 통해 "사회 자체의 해방 가능성에 반대되는 기존 사회의 총체적 동원"[8]을 실행하는 것처럼 보인다. 결과적으로 마르쿠제는 억압적인 사회의 욕구들과 완전한 단절을 선언하는 무정부적이고, 탈조직적이며, 자발적인 경향들에 의존해야 한다고 주장한다. 이러한 자칭 유토피아적인 경향들이 이용하는 거대한 거부(Grand Refus) 때문에 이 경향들은 전혀 유토피아적이 아니라 기존 질서에 대한 효과적인 유일한 부정이 된다. 이 경향들은 사회 해방의 새로운 가능성들에 대한 자각을 유발시킨다. 왜냐하면 그것들은 좌파 정당들에게까지, 그리고 아마도 특히 혁명적이고자 하는 정당들에게까지 그 안에서 서로 대립하는 세력들을 드러내기 때문이다.

이것은 앙리 르페브르의 관점과 거의 동일한 것이다. 르페브르는 유토피아적 탐구가 "일상 생활의 재정복을, 그리고 미적인 것과 정

---

8) Herbert Marcuse, 《유토피아의 종말 La Fin de l'utopie》, Seuil, 1969.

치인 것 안에서 소외되고, 추상성 속에서 길을 잃어버리고, 가능과 실재에서 분리된 세력들의 일상성을 통해 회복"[9]을 실행한다고 주장한다. 동일한 제안이 상황주의자들에게서도 재발견된다. 상황주의자들은 충실히 체험된 순간을 그 순간의 전복적 힘과 함께 재가치 평가할 필요성에 대해 강조한다. 그리고 이 힘을 기술주의적으로 처리된 욕구들의 체제에 대항해 가장 강력한 폭발력을 내포한 상황들에 집중시키자고 제안한다.

　모든 경향들에서 이러한 분석들은 동일한 과정을 제안한다. 그것은 다음과 같다. 진보가 되어 버린 이러한 시간의 질서에 직면하여 **주권의 즉각적인 행사**를 다시 실행하는 것이 시급하게 되었다. 왜냐하면 진보의 사이렌과 그것의 필요성에 대한 증명, 그것이 가져올 혜택의 예고에 의해 농락당한 채 있다면 우리는 삶의 물화, 주권이라는 개념 자체의 파괴에 직면하게 되기 때문이다. "역사의 온순한 졸병인 미래, 과거는 현재의 희생만을 보상하기 때문이다. 아무것도 과거나 미래와 교환하지 말 것. 목적 없는 쾌락 속에서 자신을 위해 충실히 살아갈 것. 미래가 전혀 존재하지 않은 듯 행동할 것."[10] 즉 이것은 희망을 와해시키고 두려움을 피상적으로 억압하는, 개인의 희망과 두려움의 끊임없는 연기에 대항해 개인의 주권이 회복되는 **현재의 향상** 원리이다. 왜냐하면 "가장 행복한 순간의 삶이란 권력의 가속화된 시간, 공허한 세월의 강에서 흐르는 시간, 늙음의 시간을 거부하는 확대된 현재가 아닌가?"[11]

---

9) H. Lefebre, 《일상 생활의 비판 *Critique de la vie quotidienne*》, t. 3.
10) Vaneighem, *op. cit.*
11) Vaneighem, *ibid.*

진보의 전략적인 승리 덕분에 자리잡은 시간의 질서를 거부하는 것은 68년 5월 운동이 이 승리의 혜택을 공유하는 모든 권력들에게 명백히 통고한 바로 그것이 아니겠는가? 실제로 68년 5월에 극좌 운동은 무엇에 대항해 그 봉기를 지휘했는가? 사회 안에 있는 전통적인 억압에 대항해서인가? 당에 복종하면서 때를 기다려야 했던 혁명에 대한 공산주의적 교리에 대항해서인가? 진보에 대한 국가적 교리에 대항해서인가? 사람들은 사실상 그 모든 것에 대항해서 봉기하지만 특히 이 모든 기존 세력들을 결합하고 사회가 성년기로 이행하는 것을 늦추는 타협에 대항해 봉기한다.

진보의 전략은 혁명과 전통이라는 두 적대적 진영의 충돌이 공화국에 미칠 위협을 피하기 위해 그 둘 사이에 중간선을 세워야 했다. 사람들은 진보의 전략이 68년 5월에 이 두 세력들을 사회질서에 통합시키면서, 권위적인 전통적 체제를 가족과 제도권에 교활하게 되돌려 보내면서, 단지 양적인 만족을 위해 혁명적 정신을 교묘하게 변질시키면서 어떤 면에서는 너무 잘 성공했다고 비난한다. 진보는 사회의 자율적 진화, 즉 사회를 자연스럽게 그것의 이상의 실현을 향해 인도하는 과정이 완수되도록 해야 했다. 그러나 이 이상은 진보를 그 자체의 목적으로 만들고, 꿈·욕망·갈등·모순——사회의 모든 실제 생활——을 성장이라는 추상적 명령을 위해 무시하는 시간의 질서에 대한 변명이 되었다고 사람들은 역시 5월에 말했다. 68년 5월은 우선 **시간의 질서에 대항한 반란**으로 이해되어야 한다.

사람들은 5월의 봉기자들이 1848년 혁명에 대해 갖는 노스탤지어를, 그들의 주제가 갖는 유토피아적 차원을, '모든 것이 가능하다'라는 비상식적인 말을, 잘 규정된 적과의 대결보다는 새로운 조화를 추구한 것을 이미 종종 강조한 바 있었다. 아주 종종 역사를 되돌리려는 욕망이 68년 5월의 구성요소였다는 것을 암시하기 위해 1848년과의 비교가 이루어지기도 했다. 뒤로 도망하고, 태초의 상황을 꿈꾸며 은신하고, 진보의 힘겨운 사안들 앞에 투항하고 내전의 재발을 피하기 위해 진보의 필요성을 무시했다는 것이다. 그러나 공화국에 대한 태초의 꿈을 실행으로 옮기는 것 속에는 오히려 내전의 위협이 더 이상 실제로 효과가 없으며, 그보다는 이제 갈등이라는 실속 없는 공감을 앞세우며 이 공화국의 꿈의 실현을 무한히 연기된 미래의 일로 돌리려는 정치의 추구를 더 무서워한다는 증거가 있지 않은가?

게다가 68년 5월은 이런 내전의 위협을 지난 세기의 비극적 형태들에 대한 패러디를 통해 믿을 만하지 못한 것으로 만들면서 즐겁게 무시했다. 효과적인 패러디였다. 과거의 대단한 혁명기의 상징들(바리케이드와 깃발, 현란한 말과 민속)을 보란 듯이 다시 사용하면서 68세대는 대혁명의 공식적 당에게서 그것을 박탈했고, 동시에 그들의 봉기를 흡수할 수 없는 당의 무능력을 보여주었다. 사실 그 당은 당시 권력만큼이나 그들의 운동을 무서워한 것처럼 보인다. 당이 보여준 불편함은 전통주의자들의 입장이나 거기에 존속하고 있던 것의 신용을 추락시켰다. 즉 그 입장은 실제로 사회의 자발적인 운동을 거부한 것을 정당화하기 위해 공산주의자들이 제도권을 고발하고 정당한 권력을 뒤흔들기 위해 새로운 자유를 이용할 위험이 있다는 주장만을 할 수 있었을 뿐이다. 대혁명의 당과 전통주의자의 입장을 비웃는 봉기 앞에서 그 입장은 모든 신용을 잃었다. 사람들은 68년 5월에 관해 혁명이라기보다는 사이코드라마였다고 반복해서 말했다. 그렇다. 그러나 **행동하는 사이코드라마**였다. 그것의 패러디의 차원은 내전의 망령을 완화시켰고, 그럼으로써 사회의 생생한 세력들의 표현을 피하고자 하는 모든 전략을 무효로 만들었다.

따라서 사람들은 내전의 반복도, 내전을 피하기 위해 자리잡게 될 질서도 더 이상 두려워하지 않는다. 그리고 만약 '자발성'이 운동의 유일한 독트린으로 세워질 수 있었다면 그것은 바로 자발성이 모든 완수의 무한한 연기를 행위로 거부한다는 것을 나타내기 때문이다. "우리는 성장곡선과 사랑에 빠지지 않는다." 소르본대학의 벽에 쓰인 이 문장은 '여기서 지금' 되찾은 자유 공동체를 사랑하는 요구와 결국 추상적인 곡선에 대한 찬미로 축소된 진보의 이데올로기 사이에 있는 갈등의 진수를 잘 말해 준다. 공화국 태초의 꿈의 동원은 미래에 대한 모든 협박의 거부를 동반한다. "생산성의 이데올로기, 진보의 이데올로기를 단호하게 거부합시다. 총체적 인간의 이데올로기를 거부합시다. 그리고 여전히 진보의 이데올로기라는 명목으로 우리에게 궁극적 목표를 제안하는 모든 담론들을 거부합시다. 공격합시다. 우리 자신들과 다른 사람들에 대한 책임을 집시다. 진보는 우리가 그렇게 되기를 원하는 것일 겁니다."[12]

진보는 역사의 이유(la Raison de l'Histoire)인 동시에 역사 안에서의 이성(Raison)의 승리가 되기를 주장했다. 이 주장 뒤에서 극좌파와 68년 5월은 사회에 존재하는 모순과 욕구불만을 숨기고, 심지어 보존하는 경직된 질서의 정착을 고발한다. 이것은 효과적인 폭로였다. 그날 이후로 더 이상 어떤 사람도 역사와 이성(Raison)을 함께 장악한다고 감히 단언하지 않게 된다. 이것은 환상의 최후였다. 이 운동의 주동자들에 따르면, 각자가 자신의 욕망과 거부를 표현할 능력

---

12) Comité d'Action de la Sorbonne, in: 《5월의 사상들 Les Idées de Mai》, Sylvain Zegel, 1968.

을 다시 갖게 될 시간이 도래했다. 바로 이것이 그들이 말하는 **삶을 변화시키기**이다.

삶을 변화시키기는 우선 진보라는 명목으로 진행된 사회의 합리화가 억압하고 있었을 역사적 힘, 확언의 힘을 만드는 본능적인 풍부함을 삶에 되돌려 주지 않는가? 68년 5월의 여파 속에서 일종의 **진보의 역사적 피억압체의 복구**에 착수하는 운동들과 연구들이 가리키는 것처럼 보이는 것이 바로 이것이다. 거만하고 강압적인 실증성이라는 명목으로 역사에서 잊혀진 것들, 진보의 희생자들, 사람들이 고려하려 하지 않았던 모든 것들, 표현하고 말할 기회를 주지 않았던 것들에 대해 다시 말할 시간이 도래했다. 진보가 그것의 명증력을 가지고 역사의 정당한 흐름 밖으로, 사회의 변두리로, 감옥과 병원의 어둠 속으로 던져 버렸던 모든 것이 역사 안에서 자신이 머물 권리를 주장하기 위해, 사회 안의 자리를 되찾기 위해, 적어도 2세기 동안의 배제 후에 사회의 재정비를 획득하기 위해 표면으로 다시 부상하려 한다. 진보가 자신의 흐름을 보장하기 위해 정복적인 합리성의 외관 아래 제한했었던 모든 것이 진보의 확신이 일단 흩어지자 선명한 불빛 속에서 다시 나타난다. 감옥에서 집까지, 학교와 공장을 거치면서 1970년대초의 모든 봉기가 일어난다.

이 봉기들은 공화국의 현학적인 성전의 문자와 숫자들의 연구를 넘어서 역사를 다시 쟁취하고, 그것의 진정한 비밀을 재발견하겠다는 의지를 불러일으키는 사조를 동반한다. 미셸 푸코의 작업이 갖는 커다란 정치적 영향력은 그가 공식적인 역사에 대해 표명했던 우상파괴적인 경멸에서, 합리주의적 인간주의의 낡은 의상 뒤에 숨겨진 것을 '알고자 하는 의지(volonté de savoir)'에서 비롯되었다. 그는 어떤 면에서는 이 역사의 이면, 계몽주의의 어두운 면, 진보의 체제를 확립했던 분배의 임의적인 속성, 그리고 진보의 흐름에 편승시키기 위해 사람들을 조건화시키는 데 사용한 조작 기술의 정치적 차원을 보여 주었다. 그것은 진보의 위대하고 관대하고 모호한 이데올로기들의 역사라기보다는 금지·구속·틀짓기 기술의 역사이다. 그리고 이 진보의 정치적으로 억압된 것의 역사는 지나는 길에 수많은 억눌린 봉기들의 조심스러운 불빛들을 반짝이게 했다. 그것은 우리들의 놀란 눈앞에서 교육받은 야만 때문에 너무 빨리 잊혀진 야생의 고통과 아름다움을 향해 열려져 있는, 그때까지 금지되어 온 문을 방긋이 열었다.

이렇듯 사회를 문명화하겠다는 국가의 개입은 원래 의도했던 것이 되지 못한다. 사회와 개인을 향상시키겠다는 투명한 의지의 표현에 따라 그것을 소개한 것을 보면, 1970년대초에 원칙적으로 그러한 개입의 수혜자인 사람들 자신이 고발한 무서운 이면이 있다. 젊은 이들, 특히 고등학생들은 그들의 사회적이고 직업적인 자유의 전형적인 도구가 되어야 하는 학교를 군대와 동등한 것으로 고발한다. 여성 운동은 가정을, 더 정확히는 가정의 원활한 운영이 주로 여성들에 의존하며 여성들을 사적 생활에 가둔다는 사실을 고발한다. 모든 종류의 일탈자와 부적응자들은 그들을 관리하는 일을 맡은 제도들이 오래된——그리고 아주 모호한——사적인 자선보다 더 효과적인 보조를 내세우며 확장되지만 그 제도들에 맞서 항거한다. 마지막으로 지역주의자들은 국가가 지역들 사이의 가능한 가장 좋은 균형만을 모색한다 하더라도 국가가 유도하는 국토 정비에 대항해 봉기한다.

이 모든 봉기들을 통해서 국가의 사회보장 활동의 언어 자체가 문제시된다. 사람들은 사회 안의 권리의 모순적인 의미들을 완화시키기 위해 이 언어가 **동질적**이기를 원했으며, 노동권과 소유권 사이의 법률적인 절대적 적대 관계를 위험과 기회의 상대적 관계 속에서 흡수하기 위해 이 언어가 **통계적**이기를 원했다. 그러나 사회학이 1960년대말의 운동에 근거해서 비판하고, 사회를 지배하려는 국가적 의지의 많은 도구들이라고 고발하는 것은 바로 현재 사회보장의 언어에 고유한 이러한 특성들 자체이다. 사회보장 활동은 조건들을 동질화시킨다고 주장한다. 그러나 이 주장은 거짓된 약속인 동시에 위험한 결과를 가져온다. 비판사회학에 따르면 국가의 사회보장 활동은 불평등을 실질적으로 감소시키지 않는다. 그것은 오히려 불평등을 감추며 재생산한다. 국가는 그것의 사회보장 활동을 통해 하고자 하는 것을 대단히 잘못 실행하지만 긍적적인 **차이들**의 파괴, 지역적·사회적·성적·실존적 독특성들의 느린 침식이라는 은밀한 작업은 아주 잘, 너무 잘 완수한다. 그것을 위해 국가는 통계학——이 말의 어원이 나타내고 있듯이 이것은 국가의 학문이다. 그리고 국가가 개인을 개인의 갈망에 의해서가 아니라 체계의 필요에 따라 분류하고 인도하도록 허용하면서 개인에 대한 권력을 더 효과적으로 행사할 수 있도록 하는 지식을 국가에게 제공한다——을 사용한다. 지식-권력인 통계학은 개인의 **자율성**에 봉사하는 대신에 개인을 조종하도록 허용한다. 또한 1970년대초에 광인의 형상이 봉기의 표준 같은 어떤 것이 되는 것은 우연이 아니다. 즉 그것은 (정신병자 수용소를 통해) 가장 가혹하게 손가락질받은 자율성의 명성과, 사회에 의해 가장 잔인하게 거부된 차이의 명성을 결합시킨다.

따라서 '삶을 변화시키기'는 '근본적으로' 사회의 중앙규제기구가 지배하고 축소시키려 하는 개인의 자율성, 그리고 사회적 차이들과 독특성들을 확언하는 것이 된다. 게다가 사람들은 68년 5월에 사회가 자신의 운명이 멀리 있는 책임자들의 선한 의지에 따라 국가의 정상에서 해결되는 것을 거부하는 것을 보지 않았는가? 1936년 인민전선의 마티뇽 조약과는 달리, 68년의 그르노블 조약은 일반조합원들의 태도가 예측할 수 없고 까다롭게 되어서, 다양한 노사 대표들 각각의 제안들에 대한 불일치를 확인했을 뿐이다. 68년 5월 이후 투쟁의 부활은 어떤 '최고 기구'라도 그것들을 몰수할 수 없다는 것을 배가된 힘으로 확언했다. 우발적인 파업은 조합기구를 난처하게 하고, 고용주들과 충돌을 일으킨다. 이 충돌의 목적은 적어도 일반조합원들을 정당한 대화상대자로 인정하도록 만들고 동시에 정확한 물질적 요구들을 만족시키는 데 있는 것처럼 보인다. 파업은 브르타뉴에서의 주앵 프랑세나 브장송에서의 립처럼 어떤 점에서는 지역화 되고 관할구역화된다. 파업은 중앙 협상이라는 노동조합의 논리와는 반대로 지역적 연대성을 움직인다. 그것은 괴물 자본에 대항하는 단결된 노동 계급의 거대하고 신화적인 투쟁 내부에 위치하는 대신에 특수한 사회적 범주들(여성 · 이민자)의 문제들을 전면에 내세우면서 차별화된다.

5월 운동은 경제 성장이라는 유일한 효과에 의해 갈등을 점진적으로 피한다는 국가의 환상을 조롱했다. 5월 이후의 투쟁들의 폭발, 그것들의 전파, 그것들을 자율적으로 관리하겠다는 의지 출현, 문제들에 대한 국지적이거나 지역적인 특수성의 폭로, 조건들의 좁혀질 수 없는 차이의 확인, 이 모든 것은 다른 환상, 즉 조합기구를 통해 갈등들을 점점 더 많이 해결할 수 있다는 환상을 압도했다. 일반적인 중앙기구의 입장에서 갈등을 통제하거나 이용하겠다는 이러한 주장들 각각의 실패는 사회가 진보와 역사의 메타 담론에 대항해 자신의 역사적 능력을 다시 갖는다는 것을 의미한다. 이것이 알랭 투랜이 일련의 저작들에서 설명한 것이다. 그는 신화적 실체들의 종말을 알리고, 사회 안에서 완전히 새로운 의식이 출현하고 있으며, 자신의 변화를 스스로 만들고, 자신을 대신해 생각하고 결정하려 하는 엘리트·조합기구·공식적 당, 그리고 국가의 주장을 축소할 수 있는 능력이 출현하고 있다는 것을 보여주려고 애쓴다.[13] 어쨌든 상급의 질서라는 명목으로 사회의 '초사회적(méta-social)' 진화 원리라는 명목으로 이루어졌던 역사, 진보 속에서 이성의 승리를 보았거나 대혁명 속에서 그 꿈의 완성을 보았던 역사는 죽었다고 그는 말한다. 따라서 다른 역사, 이 거대한 표상들의 폐허들 위에서 태어난 **사회운동**의 역사 만세이다. 생태학·페미니즘·지역주의·협회 생활 등은 사회의 모순을 이용하고, 사회의 한복판에 과거의 거대 신화들에서 벗어난 역사적인 상상력을 펼친다.

전체적으로 볼 때 극좌파는 **대혁명이 역사적 상상계 속에 내포하고 있었던 모든 요구들을 사회적 장 안에 들여보내기 위해 혁명 가설의 힘과 위세를 해체시키는** 운동처럼 보인다. 아마도 극좌파는 19세기에 혁명적 입장의 구성을 양성할 수 있었던 것과 같은 상업적 관계에 대한 비판을 다시 하는 것이다. 그러나 그것은 이러한 유형의 관계에 의해 유지된 사회성의 파괴와, 더 이상 국가나 당에 의해 계획되지 않고 개인의 즉각적인 갈망에 근거한 자연적이고 자발적인 사회성의 모델을 대조시키는 것이다. 대혁명의 규율들과 마찬가지로 진보의 제약들에 대한 거부이다. 더 이상 우리의 꿈을 멀리 있는 다른 사회의 도래에 종속시키는 것이 문제가 아니며, 상업 사회가 우리

---

13) Cf. A. Touraine, 《공상적 공산주의 Le Communisme utopique》, Seuil, 1969; 《역사의 생산 La Production de l'histoire》, Seuil, 1971.

에게 강요한 포기들, 복지국가가 우리에게 제안하는 보상들에 무력하게 적응하면서 멀리 있는 이 약속을 위해 우리의 가장 순수한 요구들을 희생시키는 것이 문제가 아니다. 왜냐하면 분명 이 체제는 실제적인 혁명의 가능성을 극복했지만, 혁명적 희망의 원리에서 발견된 각자의 주권 개념을 극복하지는 못했기 때문이다. 그리고 사회의 관계들의 취약함을 폭로하기 위해, 수많은 좋은 말들 뒤에 숨겨져 있는 사회적 통제를 고발하기 위해, 그리고 혁명이나 진보의 이름으로 지금 여기에서 우리의 주권 행사를 못하게 할 뿐인 기구·정당·국가의 권력과 끝을 보기 위해 바로 이 생각을 사회 속에 재도입해야 한다.

모든 것은 마치 극좌 운동의 주된 결과가 이 메시지를 젊은이들에게 전달하는 데 사용된 것처럼 진행된다. 내키든 내키지 않든 그렇다. 대혁명은 과거의 그것이 아니라는 것을, 진보는 동기들——이것들에 따르면 대혁명은 우리의 희망의 필연적인 도구처럼 보인다——을 압도했다는 것을 인정해야 한다. 그러나 이것은 이러한 진보를 위해 개인의 음험한 소외가, 사회의 일반적인 무기력 상태가, 우리의 생활 방식과 함께하는 것에 대한 사회적 통제가 자리잡음을 정당화하는 것은 전혀 아니다. 바로 거기에 우리의 주권을 재확인해야 할 이유, 낡은 깃발의 그림자 밖에서 우리의 투쟁을 펼쳐야 하는 이유, 우리의 자율성과 차이를 모든 상황에서 내세워야 하는 이유, 마지막으로 삶이 변하도록 하는 이유가 있다.

2. 사회를 변화시키기

개혁주의 운동은 극좌 운동에 비해 대칭적이라 할 수 있을 위치를 차지한다. 이 운동 역시 현대성의 문제를 제기하지만 충족되지 않는 주권보다는 위협받는 연대성이라는 관점에서 제기한다. 그것은 또한 소비 사회에 대한 비판에서 출발하지만 개인에 대한 소비 사회의 영향력이 아니라 사회적 결속과 사회 구성원들의 시민 정신에 대한 소비 사회의 효과를 분석하기 위해서이다. 개혁주의는 진보의 이름으로, 그러나 특히 오랜 세월의 원한과 갑작스러운 폭발이 섞인 혼란 ——이것은 합리화시킨다는 기술주의의 주장과 반대되는 것이다 ——을 이유로 자리잡은 기술주의를 고발한다. 그리고 개혁주의가 관심을 기울이는 것은 진보의 억압된 것을 다시 나타나도록 하는 것이 아니라 대문자로 된 역사(Histoire)에 대한, 역사의 합리성 주장에 대한, 그리고 역사의 낭만적 유혹에 대한 억압을 실행하는 것이다.

이 운동은 1960년대초에 클럽들의 유명한 개화와 더불어 시작한다. 장 물랭 클럽, 시투아앵 60 클럽과 잘 알려지지 않은 다른 클럽들은 거의 모든 정당들이 쇠퇴의 길에 든 것처럼 보이거나 적어도 드골 공화국의 설립——본질적으로 그들의 인위적인 다툼, 불안정한 동맹, 통치의 무능력에서 기인한——에 의해 상당히 신망을 잃은 것처럼 보이는 때에, 시민성의 현대적 조건들에 대해 다시 생각해 보려는 목적을 가진 전문가들·사회학자들·조합주의자들·정치인들이 모이는 장소로 사용된다. 제5공화국은 국가의 연속성과 힘을 보장하는 데 적당한 대통령 중심의 권력 원리——이것은 정당을 뒷전으로 내모는 것이다——로 정당들의 이 비생산적인 놀이를 대체하며 이 놀이에 종지부를 찍었다. 그러나 국가의 권위를 회복시킨다는 점에서 건강에 좋은 이 수술은 그들이 보기에는 공화국에 대한 상당한 위험을 내포하고 있는 것처럼 보인다. 실제로 사회가 탈정치화할 위험이 있는 가운데 정당이 이처럼 축소된다면 그것의 민주주의적 차원에는 무엇이 남게 될 것인가? 의회 대표의 잔해 위에 모든 정치적 의지를 잃어버린 사회를 관리하는 강화된 국가만이 있다면, 공화국의 정신은 어떻게 될 것인가?

현대적 정부 형태들은 1960년대초에 정당들——현대적 정부 형태들은 이 정당들을 대체할 준비가 되어 있는 것처럼 보인다——의 이러한 지리멸렬함 속에서 인정된다. 그리고 이것은 특히 그 당시 매스미디어를 점령한 기술주의적 어휘의 확장 속에서 관찰된다. 기술주의와 더불어 진보는 모습이 달라진다. 즉 때때로 두 차례의 세계 대전 사이 기간 동안에서처럼 공화국을 최악의 악습에 버려둘 정도로 그것은 더 이상 공화국에 대한 찬미에 열중하던 변덕스러운 신처럼 나타나지 않는다. 결국 진보는 공화주의 국가 안에서 제 주인을 찾았다. 아니 그보다는 공화주의 국가가 너무나 오랫동안 진보의 이름을 내세우기만 하다가 진보의 고삐를 강하게 붙잡은 것이다. 그러나 도대체 국가는 사회를 국가가 그 생산과 분배를 보란 듯이 관리하는 혜택을 바라는 기대 속에 자리잡도록 하면서 무슨 이득을 보았는가? 사람들은 국가가 물질적인 편안함의 쾌락 속에 무기력하게 퇴각한 사회——그것의 지평은 성장에 한정되어 있을 것이다——를 놀라게 하기 위해 자신의 힘을 결산하는 것을 본다. 그러나 그것이 국가에 대한 공화주의적 정의에 잘 부합하는가? 세월이 흐름에 따라 이 국가는 진보를 통제하는 임무로부터 사회를 벗어나게 했다. 사실 사회는 그 임무를 상당히 잘못 수행했다. 그러나 그것은 이 사회 안에 일종의 불안한 수동성의 출현을 대가로, 모든 책임감의 아마도 치명적인 소멸을 대가로, 따라서 진보를 추구하는 데 지장을 줄 수 있을 뿐인 태도의 확장을 대가로 한 것이 아닌가?

사회의 비정치화에 관계되는 이러한 불안과 진보의 요구에 맞선 사회의 증가하는 수동성에 대한 두려움은 개혁주의 운동의 두 가지 출발점——이것은 아주 뚜렷하게 개혁주의와 극좌파를 구분짓는다 ——이다. 개혁주의가 두려워하는 것은 반항 정신의 소멸이 아니라 공공 사업에 대한 취향의 소멸——모든 것을 거만하게 처리하는 국가가 그 때문에 시민들의 시민 정신을 약하게 하는 이상 그렇다—— 이다. 개혁주의를 불안하게 하는 것은 진보 그 자체, 진보의 가시적인 승리가 아니라 이 승리에 의해 퍼진 그것의 자동적인 특성에 대한 믿음과 그것이 야기할 위험이 있는 무책임함——이것은 바로 진보의 추구에 대한 심각한 위협이다——이다.[14]

극좌파와 개혁주의 사이의 이러한 차이는 특히 개혁주의가 소비 사회를 고려하는 방식에서 확인된다. 이 소비 사회에 대한 비판적 분석은 클럽, 특히 시투아엥 60의 작업들이 보여주는 것처럼 극좌파만의 전유물은 아니다. 아마도 사람들은 두 유형의 비판들 사이에서 유사성을 발견할 수 있을 것이다. 즉 소비의 획일적인 모델에 의한 행동과 사고의 표준화에 대한 고발, 순수하게 사적인 용도로, 단지 물질적인 재화의 획득만을 향하는 인간 활동에 대한 거부가 그것이다. 그러나 개혁주의적 관점에서 특히 문제가 되는 것은 개인과 그의 주권 원리보다는 사회에 대한, 사회 관계의 질과 견고함에 대한 이러한 현상의 파괴적인 효과들을 기술하는 것이다. 사람들은 여기에서 소비가 개인을 소외시킨다고 비난하는 것이 아니라 물건이 왕이고, 각

---

14) 1960년대초부터 우리 시대까지 관찰되는 개혁주의 경향에 대해서도 전체적인 연구가 없다. 완전한 분석은 이 집단의 내부 잡지들의 모음을 전제할 수도 있다. 여기서 우리의 연구는 주요한 세 클럽——Jean Moulin · Citoyens soixante · Échanges et projets——에 의해 출판된 저서들의 거의 완전한 독서에만 의지한다. 그리고 또 이러한 사상 운동과 연결된 것으로 알려진 인물들——미셸 크로지에와 스탠리 호프만——의 출판물이 있다.

자는 그의 고독한 궁전을 물건으로 채우려는 꿈만 꾸는 이 새로운 세상에서 소비가 무엇보다 우선 지나친 개인주의를 야기하고 각자가 자신만을 생각하도록 만든다고 비난한다. 개인은 승리하고 사회적 의미는 쇠퇴한다.

이미 사회는 그 자신의 불의에 무감각해져 간다. 왜냐하면 새로운 '풍요의 시대'는 사람들이 기대했을 불평등의 감소를 전혀 수반하지 않기 때문이다. 즉 사회의 중심에 빈곤의 커다란 영역이 지속되고 있고, 일반적으로 불평등은 소비물의 편재성에 의해 감소된다기보다는 감추어진다. 오히려 눈부신 현대성의 갑작스러운 난입에서 기인하지만 실제적인 사회적 간극을 실질적으로 고치지는 못하는 일종의 의식 마비에 의해 감소되는 것은 이러한 불평등에 대해 느끼는 강도일 것이다. 사회 내에서 증가하는 무기력, 사회의 구성원들 사이에 암암리에 퍼지는 무능력감, 어떤 개입도 사회 생활을 구성하는 어떤 기구보다도 더 강력해 보이는 과정에 대해 효과적으로 영향을 미칠 수 없다는 생각이 여기에서부터 나온다.

소비의 승리는 사회가 엄밀하게 부분적인 요구에 따라서만 조직되도록 하고, 노동조합——이것은 대표 제도의 붕괴에서 유일하게 살아남은 자들인 것처럼 보인다——을 통해서만 국가와 관계를 맺을 수 있을 정도로 비정치화되도록 한다. 그런데 노동조합들은 여전히 전통적인 권리 요구 모델에 따라 작동한다. 그래서 국가와 사회 사이의 관계는 밑에서 올라오는 요구와 위에서 정해지는 결정에 의해서만 양분을 받는다. 이러한 엄밀하게 부분적인 요구들은 국가에 대한 압력 수단으로서 갈등의 폭발, 내전을 향하는 상황——이것들은 국가의 강박관념이 된다——이라고 위협하며 기존의 권리들을 보호하거나 증가시키려고만 한다. 그러나 조합 조직들은 국민의 실제 가능성들에 대해서는 무관심하고 연대성의 모든 표현을 각 직업의, 좁게 규정된 각 이익 집단의 경계에 한정시킨다. 또한 국가에 의한 분배 체계는 일종의 적극적 위기 탈출 정책을 구성한다. 즉 분배 체계는 그것이 준비해야 하지만, 권리 요구 조직들의 이러한 낡고 무책임한 태도에 의해 망쳐진 미래에 대해 어음을 발행한다.

만약 사회가 이 정도로 자기 자신의 진보에 무관심하게 되었다면 그것은 그 진보가 국가에 의해 밖으로부터 사회에 강제되었기 때문이다. '시민들을 피하면서, 생산자들을 속이면서, 조합원들을 중앙 결정 기구에서 배제하면서' 국가는 늦게 진보의 길에 참여했다. 그 결과 "국민의 일이 되어야 했을 것이 기술자들의 것이 되었다."[15] 국가는 어려운 기호들로 구성되고 숫자로 채워져 있는 새로운 공식적 언어를, 대부분의 시민들에게는 완전히 불가사의한 전문가의 언어를 사용하는 예산과 계획 부서들을 가진 미래의 지배자의 옷을 입었다. 동시에 의회는 추진될 정책의 결정 과정에서 중심적 역할을 잃어버렸다. 즉 "자유방임주의 시대에 고안된 정치기구는 다양한 경제 기능을 시행하는 데 별로 적합하지 않다는 것이 드러난다. 그리고 그 기구는 행정부가 경제 정책을 만들고 시행하도록 돕기보다는 오히려 방해한다. 문제들의 복잡성, 그것들의 전문적 성격, 그것들을 시공간적 총체 속에 위치시킬 필요성은 거의 대부분의 경우 필요한 적응에 제동을 거는 것 외에는 다른 것을 할 능력이 없는 정치적 계급을 만났다."[16] 그러나 또한 이 절차에 의해 실질적으로 외면받은 것은 집단 생활의 모든 수준이다. 추상적인 만큼 중앙 집중되어 있는 힘 앞

---

15) Club Jean Moulin, 《국가와 시민 *L'État et le Citoyen*》, p.35-36, Seuil, 1962.
16) *Ibid.*, p.48.

에서 지역단체, 연합과 조합들은 거의 도처에서 철저히 권리를 요구하는 태도를 유지하면서 어떤 책임 의식도 발휘하는 것을 포기했다.

이것은 집단적 이기주의에 매몰되고, 그 자신의 진보에 무관심한 무감각한 사회이다. 이것은 개혁주의에 의하면 소비 사회의 이면이다. 극좌파에게 있어서, 소비 사회는 주권을 행사하는 개인과 진보라는 국가적 약속 사이에서 기만의 시장으로부터 태어났다. 개혁주의자에게 있어서 소비 사회는 사회의 뒤떨어진 세력들에 대한 진보의 담지자인 국가의 **큰 희생을 치르고 얻은 승리**의 표시이다. 국가는 이 사회에 진보를 강요하는 것과 전통의 저항을 물리치는 데 성공했다. 그러나 국가는 진보의 목적 자체를 거스를 수밖에 없는 과정을 통해 그것을 이루었다. 왜냐하면 사회의 단결과 시민들의 시민 의식에 필요한 관계들을 파괴하면서, 그리고 그 자신의 권력을 증가시키면서 복지국가는 책임져야 할 요구들이 증가하도록 만들었으며, 그것을 통해 미래의 경제 발전의 기회를 약화시켰기 때문이다.

지난 세기에 토크빌은 이렇게 물었다. 모든 이의 정치적 평등에 따라 모든 이에게 평등한 행복을 갈망하는 민주주의라는 '악마'에 사로잡힌 사회는 결국 어떻게 될 것인가? 장 물랭 클럽의 회원들이 명시적으로 되풀이하는 것이 바로 이와 동일한 질문이다. "시민-개인과 국가-권력 사이에서 강력한 가치의 수호자인 중개인들은 충격을 완화하는 데 성공했다. 각자는 자기를 둘러싼 인간·가족·직업·학교·마을이나 교회에서 그것의 목표와 행동 양식들을 실행하는 장소를 발견했다. 바로 이것들과의 관계에 의해 그는 자신의 의지, 순응이나 항거, 운명과 자유 등을 상정했다. 오늘날은 어떤가? 사회 원자들과 전체 사회가, 즉 당장은 개인들과 국가가 결국은 홀로 대면하도록 내버려둘 평등에 대한 추상적 요구는 사람들의 의식과 현실 안에서 어느 정도까지 진행됐는가?"[17]

질문은 멀리에서 오지만 대답은 우리 눈앞에 있다고 개혁주의 운동의 주창자들은 단언한다. 이 민주주의적 논리의 최종 결과는 미셸 크로지에의 표현에 따르면 우리가 목격하는 '사회의 봉쇄'이다. 왜냐하면 이 발전의 가장 걱정스러운 대가는 극좌파들이 주장하는 것처럼 개인에 대한 국가의 지배력 증가이기보다는 사회의 관계들이 해체되는 결과로 나타나는 **봉쇄된 사회**의 출현이다. 이 해체의 결과는 "항거와 무감각 사이에서 부단히 흔들리는 피압제자인 동시에 압제자의 입장에 있는 시민을 국가에 홀로 맞서게 내버려둔다."[18]

봉쇄된 사회라는 표현은 이중적 현상을 지칭한다. 우선 사회의 한복판에 진보의 지속적인 추구와는 양립할 수 없는 낡은 믿음과 경직된 자세를 유지하는 현상이 있다. 동시에 국가에 의해 이끌어진 이러한 진보의 혜택에 비해 너무 큰 기대가 발달한다. 국가는 시민들과 그들의 모순적인 욕망의 표현을 두려워했기 때문에 사회 밖에서 사회에 거역하며 진보를 강제했다. 또한 국가는 혁명적 종말론처럼 오래된 믿음들과 전통적 노스탤지어들을 잘 관리했다. 그것들이 진보의 현실들과 심각하게 충돌했을 때 나타날 수 있었을 것을 넘어 유지되도록 하면서 말이다. 그러나 한편으로 국가는 이제 사회 안에 있는 모든 것이 국가를 통해 이루어질 수 있다는 것을 믿게 했고, 생성을 지배할 수 있다는 확신——시민에게는 교활하게 억압적인——을 과시했으며, 파렴치하게도 1960년대초에 진보의 신으로, 그리고 사회의 추상적인 후원자로 자처했다.

---

17) Club Jean Moulin, 《국가와 시민 *L'État et le citoyen*》, *op. cit.*, p.97.
18) 《국가를 국민화하기 *Nationaliser L'État*》, Seuil, 1968, p.200.

중앙권력의 확립이 야기하는 이 시민적 무감각의 이중 효과로부터, 그리고 사회 안에서 오래된 믿음이 유지되는 것 때문에 나타나는 중앙에 대한 불신으로부터 봉쇄가 발생한다. 이것은 국가와 사회의 상호 마비이다. 사회적 적대감들을 깨우지 않을까 하는 두려움, 권리 요구의 관례하에서 여전히 붉은 빛을 띠는 격노한 확신이 넘쳐흐르지 않을까 하는 두려움에서 국가적 주도권의 봉쇄가 발생한다. 사회의 감정들에 너무나 무관심해서 시민들의 모든 통제 유혹을 근본적으로 저지하는 국가의 멀리 있는 집중된 힘의 조직된 스펙터클에 의해 사회적 주도권의 봉쇄가 발생한다. 그래서 다음과 같은 두 가지 극단적인 위험들 사이를 오가는 일이 생긴다. 즉 국가적 권력의 효과에 의한 사회 관계의 완전한 붕괴 위험, 사회의 내파 위험이 있고, 진보에 대한 부정과 국가에 대한 거부 속에서 다른 시대에 대한 믿음과 사회가 열렬히 재회하는 것에 의한 폭발의 위험이 있다.

이렇게 진단해 볼 때 5월의 사건들은 개혁주의자들에 의하면, 굉장한 확신을 가져다 준다. 미셸 크로지에와 스탠리 호프만이 거기에 부여하는 해석은 특히 이 이론의 직접적인 해설처럼 보인다. 게다가 사건과 이론 사이의 이러한 일치 때문에 이 이론은 행정 · 경제 · 정치의 엘리트들 중에서 다수의 청중을 확보할 수 있었다.

68년 5월에 대한 그들의 분석은 이 운동을 권위적인 합리주의에 맞서는 공동체의 비합리주의의 폭발로 분석하기에 이른다. "봉쇄된 사회는 대립에 대한 두려움과 권위의 위계적 개념에 근거하고 있었다. 위기는 대립의 축제이자 권위에 대한 항의의 축제가 된다."[19] 거

---

19) Michel Crozier, 《봉쇄된 사회 *La Société bloquée*》, Seuil, 1968, p.171.

의 한 세기 동안 혁명과 전통 사이의 대립은 해결되었다기보다는 억제되어 있었다. 그것은 경제적 현대화의 길에 있는 사회의 한복판에서 똑같이 낡은 이 두 입장이 서로 묶이는 대가를 지불하고서야 해결되었다. 이러한 사실 때문에 변화는 단지 위로부터만, 즉 국가로부터만──그리고 내재적으로 기술적·일방적 그리고 강압적인 강제 방식을 따라──일어날 수 있었다. "프랑스 사회는 매우 기술적인, 따라서 서투른 개입들을 통해 체계의 스타일 자체에서 위로부터 변화를 강제하고자 하는 다양한 활동 영역의 지도자들에 의해 현대 세계의 도전에 응답했다. 이 현대화는 이루어지긴 했지만 혼란과 무책임 속에서 상당한 긴장을 대가로 치르면서 이루어졌다. 체제의 동력이 되는 유일한 인물인 권위적 개혁가는 맹목적으로 결정을 내렸고, 따라서 그가 항상 의사를 무시하며 일을 진행했던 사람들에게 참을 수 없는 물질적, 특히 감성적 비용을 강요했다."[20] 이러한 진보의 강제 양식은 저항을 유발할 수밖에 없었고, 사회의 나머지가 국가의 행동을 중계하는 대신 마비시키도록 만들기까지 했다. 이렇게 하면서 사람들은 갈등을 해결하기보다는 공과 사, 사회와 국가 사이의 관계로 갈등을 옮겨왔다.

적어도 20여 년 전부터 잠재되어 있었던 이 갈등은 1968년에 공공연히 나타나게 되었다. 그러나 그것은 이러한 통치 방식의 자료들을 역전시키게 할 뿐인 이데올로기적 몽상을 잠깐 투사했을 뿐이다. "사람들은 아주 철저히 모든 커뮤니케이션의 억압과 장애물을 제거하고자 했다. 사람들은 비밀의 세계에서 고백의 세계로 옮아갔다 ……. 그들은 권위를 그것이 마치 금기였던 것처럼 깨뜨릴 수 있다

---

20) *Ibid.*, p.175.

고, 바스티유였던 것처럼 발언을 할 수 있다고 실제로 믿었다."[21] 그러나 이러한 역전은 성공하지 못했고 일시적인 축제로 머물고 말았다. "왜냐하면 사람들은 자신들이 반박한 체계를 그렇게 해서 벗어나지 못했기 때문이다. 프랑스인들이 큰 축제를 벌인 곳은 결국 그들의 체계 안이었다. 그것은 단지 축제였기 때문에 그 안에서는 모든 것이 가능했다. 그들이 모험으로 지치고 술에 취해 돌아왔을 때 아무것도 변한 것은 없었다. 실제로 아무것도 변할 수 없었다."[22]

이런 의미에서 결국 68년 5월은 형식면에서는 유익한 사건이지만 내용면에서는 비생산적이었다. 봉기는 예전처럼, 즉 합리성의 현대적 실천과 권위——권위는 갈등을 대면할 줄 모르고 이용할 수 없기 때문에 그것들을 튀어나오게 하거나 절멸시킨다고 주장하고, 갈등들에 대한 두려움으로 가득 차 있다——의 낡은 양식의 잔재의 혼합에 의해 지배되는 것에 대한 사회의 거부를 보여줬다는 점에서 유용했다. 그렇지만 봉기는 이러한 통치 방식에 대해 전복이라는 순진한 꿈, 모든 제약과 모든 권위가 없는 융합적 사회에 대한 상상의 나래만을 대조시켰다는 점에서 비생산적이었다. 이러한 해결책은 봉기가 거부하고자 한 현대 세계에는 더욱 부적절한 것이었다. 그러나 개혁주의자들의 눈에는, 이 운동의 중요한 효과는 이 낡은 통치 방식에 대한 일반화된 거부를 19세기에서 나온 역사철학을 내세웠던 대체 이데올로기의 부적응이라고 폭로했다는 것에 있다. "만약 68년 5월에 사람들이 역사책들을 많이 놀리고 풍자했다면 그것은 아마도 사람들이 그 책들을 거의 덮으려 했기 때문일 것이다. 드골 장군은

---

21) *Ibid.*, p.171.
22) *Ibid.*, p.172.

리슐리외와 루이 14세의 역할을 하려 했었다. 5월의 성난 사람들은 1793년과 1848년을 재현하며 그에게 응수했다. 그러나 장군의 하야가 바로 스펙터클의 시대가 끝났음을 의미하게 된 지금, 우리는 5월의 극찬 속에 이루어진 이 소리와 빛의 10년이 특히 푸닥거리의 효과를 낳지 않았는지 자문해 볼 수 있다. 아마도 사람들은 나중에 프랑스 풍습의 대변화가 이 시기부터 나타났다고 말할 것이다."[23]

만약 사람들이 사회가 자기 시대와 결합할 수 있도록 사회의 봉쇄를 풀고자 한다면 어떻게 해야 될까? 개혁주의자들은 **사회를 변화시켜야** 하고, 그것을 위해서는 사회가 변화와 맺고 있는 관계를 변화시켜야 한다고 대답한다. 복종하는 수동성과 난폭한 봉기의 시기 사이에서 일어나는 이 값비싼 교체를 종결짓기 위해서는 수동성 시기의 기반이 되는 자칭 자연스러운 진보의 진화주의와 결별해야 하고, 봉기의 시기를 허용하는 역사의 형이상학과 결별해야 한다. 변화는 역사의 열정으로의 회귀가 아니라 이러한 역사의 유혹에서 사회를 해방시키기 위해 사회에 가져다 줄 수정의 총체를 지칭해야 한다. 극좌파가 진보의 역사적 피억압체의 회복을 실행하고자 하는 바로 그 순간에 개혁주의가 시행하려고 한 것은 바로 **역사의 억압**이다. 즉 이것은 생성의 합리적 주체로 신격화된 진보의 담론이든, 역사의 필수적 동인으로 소개되는 계급 투쟁의 담론이든 역사에 대한 모든 권위 있는 담론에 대한 억압이다.

공화국은 성장에 대한 절대적 신앙에 의해, 근시안적인 만족에 대한 부분적이고 편파적인 추구에 의해 꼼짝달싹 못할 지경에 빠지게

---

23) *Ibid.*, p.178.

되었다. 그 점에서 공화국은 사회보장의 역할을 요약하기에 이르렀다. 이러한 상황에서 공화국을 빼내는 깃이 중요하다. 왜냐하면 이미 5월의 투쟁과 5월 후의 투쟁이 이 절대적 신앙의 기반이었던 예측된 확신들에 피해를 입히기 때문이다. 게다가 곧바로 1973년에 다가올 경제 위기는 그 확신들로 살아갈 수 있는 것을 경시할 것이다. 그러나 이 투쟁은 또한 그때까지 국가가 보여주었던 권위적 합리주의에 따라 사회의 흐름을 계속해서 조직하고자 하면서 사람들이 저질렀던 실수를 보여 준다. 그래서 사람들이 결코 본 적이 없는 가장 큰 무질서들 중의 하나를 얻었을 뿐이며, 이 무질서는 사회를 노력의 모든 길에서 벗어나게 하는 지복천년설의 몽상들의 재등장을 동반한다. 이 모든 것은 지속적인 경제 위기의 폭발 직전에 있었던 일이다!

합리주의적 실용주의와 비합리적 지복천년설은 이처럼 서로를 지탱시켜 준다. 그것들은 적이라기보다는 오히려 한 동전의 앞뒷면이나 쌍둥이 형제 같다. 왜냐하면 그것들은 무엇이 역사적인 행동이어야 하는지에 대한 동일한 표상을 공유하고 있기 때문이다. 혁명적인 과정과 기술주의적인 과정 사이에는 중요한 공통적 특징이 있다. 그것은 역사에 의해 부여된 정당성이라는 명목으로, 혹은 이성의 유일한 위세라는 명목으로 국가의 합리화 의도를 확립하려는 그것들의 의지이다. 이 두 담론은 국가에 대해 기대와 원한이 혼합된 감정을 유지하는데, 이로부터 사회의 봉쇄가 생겨난다. 이 두 담론이 합쳐지면 반드시 죽게 된다.[24]

개혁주의는 시간에 대한 믿음에 맞서 싸운다. 이 믿음은 진보의 이름으로 사회로부터 요구된 것이다. 사람들은 이 믿음이 얼마나 저의

---

24) *Ibid.*

를 가진 것인지, 얼마나 치명적인 영향을 끼치는지를 측정할 수 있었다. 따라서 이러한 경향은 바로 시간에 대한 자발적인——의지대로 하는 것이나 운명에 맡기는 것이 아니라——상상력에 호소한다. 68년 5월 이후에 개혁주의자들은 이러한 사건에서 교훈을 얻으려면, 그리고 위기에 맞서려면, 사회에 제시되는 어느 정도 즐거운 지시들의 다양함과 같은 물질적·사회적 진보의 실현이 포함하는 기한과 시간에 대한 실질적인 고려에 기반한 **새로운 시민 의식**의 원리를 사회 안에 유포해야 한다고 말한다. 기술의, 대혁명의, 또는 이 둘 모두의 은총에 의해 예측 가능하고 확실한 진보를 칭송하는 사람들의 열정을 완화시켜야 한다. 그리고 가능성과 제약을 탐색함으로써 우리에게 제시되는 불확실한 미래에 대한 유연한 성찰로 그것을 대체해야 한다.

미래학은 새로운 학문이 된다. 이 새로운 학문의 개혁주의 사조는 과거로부터 나온 선을 연장시키기만 하는 '회고적' 사상——합리주의적 예측이나 혁명적인 예언주의——에 반대하기 때문에 우리가 시간과 맺는 관계에 대해 그것이 제안하는 재생에 힘을 실어 줄 수 있을 것이다. 미래학은 과거가 아니라 현재에서부터 미래를 상상한다. 그것은 암묵적으로조차도 역사의 방향에 대한 어떤 믿음도 전제하지 않는다. 사건의 흐름에 대한 신뢰나 원한의 모든 태도들에 맞서 미래학은 미래가 각각의 예상되는 비용을 가진 가능한 선택들 중에서 진행될 가능성이 가장 많은 방향들에 대한 시야를 제공한다. 개혁주의는 그것이 보기에 대단히 낡은 정치적 계급으로부터 올 수 있다고 전혀 상상하지 않는 사회 변화들을 도입하기 위해 '미래지향적 행정'의 도약에 의지할 것이다.[25] 시간에 대한 이 새로운 태도의 영향

---

25) Lucien Sfez, 《미래지향적 행정 *L'Administration prospective*》, 1971.

력에 기대를 건 프랑수아 블로흐 래네와 같은 몇몇 사람들은 개인이 자기의 '특별한 미래지향적 계획'을 스스로 만들면서 '자신의 계산된 운명을 자유롭게 이용할' 수 있을 '새로운 시민성'을 꿈꾸기까지 한다. 각자는 이제 사정을 잘 알고 민주주의 법칙을 받아들일 수 있을 것이다. 왜냐하면 미래학은 "각각의 정당한 이해 집단들에 대해 이치를 따지고, 긴장을 풀고, 이완시킬 수 있도록 하기 때문이다. 반면에 회고는 후회를 증가시키면서 운동의 두려움을 강화시킨다."[26]

따라서 미래학은 시간에 대해 새로운 태도를 등장시킨다. 즉 더 이상 수동적인 신뢰도 아니고 움츠러드는 저항도 아니며, 결정적 사건──대혁명──의 구세주를 기다리는 기대는 더욱 아니다. 그것은 우리를 감시하고 있는 기한에 대한 효과적인 불신이며, 우리들의 상상력에 제공되는 선택 사항들에 대한 자발적인 포착이고, 어떤 방향으로 갈 수 있는 가능성에 대한 현실적인 계산이다.

사회를 변화시키는 것은 개인적이고 사회적인 태도 안에 이 새로운 입장을 도입하는 것이며, 따라서 복지국가에 의해 도입된 위험한 습관들에 대항해서 싸우는 일일 것이다. 개혁주의자들은 여전히 국가에게 모든 것을 기대하고, 동시에 여전히 국가를 의심하는 습관과 끝장을 봐야 한다고 말한다. 그러나 그것은 국가가 운명의 책임자로서, 자기 혼자만의 일로 여기는 진보의 혜택의 인가된 분배자로서 스스로를 소개하기를 포기한다는 것을 전제한다. 반대로 극좌파가 주장하는 것처럼 개인의 주권이나 사회적 독특성이 아니라 사회를 구성하는 개인이나 독립 집단의 내부에 있는 책임감을 재건하기 위해 싸우자. 개인적이고 집단적인 이기주의를 격퇴하자.

---

26) Bloch-Lainé.

국가가 발전을 관리하던 표면상의 침착함은 실제로 개인과 사회 집단 안에 현재 발전의 추구 자체에 심각한 위험이 되는 태도가 자리 잡게 되는 대가를 치렀다. 그래서 사람들은 우선 특수한 특혜들——국가가 그들의 특별한 공로 때문에 또는 어떤 위험에 대한 그들의 과도한 노출 때문에 그들에게 인정한——을 옹호하고 개선시키는 일에만 몰두하는 주체들의 **법규에 따른 마비**를 개탄할 수 있다. 다양한 핸디캡에 대한 보상, 또는 칭송받을 만한 노력에 대한 보상으로서, 국가가 부여하는 이 특별한 인정은 수많은 특권으로 바뀌는 경향이 있고 그 특권들이 개인에게 동기를 부여하는 유일한 것이 되게 되면, 직업적인 경직성과 경제적 무기력을 조장하는 경향이 있다. 국가가 개인들에게 드리운 그림자를 개인들이 추구하는 것의 좋은 예는 학위에 대한 지나친 가치 부여이다. 즉 "프랑스 사회는 여전히 시험과 경쟁이 타고난 권리 역할을 하는 귀속적(ascriptive) 사회이다. 학위는 교육 앞에 모든 이들이 평등하다는 것을 보장하면서 전통적인 사회적 위계질서를 유지하고 있는 이 역학 관계를 실현하는 사회적 임무를 갖는다. (…) 각자는 그가 이루었거나 이루어 낼 것 같아 보이는 것에 의해서가 아니라 그의 신분과 출신 서열에 따라서 자리와 직업을 부여받는다."[27] 이러한 지위의 물신화로부터는 새로운 산업 사회의 불안정한 요구에 대한 개인들의 다소 공공연한 거부만이 발생할 수 있다. 이 거부는 공인된 능력과 획득된 상황을 필연적으로 뒤집어엎는다.

사회 안전 비용의 굉장한 폭등은 사회 자체의 발달이 제기하는 문제들에 관해서 사회의 무책임성이 증가하는 것에 대한 다른 예를 제

---

27) Michel Crozier, 《봉쇄된 사회 *La Société bloquée*》, *op. cit.*

공한다. 1960년대초부터 건강 비용은 국내 총생산량보다 두 배 빨리 증가했다. 이것은 사회의 경제적 미래를 보장하기 위해 사회의 투자 능력에 대해 관심을 가질 수밖에 없는 현상이다. 그러나 이 문제는 부문별 조직체들이 서로 상대적으로 혜택을 보는 보호의 문제보다 그 조직체들에게는 덜 중요한 것이었다.

  따라서 개혁주의 운동은 개인들의 시민 의식, 사회의 결집, 사회 관계의 힘에 가해지는 민주주의 체제의 악영향들에 대한 예전의 자유주의 비판을 다시 수용한다. 이 운동이 지적하는 위험은 19세기에 토크빌과 그의 후계자들이 고발했던 것과 같은 것이다. 즉 이것은 사람들이 모든 개인의 정치적 평등화에 이어 그들의 평등한 행복권을 인정하게 된 이상, 국가의 역할이 빠르게 증가하는 것에 의해 사회 관계가 심하게 악화되는 위험이다. 개인들은 실제로 국가로부터 모든 것을 기대하고, 그들이 살고 있는 사회로부터는 더 큰 것을 기대한다. 그리고 국가는 진정으로 살아 있는 사회와는 더 이상 관계하지 않고 사회를 살릴 계획에 의해서보다는 국가의 혜택을 공동으로 추구하는 것을 통해 모인 개인들의 추상적 집합이나 고립된 개인들과 관계한다. 그리고 이러한 사회적 의미의 유린에 맞서 개혁주의가 호소하는 것도 바로 시민적·도덕적 재무장이다.

  이처럼 개혁주의가 오래된 자유주의 우파에게 소중한 주제를 다시 취하지만, 이 주제는 전통주의적 입장의 해체라는 맥락에서 그 입장을 명시적으로 부인하면서까지 옹호하는 데 사용된다. 왜냐하면 여기서 비판은 더 이상 민주주의 국가 안에서 진보에 맞서 방어를 조직하는 데 그 목적이 있는 것이 아니라 그것에 봉사하는 데 목적이 있기 때문이다. 권력의 새로운 정치적 기반에 의해 야기된 개인주의에 대한 비판은 더 이상 전통적인 사회 구조를 옹호하려 하지 않고, 사회 전체의 연대성을 촉진시키려 한다. 책임성 개념은 19세기에서처럼 자유질서의 주요 수익자들을 보호하기 위해서가 아니라 우리 모두와 관계되는 진보의 성공 속에 각자를 연루시키기 위해 재사용된다. 극좌파가 혁명적 입장이 역사적 상상계 안에서 만들었던 요구들을 사회적 장에 재투자했던 것과 마찬가지로 사람들은 개혁주의가 사회 관계들 안에 동일한 시민적·도덕적 가치들을 재도입했다고 말할 수 있을 것이다. 그러한 시민적·도덕적 가치들의 이름으로 자유적·전통주의적 우파는 진보의 움직임에 반대했었다. 하지만 개혁주의는 그 움직임을 촉진시키기 위해 그러한 가치들을 재도입한다.

따라서 모든 것이 마치 개혁주의의 사조가 지배 엘리트들에게 다음과 같은 연설을 하는 것처럼 진행된다. 그렇다. 진보는 전통이 사회의 생성에 가하던 장애를 제거하도록 했다. 그것은 공화국의 사회적 모험 속에서 단지 파탄을 향하는 질주만을 보았던 보수주의자들의 극단적 비관론에 맞서서 승리했다. 그러나 그렇다고 해서 이 승승장구의 합리주의가 만들어 낸 피해——사회가 빠져든 무기력함, 사회가 기르기 시작한 반동적 비합리주의, 그리고 특히 복지국가의 그늘에 자리잡은 수동적 기대, 관심의 무기력함, 상상력의 정체 체계——를 감추어서는 안 된다. 그리고 바로 이러한 이유로 사회가 변하기를 원한다면 국가를 향해 지나치게 역류하도록 한 책임감을 사회 집단 속에 다시 불어넣어야 한다.

3. 사회보장의 자율화

20년 전부터 계속되어 온 비판을 통해 바라본 복지국가는 그것의 현재 위기에 대한 의미를 전달한다. 즉 **사회보장이란 명목으로 만들**어진 복지국가는 **사회의 실질적 삶을 희생하며** 발달했다.

개인보다 상위의 원리로 이해되는 사회보장의 이름으로 사람들은 개인의 **의무**의 근거를 만들었고, 개인이 자신의 진보의 조건인 사회 전체의 연대성의 규칙에 복종하기 위해 자신의 주권을 조급히 표현하는 것을 포기할 필요성을 확언했다. 이 진보에 따라 사람들은 자신의 에너지를 규제했고, 자신의 행동을 규범화시켰으며, 자신의 풍습을 채택했다. 사람들은 시민들에게 이 진보에 의해 바로 그들의 주권이 시민들을 서로 적대하게 만드는 대신에 조화로운 사회에서 활짝 꽃피게 될 수 있을 것이라고 약속하면서 그 모든 것을 실현할 수 있었다. 그러나 진보가 성공의 모든 신호를 다 드러내 보여 준 지금 사람들은 무엇을 확인하는가? 극좌파는 사람들이 주권의 성취보다 오히려 주권의 소멸을, 사회 조화의 실현보다 사회의 일관성의 상실을 확인한다고 말한다. 국가는 경제의 거대 기구들과의 긴밀한 얽힘 속에서 생성(devenir)의 모든 의미를 자기 것으로 만들었다. 국가는 이 경제적 합리성의 힘없는 반영일 뿐인 사회로부터 그 생성의 의미를 박탈했다. 이 사회는 자신이 생산하는 물건들을 소비하기 위해서만 작동하도록 조작되고, 이 소비는 개인을 사적인 영역에만 한정시키며, 그의 욕망·감정·거부·의지에 대한 직접적인 모든 사회적 표현을 바탄한다.

사회의 잘못을 바로잡는 원리, 그 잘못이 개인들에게 가하는 폐해를 바로잡는 원리로 이해된 사회보장의 이름으로 사람들은 개인들의 권리, 정확히 말하면 그들의 사회적 권리의 근거를 만들었다. 사회 전체의 연대성이라는 이름으로 사람들은 어려운 환경 때문에 사회 안에서 고통받는 모든 이들의 핸디캡을 보상해 주려 했고, 따라서 각자가 성숙할 기회를 증가시키려 했다. 개인의 이러한 사회적 향상을 잘 이끌기 위해서 사람들은 책임감 개념을 제쳐 놓았다. 왜냐하면 이 개념은 개인들의 주관적인 무능력이 아니라 사회 분업의 객관적 사실로부터 명시적으로 기인한 고통을 받는 사회적 부류들을 위한 국가의 모든 활동을 금지하기 때문이다. 게다가 이 개념은 출발할 때 가장 많은 기회를 가졌던 이들이 작업의 분배 영역에서는 가장 많은 위험을 무릅쓴 이들을 지배하는 것을 변명하는 역할을 했다. 사회의 잘못을 보상하고 개인의 기회를 증가시키는 것으로부터 사람들은 진보의 가장 큰 성공을 위한 사회 관계의 억압적인 화해와 개인들의 행복한 경쟁을 예상했다. 그러나 이런 정책의 현재 결과는 무엇인가? 개혁주의는 이 정책이 특히 사회 생활의 소멸, 시민 정신의 죽음을 가져왔다고 말한다. 개인적인 삶에서 책임을 제거하면서 사람들은 그것을 국가의 차원으로 옮겨 놓았을 뿐이다. 이것은 국가를 사회의 운명의 유일한 책임자로 만들고, 사회는 이 국가의 호의를 추구하면서만 살아가도록 만든다. 그리고 사회를 이 진보의 실현 조건에 대해 무관심하도록 만든다.

따라서 복지국가 위기의 중심에는 개인과 국가 사이의 유명한 사회보장의 부재가 있다. 그것은 19세기 중반 이래 사회보장 문제의 핵심이었다. 그리고 이 위기는 복지국가에 기반한 통치 방식이 처해 있는 막다른 길을 보여준다. 사람들은 더 이상 예전처럼 통치되기를 **원하지** 않는다. 이것은 극좌파가 말하는 것이다. 진보라는 명목으로 국가는 개인에게서 모든 실제적인 주권을 빼앗은 채 사회를 지배하는 힘이 되었다. 우리의 복종 도구가 된 이 진보의 교리에 대항해서 모든 권위 · 제약 · 규율들을 거부하자. 또한 개인을 소멸시키는 질서의 비참한 호의와 이 거짓된 약속을 거부하자. 그리고 개인에 따라 개인의 직접적인 요구와 자발적인 견인, 그리고 명백한 거부에 따라 사회를 다시 세우자. 사람들은 더 이상 예전처럼 지배**할 수** 없다. 이것은 개혁주의가 말하는 것이다. 진보를 기술주의적으로 떠맡으며 국가는 대표기구, 중앙의회, 그리고 사회를 형성하는 중계기구들의 모든 알맹이를 제거했다. 국가는 순전히 각 부문의 만족만을 염려하는 전통적인 권리 요구 장치만을 놔두었다. 반면에 사회에서는 국가에 대한 어렴풋한 원한이 발달했다. 국가는 사회의 표현을 부추기기보다는 명시적으로 피하려 한다. 그래서 개인들은 자신들의 모든 욕구를 국가가 떠맡으라고 점점 더 요구하는 것과 자신들이 더 이상 진정한 영향을 미치지 못하는 국가적 기구에 맞서 난폭하게 봉기하는 것 사이에서 위험하게 오락가락한다. 따라서 진보가 사회와 국가의 상호적 봉쇄의 결과로 갑자기 정지되는 것을 피하고자 한다면, 매우 빨리 각자에게 책임감과 사회의 움직임을 결정하고자 하는 취향을 재도입해야 한다.

　삶을 변화시키기와 **사회를 변화시키기**, 이 두 말은 위기의 사안을 잘 표현한다. 혹은 그것들은 자신들을 갈라놓는 거리 안에서 복지국가의 막다른 길을 넘어 새로운 통치 방식의 모든 진술에 강제된 간격을 나타낸다. 15년 전부터 이런 방향에서의 발의와 탐구가 끊이지 않았다. 변화의 주제는 점차적으로 사회 생활 전반에 침투했다. 그리고 우리에게 다르게 살 것을, 다르게 일할 것을, 다르게 통치할 것을 제안하지 않는 사적 · 직업적 · 공적 존재 영역은 전혀 없다. 변화라는 말은 모든 비난과 모든 명령의 키워드가 된다. 그러나 사실 지금 우리에게 있어서 변화한다는 것의 의미는 무엇인가?

변화의 골격을 제공하고자 하는 새로운 제도적 조직이 만들어지고 있는 중이다. 국가와 개인 사이에는 이제 노사 대표와 지역 대표들 사이의 다양한 만남의 장치들이 첨가된다. 공식적이든 비공식적이든, 지속적이든 일시적이든, 이 장치는 항상 인구 형성 문제와 지역 개발 문제를 둘러싼 집단들 간의 만남의 원리를 세운다. 이런 **연루 절차**는 경제적 결정이나 사회적 보상의 획득을 위해 항상 국가에 의존하는 것을 피할 수 있는 해결책을 찾아내려는 목적을 갖는다. 그러나 이 새로운 형식이 이전 것보다 더 잘 성공할 이유가 있는가?

변화는 특히 최신의 인간과학으로부터 온 담론이다. 이 담론은 비판적 담론의 낡은 확신들처럼 합리주의적 실증주의의 모든 낡은 확신들을 골동품 가게로 보낸다고 주장한다. 그것은 그 확신들이 시간성의 형이상학적 개념으로 사회를 유지하려 한다고 비난한다. 그러나 도대체 이 담론은 그런 주장을 허용하는 어떤 특성들을 가지고 있는가?

이 최근의 장치들과 이 현대적 **변화의 담론**에 의해 그것은 우리에게 사회 생활의 중요한 의례가 된 **협상**을 중심으로 사회 관계들을 재조직하라고 제안한다. 그러나 어떤 점에서 이 협상 방법은 정치에 의한 근원적인 변화의 꿈과 시민 사회 안의 질서의 필요 사이에 있는 틈을 메우는 데 충분할 수 있는가?[28]

사회-경제 생활을 움직이는 최근의 조직은 1960년대말까지 강제되었던 중앙집중적 규제 방식의 실패로부터 탄생했다. 중앙에서부터 욕구를 합리적으로 결정하고, 갈등을 효과적으로 조정하는 것이 더 쉬울 것이라고 사람들은 생각했다. 아주 잘 계획된 발달에 의해 제공된 만족은 갈등이 생길 이유 자체를 없애면서 점차적으로 갈등을 잠재울 것임에 틀림없다. 복지국가의 위기는 이 아름다운 꿈을 이중으로 부정했다.

경제적 · 사회적 생활을 비중앙집권적으로 조절하는 방식은 사회 안에 있는 막대한 갈등들을 줄이는 데 성공하지 못했고, 갈등의 중재를 용이하게 하는 것도 성공하지 못했다. 반대로 1970년대초에 사람들은 갈등의 증가를 목격하게 되는데, 이 갈등의 당사자들은 중앙집권적으로 규정된 해결책에 대해 큰 불신을 나타낸다. 국가가 강요하려고 하는 경제적 합리성에 대항해서 조합의 간부들에게 저항하는 일련의 투쟁이 일어나고, 지역 운동과 환경 운동이 발생하며 협회 생활의 갱신이 나타난다. 이러한 투쟁과 운동들은 공통적으로 중앙기구의 중재를 거부하고 그것에서 너무나 분명히 분리되어 그것들이

---

28) **연루 절차**에 대한 분석을 위한 우리의 기본적인 연구는 평생 교육과 사회-경제적 부흥과 관련된 중요한 잡지와 출판물들을 체계적으로 뒤지는 것이었다.
— 평생 교육의 발전을 위한 기구인 **ADEP**에 의해 출판된 잡지. 《평생 교육 *Éducation permanente*》.
— **GREP**에 의해 출판된 잡지, 《POUR》.
— 도큐망타시옹 프랑세즈에 있는 **DATAR**의 간행물인 〈미래학의 작업과 연구 Travaux et recherches de prospective〉.
변화의 담론 분석과 기능주의적 담론, 비판적 담론에 관한 이 담론의 위치에 대한 기본적인 참고 자료는 물론 **Michel Crozier et Friedberg**, 《체계 행위자 *L'Acteur et le Système*》, Seuil, 1977이다.
사회 관계 모델로서의 **협상**의 발달에 관해서는 다음과 같은 책을 참고했다. Jean-Daniel Reynaud, 《프랑스에서의 집단 현상, 변천과 전망 *La Négociation collective en France, évolution et perspectives*》(참여자: Gérard Adam et Jean-Marie Verdier), Éditions Ouvrières, 1972; 《조합, 고용주와 국가 *Les Syndicats, les Patrons et État*》, Éditions Ouvrières, 1978; 《갈등과 사회 변화 *Conflit et Changement social*》, PUF, 1981. 더 '실용적'인 책은 Dominique Chavlin, 《협상의 실행 *L'Entreprise négociatrice*》, Dunod, 1980.

제기하는 문제는 더 이상 옛날의 규칙으로는 효과를 볼 수 없게 된다. 따라서 전체적으로 볼 때 중앙은 자신의 가혹함과 냉정함, 기층민과의 괴리, 그들의 반응에 대한 몰이해 때문에 비난당하게 된다.

또한 발전에 대한 중앙의 관리에도 실패가 나타난다. 즉 국가의 기술자들은 1970년대초부터 그것에 대해 의식하고 말하기 시작한다. 그들은 사무실에 격리된 채 숫자와 곡선, 연령층과 자격 수준, 노동력이나 교육의 필요 조사만을 고려했었다. 땅에 '가치를 부여하기 위해' 그들은 땅을 유동적이고 동질적인 공간처럼 생각했다. 그러한 땅에서는 생산지를 향해 인구의 이동을 쉽게 하고 서로를 적응시키는 것만이 문제가 되었다. 거대한 경제적 집중이 장비의 초과 비용이라는 대가를 치렀다는 것을 상당히 일찍, 그러나 너무 늦게 알아차렸다. 반면에 버려진 지역은 만성적인 저개발의 상태에 빠졌고, 발전에 있어서의 부적응과 책임져야 할 권리 요구가 쌓여갔다.

그렇지만 이러한 확인은 그것들이 아무리 부정적이라 하더라도 조그만 해결의 실마리를 갖고 있지 않았는가? 왜냐하면 갈등이 기층에서 증가되고 타협의 중심적이고 전체적인 형식은 점점 더 불신되고 있기 때문에 가장 단순한 것은 바로 협상 절차를 기층으로 옮겨놓는 것처럼 보인다. 마찬가지로 국가의 정상으로부터 경제적 · 사회적 문제들에 대한 모든 결정을 내리기가 점점 더 어려워진다면, 차라리 이 결정의 본부를 문제들이 구체적이고 직접적인 용어로 나타나는 정확한 장소로 옮기는 것이 더 낫다. 사람들이 이 전환의 두 움직임을 결합시킬 수 있기 때문에 더욱 그렇다. 경제적 · 사회적 선택사항들을 효과적으로 결정하고 갈등을 화해시키려 하는 중앙의 실패는, 국가에게 있어서 더 이상 정상에서 해결할 수 없는 문제를 기층으로 되돌려보내고 갈등의 당사자들이 바로 그 문제와 직접 부딪치도록 할 기회가 아닌가?

1970년대초에 한 남자가 이러한 질문에 응답하며 대답을 제시한다. 그가 바로 자크 들로이다.[29] 그가 당시 제시한 이론은 이러한 실패의 진단을 해결의 서식으로 바꾼 것이다. 갈등에 대한 중앙 조절의 실패는 이해할 만하다고 그는 말한다. 왜냐하면 투쟁중에 있는 사회 계층의 대표 조직들이 아주 힘든 딜레마에 봉착해 있기 때문이다. 사람들이 종종 제안하듯이 권력에 참여하고 지배 조직에 포함되는 것을 받아들일 것인가——이것은 그들을 뽑아 준 사람들 눈에는 분명히 의심스러운 행위가 될 것이다——아니면 계급 투쟁이라는 명목으로 권력과 거리를 둘 것인가——이것은 반대로 사회 전체의 운명이 달린 발전의 문제의 공통된 속성을 전혀 고려할 수 없다는 비판을 받도록 만든다——하는 것이 문제이다. 정상에서 기층으로 내려갈수록 문제의 이데올로기적 진술에서 구체적 사안에 대한 인식으로 옮아간다. 그래서 사회와 그것의 미래에 대한 편파적인 비전을 제시하고자 하는 조직들 사이에서 교조적으로 확언된 '줄일 수 없는 분할'의 영역으로부터 각 분야에서 검토된 임금 문제에 대한 임시적인 합의를 가능하게 하는 '불가피한 논쟁'의 영역으로 옮아가게 된다. 그리고 더 나아가 지역이나 기업의 수준에서는 교육·발전·안전·취업 문제에 대한 '가능한 수렴'의 영역으로 나아간다. 따라서 사회 세력들의 충돌을 가능한 가장 지역적으로 조직하는 것이 낫다. 왜냐하면 바로 지역적인 수준에서 사회적 세력들은 완강한 적대자가 아니라 책임 있는 파트너로 가장 쉽게 행동할 것이기 때문이다.

---

29) bis. Cf. Jaques Delors, 《변화 *Change*》, 1974. 그의 책에 대한 해설은 다음의 책에 있다. Bodman et Richard, 《사회 관계 변화시키기 *Changer les relations sociales*》, Paris, 1975.

실제로 바로 이 '들로의' 철학에 따라 약 15년 전부터 경제적 · 사회적 생활을 관리하는 데 있어서 노사 대표와 지역 대표들의 **연루 절차**가 증가하는 것이 나타났다. 그 첫번째인 국토 정비는 중앙의 계획적인 주장이 아니라 경제적 · 사회적 생활의 지역적 추진이라는 생각에 따라 활동을 재정비했다. 교육 · 취업 · 발전에 관련된 지역위원회의 증가는 노사 대표들에게 지역의 가능성과 욕구에 대해 지역적으로 논의하도록 하고, 중앙에 압력을 가하기보다는 자신들의 문제와 맞부딪히기를 촉구한다. 1982년에 결의된 탈중앙화에 대한 최근 법률은 지역 기구의 선거와 고유한 재정 수단의 부여를 통해 그 움직임에 정치적 차원을 결합시키면서 1970년대초에 시작된 이 모든 움직임을 인가할 뿐이다.

사회법의 고안과 내용은 동일한 움직임에 따랐다. 집단 협약, 평생교육에 대한 1971년의 법률과 기업위원회의 역할을 증가시키려는 목적을 가진 법률은 사업주와 조합원과 국가 사이에서 가결된 사전 협정의 열매이다. 이 모든 것은 결국 지역적 대결의 역할을 강화하는 결과를 갖는다. 즉 사업주와 대표자들은 함께 기업위원회의 고전적 '사회 사업'을 경영해야 할 뿐 아니라 또한 그들의 선택 사항들을 대조하고 위생과 안전 문제, 기술의 현대화와 작업 조건의 개선 가능성, 시간 관리 가능성, 고용 구조, 교육의 욕구와 욕망에 대한 협의된 결정을 내려야 한다. 노동 조건의 정비에 대한 유명한 오루(**Auroux**) 법도 단지 이 근본적 움직임을 인정하고 활성화시키는 것일 뿐이다.

이 새로운 장치들에 대한 관찰, 특히 그것들이 사용하는 언어에 대한 관찰은 그것들이 작동시킨 메커니즘의 특성을 잘 드러낸다. 이 관찰은 1960년대 이래로 나타나는 두 가지 대칭적 요구——삶을 변화시키기, 사회를 변화시키기——들에 기대면서, 그 요구들 사이에서 그것들이 공통적으로 가지고 있는 것——변화의 욕구와 욕망——에 가치를 부여함으로써 지역적으로 접목할 수 있는 가능성을 뽑아내려고 애쓰면서 경제적 제약과 사회적 갈망 사이의 관계의 재협상을 제안하는 데 있다. 실제로 이러한 추진에는 항상 '독특성'과 '차이'의 확립, '자율'의 욕망을 고려하는 것이 문제가 된다. 또한 집단적으로 연루될 필요성을 보여주는 것, 환경의 제약을 측정하는 것도 문제가 된다. 이 모든 것은 시간과 장소의 어려움에 직면해 모두의 연루 정도가 증가된 것과 짝을 이루는 자율의 욕망을 희생하는 개인들의 더 큰 유동성이라는 효과에 의해 '사회의 동원'을 만들어 내기 위한 것이다.

평생 교육의 원리 자체는 사회를 변화시킬 필요성과 함께 삶을 변화시키고자 하는 욕망의 접목 메커니즘을 의미한다. 평생 교육을 제정한 법률의 목적은 명백히 이중적이다. 첫째, 이 법률은 "노동자들이 기술의 변화와 노동 조건에 적응하도록 허용"해야 한다. 그리고 둘째, "문화의 여러 수준을 접하게 함으로써 그들의 사회적 향상을 촉진"해야 한다.[30] 경제적 발전에 의해 강제된 변화 앞에 굴복할 필요성과 문화에 대한 자유로운 접근을 통해 자신의 삶이 변화하는 것을 보고자 하는 갈망은 이처럼 정확히 같은 차원에 놓여 있다. 베르트랑 슈바르츠의 유명한 말에 따르면 "모든 개인을 변화하는 세계에서 변화의 주체가 되게 하는 것"이 문제이다.[31] 이러한 이중 목적에 따라 법률은 모든 봉급 생활자에게 교육받을 권리를 부여하지만, 이 교육의 시기와 내용은 직원과 사용주의 대표들에 의해 공통적으로 결

---

30) 1971년 7월 17일자 관보.
31) 베르트랑 슈바르츠는 이 법률이 제정되는 시기에 신 교육부 평생교육자문이었다.

정되어야 한다고 규정한다. 따라서 이 요구의 이중적 속성과 관련해 사적 또는 공적 교육 기구들은 변화를 위해 자신들의 서비스를 제공하도록 노력하게 되어 있다.

이러한 완전히 새로운 교육 시장에 대해서 우리는 개인의 자기 개발 욕망과 경제의 변화 사이를 접목하는 동질의 차원을 발견할 필요성에 의해 결정된 수많은 담론과 기술들이 나타나는 것을 보았다. 이 목적에 도달하기 위해 교육기구는 결정적인 조커를 가지고 있다. 즉 **적응력**(adaptativité) 개념을 위해 적응(adaptation)의 고전적 개념이 점점 더 분명하게 포기되고 있다는 것이다. 사실 기계와 기술이 점점 더 구식이 되어 가고 있기 때문에 단 한번으로 결정되는 적응과 부적응보다는 인간의 적응 능력, 즉 '적응력'이 노동에서 더 중요하게 생각되기 시작한다. 연속적으로 여러 기술에 적응하고, 생산의 변화하는 과정 속에 **뛰어드는** 개인의 능력은 그가 일을 시작할 때 갖고 있던 능력보다 더 중요하게 된다. 개인의 잠재적 가치는 그가 기업의 업무에 이 **잠재력**을 조금이라도 사용하기만 하면 그의 학위보다 더 결정적인 것이 된다. 그리고 만약 사람들이 이 목적에 도달하고자 한다면, 개인으로 하여금 기업의 성공에 자신의 잠재력을 투자함으로써 더 나은 **자신의 실현** 수단을 돋보이게 만들도록 해야 할 것이다. 이렇게 사람들은 기술과 경제의 움직임에 대한 고려와 자기 개발이라는 개인적인 욕망을 결합할 수 있다.

부적응 개념 역시 그것의 경직성을 잃고 점차적으로 **핸디캡**(handi-cap) 개념으로 대체된다. 적응에 대한 정해진 기준이 더 이상 없기 때문에 상대적인 핸디캡이 있을 수 있다. 이것은 중대한 변화이다. 핸디캡이란 용어는 장애 · 부적응 · 탈선이라는 이전 개념에 연결되어 있는 불운의 느낌을 제거한다. 그리고 특히 그것은 그것의 내용에 있어서 매우 넓은 확장이 가능하다. 그것은 각자가 자신의 지평을 어느 정도 제한하는 일련의 어려움들을 규정할 수 있게 해주고, 그것들을 현실적으로 바라보게 만드는 동시에 그것들을 극복하고자 하는 마음을 유발시킨다. 이처럼 우리는 각자가 자신의 신체적·가족적·사회적 핸디캡을 더 현실적으로 더 대담하게 고려하는 법을 가르칠 수 있다. 실업자들을 위한 교육은 현재 그들에게 실업이 '고통스러운 기회이지만 그래도 기회'임을 설명하는 데 있다. 왜냐하면 실업은 개인들에게 그때까지 일상 아래에 머물러 있던 삶의 차원을 실현하기 위해 그들이 모르는 핸디캡을 드러나게 할 뿐 아니라 내버려두었던 그들의 능력을 잠재력 안에서 퍼올리면서, 그들의 삶을 다시 시작할 수 있는 기회를 포착하면서, 그들에게 목표——핸디캡을 극복하겠다는 목표——를 부여하기 때문이다.

이 잠재력과 핸디캡이라는 개념의 제조, 그리고 자아 실현과 현실에의 투자라는 주요 목표들과 이 개념들의 결합은 사회적 삶의 새로운 언어——평생 교육 안에서 생산되고 일련의 촉진 장치들에 의해 유통되는——의 한 예일 뿐이다. 그리고 도처에서 이 언어는 1960년대말에 구질서에 대항해서 일어났던 두 비판들을 연결하려고 애쓴다. 국가의 약간은 지나치게 독선적인 배려에 의해 만들어진 사회적 통제의 결과들에 대항해서 확립된 자율성의 요구는 사회 보호의 **법규에 따른** 형식에 의해 야기된 착오의 고발과 결합된다. 개인의 자기 개발은 그가 지나치게 맛들인, 획득한 자리에의 안주를 포기함으로써 이루어진다. 경제적 역동성에 그것을 포함시키려는 의지만큼 자기 실현의 욕구에 대한 고려가 필요할 것이다. 사회-국가주의의 동질화시키는 언어에 맞선 사회 안에서의 **차이**의 재편성은 국가의 **후견자** 개념에 대한, 그리고 구제민 사회를 만들려는 국가의 성향에 대한 비판과 동일한 방식으로 연결된다. 사회적 · 지역적 독특성의 확립은 경제적 · 사회적 문제들의 지역적인 처리를 위한 명백한 근거를 제공한다.

새로운 지도자들은 이렇게 말한다. 당신은 이 지역에 살기 원하며 이 지역의 특수성을 소외시키지 않고 지역을 발전시키길 원하고, 여성으로서, 브르타뉴인으로서, 다른 그 무엇으로서 자신을 실현하기를 원하십니까? 아주 좋습니다! 그러면 당신 지역이나 당신 개인의 잠재력을 열거해 보세요. 주도권을 잡고 그것을 발전시키세요. 같은 방향으로 가는 모든 집단들과 협력하세요. 항상 국가에게 더 많은 도움을 요구하는 동시에 국가의 과도한 지배력을 고발하기보다는 당신의 항거가 야기하는 모든 결과들과 당신의 자치주의가 가진 모든 자원을 끌어내세요. 이런 위기 상황에서 중앙행정기구의 재정의 약화는 실제로 당신에게는 행운이며 당신이 최대한 이용해야 하는 '기회'가 됩니다. 게다가 이런 관점에서 중앙행정기구는 자신의 축소된 재정에 비례해서 경제적 발전을 강요하고, 우발적인 피해를 사회적으로 보상하기보다 현장에서 최초의 이해 당사자들에 의해 계획된 발전안을 부추기고 자극하고 보조하려고 합니다. 중앙행정기구에게 있어 현 문제는 "무엇을 하는 것이 아니라 하도록 할 줄 아는 것입니다."[32]

변화의 사도들이 요청하는 것은 바로 새로운 사회적 게임의 규칙이다. 그들은 상상력의 정체에 종지부를 찍고, 상상력의 모든 자원

---

32) 1978년 국토 정비에 대한 국제회의에서 François Bloch-Lainé, 《프랑스 문서 자료 *La Documentation française*》, 1979.

을 경제적 · 사회적 생활의 실제적인 장에 투자하며, 역사의 약속 때문에 상상력을 속이기보다는 오히려 상상력을 현실과 대면시키라고 초청한다. 그들은 기술적이고 사회적인 혁신 운동에 제동을 거는 위험이 있을지도 모르지만, 이해 관계들을 더 이상 보호하는 데 만족하지 말고 그것들의 무기력을 뒤흔들 것을 제안한다. 그리고 특히 그들은 현존하는 모든 세력들이 조직 안에 있는 자신들의 자리와 다른 조직들에 맞서는 그 조직의 자리를 얻기 위해 항구적으로 협상하고, 거부 · 두려움 · 희망 · 계획을 협상하라고 독촉하며, 협상 안에서 살도록, 그래서 그 협상 덕택에 사회를 살아가게 만들도록 독촉한다.

그렇지만 왜 사람들은 다른 게임이 아니라 이 게임을 하는 것을 받아들이는 걸까? 이러한 변화의 단조로운 주제는 새로운 타협을 찾음으로써 모든 것을 통과시킨다. 그러나 이것은 권력의 실제적인 보유와 권력 실행의 목적성의 문제에서부터 시작해서 본질적인 사안들을 숨기는 방식이 될 수 있다. 누가 권력을 가지고 있고 그가 권력으로 하는 일이 무엇인가를 알고자 하는 질문과 관련해 이러한 변화의 명령은 무엇을 의미하는가? 이것은 오래전부터 권력에 있어온 세력의 새로운 변장인가, 아니면 권력의 특성과 행사에 관한 낡은 개념의 극복인가?

변화의 선전자들은 언어의 발명가들이자 전파자들인 것만은 아니다. 그들은 또한 **체계 분석**으로부터 본질적으로 만들어진 이론을 사용한다. 그 이론 안에서 그들은 우파에서는 권력의 거부에 근거하고 있고, 좌파에서는 권력을 정복하고, 참된 변화를 만들기 위해 실제로 권력을 소유할 필요성에 근거하고 있는 고전적 추론들을 극복하는 방법을 발견하다

오랫동안 인간과학의 담론은 **합리주의적** 유형이었다. 1960년대까

지 심리측정학, 산업적 심리사회학, 기능주의 사회학은 사회 관계를 관리하는 데 있어서 과학적으로 만들어진 현대 기술들을 제공하는 것으로 여겨졌다. 이 학문들의 중심 개념은 결과적으로 **규범**(norme) 이었는데, 그것은 각 개인, 각 집단을 하나의 기능에 이상적으로 일 치하는 관계 속에서 확립했다. 규범 안에 있다는 것은 기능적이라는 것이었다. 규범 안에 없다는 것은 합리성의 승리와 진보의 건립을 위 협하는 것이었다. 조직을 거부하거나 혼란시키는 시위는 이런 관점 에서 조직의 불충분한 합리성의 표시, 혹은 조직을 방해했던 것들의 비합리성의 표시로 나타났다. 이러한 행동들은 결과적으로 교정의 개입을 가져왔다. 즉 사람들을 가장 잘 배치하기 위한 탐구, 작업을 가장 잘 설명하고자 하는 염려가 그것이다. 그러나 항거와 거부는 그 자체로는 합리주의적 담론 틀 안에서 권력의 문제를 제기하지 않 았다. 이 저항에는 단지 조직과 그 조직의 인자들의 불충분한 표준 화의 표시만이 있었다.

그때부터 이 합리주의적 담론이 받았던 불신은 행동의 표준화 운 동을 동반했던 저항의 상승을 설명할 수 없는 그것의 무능함에서 나 온다. 이 담론은 저항들을 낡은 잔재처럼 시대에 뒤진 행동에 몰두함 으로써 생긴 단순한 산물처럼 취급했다. 그런데 이 저항들은 현대화 와 더불어 줄여지지 않았을 뿐만 아니라 1960년대말에는 새로운 형 태——결근율과 함께 **이직률**의 증가라는 초기 형태, 거친 파업의 증 가와 더불어 나타나는 선언된 형태——를 취했다. 특히 이 저항들은 명백히 행동의 산업적 표준화의 방법과 담론을 목표로 삼았다.

또한 사람들은 이 합리주의적 담론에 맞서 10(65-75)여 년 동안 인 간과학의 비판적 재정비 움직임이 전개되는 것을 보았다. 정신분석 학의 특별한 사용(프로이트-마르크스주의), 심리사회학의 '전복적인'

개념(예를 들면 르네 루로의 제도적 분석), 비판사회학(예를 들면 로베르 카스텔의 경우처럼 마르크스주의적 입장과 푸코식의 분석을 결합하는 것)은 규범에 대한 현저한 부적응 안에서, 새로운 형태의 저항과 다양한 갈등들 안에서, 소위 산업적 합리성이라는 명분으로 개인, 집단 또는 계급에게 가해지는 지배에 대한 동일한 거부를 보여주는 데 사용되었다. 이러한 합리성에 맞서 **비판적 담론**은 주체의 억제된 욕망, 집단의 창조적인 자발성, 계급 투쟁의 비환원성을 대립시킨다. 그러한 규범화시키는 지식 안에서 비판적 담론은 권력 외에 다른 것을 발견하지 못한다. 그것은 더 이상 지배라 말할 수 없지만 그렇기 때문에 더욱 모든 곳에서 격퇴해야 하는 지배의 세련된 형태이다.

이 비판적 담론은 이전 것에 대해 곧 대칭적 한계를 드러냈다. 실증주의 학문 뒤에 숨겨진 모든 억압 형태에 대항해서 비판적 담론은 억압된 것의 회귀, 규범에 대한 저항, '체계'에 대한 항거를 합리화했다. 그러나 무슨 계획을 위해서인가? 억압의 모든 원인이 폭로되었거나 파괴되었기에 사회 관계의 자연스러운 조화에 대한 유토피아적인 개념에 따라 모든 강요된 합리성을 거부하기 위해서인가? 아니면 계급 투쟁의 역사적인 완수——마르크스주의자의 논리에 따르면 대혁명의 승리, 피압제자들에 의한 권력의 획득, 이어서 그들의 이름으로 행사되는 독재——를 위해서인가? 비판적 담론은 국가적이거나 산업적인 규범에 맞서서 권리를 중요시했다. 그러나 이것은 국가의 개입을 거부하기 위한 것이었는가, 아니면 더욱 확장시키기 위한 것이었는가? 경제 위기의 초기 사회적 효과들이 뚜렷이 나타난 상황에서 비판적 입장은 단지 이 방향들 중 하나를 선택하기 위해 나타날 수밖에 없었다

경직된 기능주의와 자신의 모순 속에 말려든 비판적 담론 사이에

서 **체계 분석**은 1970년대 중반 이후 인간과학이 점점 더 이용하는 것처럼 보이는 제3의 길이 된다. 이러한 체계 접근에 따르면, 저항 현상들을 그것들이 발생하는 사회 조직에 대한 지식 속에 포함하기 위해서는 우선 이성——너무 의기양양한 태도를 보일 이유가 더 이상 없는——의 요구를 포기해야 했던 것처럼 모든 것이 진행된다. 행동의 합리적인 모델을 너무 강요하고자 한다면 이 모델에 대한 저항들과 조직 안에서의 갈등들을 수많은 비합리성의 표현들로밖에는 이해하지 못하게 된다. 또한 행동을 미리 설정된 모델에 상응하도록 하기 위해 그 **행동을 체계화하려고** 하는 것보다는 **관계를 체계화하는** 것이, 다시 말해 조직의 작동 메커니즘을 그것에 개입하는 모든 행위자들 사이의 실질적인 관계 전체로부터 추론하는 것이 더 낫다. 이 방법에 의해 합리성은 지배적인 입장에 있는 사람들에 의해 독점되지 않게 된다. 즉 모든 행위자들은 그들의 행동에서 일정한 합리성을 보여준다. 모두가 조직 안에 있는 자신들의 실질적인 상황에 따라 합리적인 목표를 추구한다.

단숨에 권력은 한편에서는 부인하고 다른 한편에서는 고발하는 소유의 대상이 되기를 멈춘다. 권력은 도처에 있지만 아무도 그것을 소유하지 않는다. 왜냐하면 권력은 모든 행위자들 사이의 관계 전체에서 나타나기 때문이며, 그 관계 전체 자체이기 때문이다. 그때부터 자연스런 조화의 이상형이라는 명목으로 그 조직 안에서 행해지는 권력과 끝장을 보는 것이 문제가 아니라, 이 권력 관계가 그것이 구성하고 있는 전체의 삶을 용이하게 하는 방법으로 기능할 수 있도록 더 나은 환경을 찾는 것이 문제가 된다. 이를 통해 전체의 삶은 항구적으로 조직을 재구성하기 위해 여러 행위자들로부터 오는 자극들을 사용하면서 변화하게 되고, 조직을 경직된 모델——이 모델은 모든 변혁의 힘을 조직에 대립시킬 뿐이다——에 의해 화석화하는 대신에 이 변화 자체를 통해 조직이 살 수 있도록 만든다.

우리는 이러한 형태의 분석이 사회경제적 촉진을 추진하는 사람들에게서 호감을 얻었다는 것을 쉽게 이해할 수 있다. 이 분석은 그들이 노사 대표들에게 변화를 촉발시키려고 애쓰는 장치들에 대한 거의 맞춤형 합리화를 제공해 준다. 만약 노사 대표들의 고전적 행동들이, 이처럼 명명되기 바로 전에 공통의 무엇인가를 갖고 있다면 그것은 **소유**와 **권력**의 표상이다. 이 소유는 어떤 대가를 치르더라도, 설령 그것의 존재를 부정하려고 하면서라도 보존해야 했던 것이고 또는 어떤 대가를 치르더라도, 설령 그것을 파괴하려고 하면서라도 획득해야 했던 것이다. 어떤 사람들은 **참여**(1930년대 '권위적 민주주의'의 새로운 버전)라는 주제를 갖고 권력에 대한 그들의 정당한 보유——모든 다른 세력들은 단지 그들의 권력에 참여하기만 하기 때문에——를 결정적으로 인정받고 싶어했다. 반대로 다른 사람들은 **자율 경영**(역시 1930년대 '산업 민주주의'의 새로운 버전)이라는 주제를 갖고 모두에게 권력을 평등하게 분배할 것을 주장했다. 그러나 이러한 게임에서 권력의 보유는 항상 유일한 목적이 되었고, 이러한 적대자들에 따르면 그들의 적대감의 유일한 이유가 되었다. 이 적대감은 따라서 이 이데올로기들 중 어느 하나가 완전히 승리하면 사라질 것이다.

연루 절차와 더불어 권력의 소유——권력의 **분산**이라고 말할 수 있을지도 모르겠다——와는 아주 다른 문제가 생긴다. 이 절차는 권력을 어떤 사람들을 위해 집중시키지도 않고, 다른 사람들을 위해 재분배하지도 않는다. 이 절차는 권력을 부정하지도 제공하지도 않으며, 권력을 **사회 관계의 양식 자체**, 무시할 수 없는 필수품, 누구도 소유할 수 없는 실체로 나타나게 만든다. 이 연루 절차의 작동 방식은 개인과 집단 사이의 권력 관계를 어쩔 수 없는 사실로 인정하는 것을 전제한다. 그러나 사회 관계 안에 있는 권력의 현실에 대한 이러한 인정은 권력을 관계의 형식에 따라 어느 한쪽에 규범적으로 부여하는 대신에, 바로 권력의 안정성을 관계 안에 위치시킨다.

이리하여 권력의 보유는 더 이상 적대감의 사안, **목적**이 될 수 없다. 관계 안에 있는 권력의 존재에 대한 인정은 오히려 권력을 사회적 게임의 **수단**으로, 사회 운동의 역동적 원리로 만든다. 왜냐하면 만약 권력이 이렇게 객관화되고 어떤 면에서는 평범해진다면 이 장치를 최후의 모델로 정하기 위해 정당한 권한의 순수한 관계들로 주어진 국가를 더 이상 보호할 수 없기 때문이다. 권한은 더 이상 사회의 어떤 질서——잃어버렸으며 다시 찾아야 하는, 또는 도래하고 세워야 하는——를 내세울 수 없다. 권한은 권력 관계의 즉각적인 실행으로부터 멀어진다. 권한은 참여자들 각자에게 있어 협상 불가능한 것을 포함하기 때문에 주위의 현실 안에 자리잡기 위해, 이 현실이 게임의 모든 참여자들에게 가하는 공통의 제약 노력 안에서 권력 관계의 실행이 이루어지도록 내버려둔다.[33]

왜 이러한 변화의 게임을 해야 하는가? 왜냐하면 그것을 거부한다는 것은 다른 사람들의 존재, 그들의 목적의 고유한 정당성, 우리 자신의 목적을 실현하기 위해 그들과 타협해야 할 필요성을 부정하는 것처럼 보일 위험이 있기 때문이다. 그것은 또한 현실에서 오는 제약

---

33) 소유로 이해되는 권력에 대한 고발에 대해서 '극좌파'와 '개혁주의' 각각의 진영의 두 수장들이 일치하고 있다는 것은 흥미롭다. Michel Foucault, 《감시와 처벌 *Surveiller et Punir*》, Gallimard, 1974와 《앎의 의지 *La Volonté de savoir*》, Gallimard, 1977. 그리고 Michel Crozier, 《행위자와 체계 *L'Acteur et le Système*》, Seuil, 1977(avec Erhard Friedberg).

을 부정하는 것을 내포한다. 모두의 욕구가 서로 충돌하거나 현실과 충돌하지 않도록 하면서 만족시킬 수 있는 최고의 중재자인 국가에 모든 것을 일임하는 대신에 이 제약은 다양한 이해 관계를 통해, 수많은 갈등에 의해 그것들이 구성하는 전체가 살 수 있도록 상황을 만들도록 모두에게 강제한다. 사회 관계에 도입된 이 새로운 정신과 관계해서, 아래로부터의 권리 요구와 위로부터의 권리 부여라는 고전적인 태도들은 그것들에게 위기에 대한 해결책으로 제안된 새로운 게임에 비추어 보면 불안정하고 혼란스러운 것처럼 보인다. 이 게임은 그것들이 원칙상으로는 거부할 수 없는 것이며, 그것들을 파괴하면서만 발전할 수 있는 것이다. 이러한 효과를 인정하기 위해서는 노사 대표들의 현재 언어가 만들어 내는, 그리고 전문가들의 복잡성과 교조론자들의 적대감 사이의 이 쉼 없는 방황——사회보장의 자율화의 필요성이라는 어려움이 표현되는——이 만들어 내는 이상한 혼합을 생각하는 것으로 충분하다.

우리는 이제 이 연루 절차와 변화의 담론이 복지국가의 위기에 대해 전하는 답변의 속성을 더 잘 이해할 수 있다. 문제는 사회보장의 건설을 포기하는 것이 아니라 그것의 윤곽을 세우는 데 사용되었던 국가적 축적물을 버리는 것이다. 이것은 진보의 요구와 그 혜택의 분배 사이의 충돌을 사회 안에 직접 조직화하기 위한 것이고, 사회보장의 자율화의 환경을 만들기 위해서 이득과 손실을 바라보기 위한 것이다.

사회보장이라는 명목으로 사람들은 개인에게 선포된 **주권**의 희생을 요구했다. 보다 정확히는 선거를 통해서만 주권을 행사하도록 요구했다. 사회의 연대적 유지에 의해서만, 사회적 결집 요구에 대한 개인의 복종에 의해서만, 따라서 개인보다 우위에 있는 원리로서 사회보장을 인정함으로써만 진보가 있을 수 있었다. 개인의 주권이 갖는 '반사회적인' 형태를 포기하는 대가로 개인은 자신의 성숙을 위해 전적으로 봉사하는 사회에 대한 꿈이 결국 진보의 평화적인 효과에 의해 이루어질 것이라는 약속을 얻었다. 하지만 이 약속은 거짓이라고 극좌파는 말한다. 즉 진보와 더불어 결국 실현되는 것은 주권이 아니었다. 주권의 요구 자체가 개인들의 자율성을 교활하게 부정하는 새로운 지배 형태를 위해 사라졌다. 연루 절차는 이러한 요구에 즉각 응답하지만, 그것은 개인들 스스로가 진보의 제약들을 떠맡는다는 관점에 그 효과들을 기입하기 위해서이다. 당신은 진보의 결과들에 대해, 그것이 발생시킨 소비 사회의 불안정에 대해, 그것의 대가인 개인 주권의 소외에 대해 불평하십니까? 좋습니다. 그러면 당신의 주권을 다시 찾으세요. 그러나 당신의 자율 능력을 보여주기 위해, 개인들이 국가에게 모든 것을 기대도록 만들고 스스로 해결책을 찾으려 하지 않은 채 국가에게 자신들의 욕구를 말하도록 만드는 거의 주권적이지 않은 행동을 없애기 위해 우선 그것을 이용하세요. 바로 이 게임에서 국가가 당신을 도울 것입니다. 국가는 당신에게 당신의 수단들에 대한 수단을 제공할 것이고, 결국은 국가가 혼자 할 수 없는 것을 당신 스스로 하도록 도울 것입니다. 그것은 주권의 요구를 자율성의 명령으로 전환하는 것입니다. **자율성**은 더 이상 19세기말에 마지막으로 사용된 **조급하고 값비싼 주권의 사회적으로 유용한 유령**이 아니다. 우리 각자가 환각에 사로잡혀 있는 이 성스러운 부분에 1968년 5월의 봉기자들은 마지막 경의를 표했다. 그들은 자아 실현에 참여하고, 사회보장의 자율화의 가장 좋은 선전자가 되었다.

또한 사회보장이라는 명목으로 국가는 개인에게 손해를 끼쳤고, 너무 지나치게 개인의 자유와 안전을 변질시킨 잘못들을 보상하기 위해 시민 사회 속에 개입했다. 고전적 권리는 개인을 자신의 행복과 불행에 대한 유일한 책임자로 만들었다. 그것은 개인의 잘못에 대한 인정을 기반으로 하지 않는 모든 교정적 개입을 금지했다. 이렇게 해서 사회는 사회 조직 때문에 괴로워하는 사람들과 그것으로부터 모든 이익을 얻는 사람들 사이의 억누를 수 없는 투쟁 의식 속에서 유지되었다. 또한 위험의 사회화 개념으로 **개인적 책임성** 개념을 대체해야 했다. 특히 몇몇 계층들에게 고통을 주는 사회의 결점들을 고치려는 의무를 모든 사람들에게 짊어지게 하면서 사회적 갈등을 완화시키고, 그 구성원 각자에게 진보의 실현 과정에서 모두에게 필요하고 모두를 위해 유익한 연대감을 갖도록 하는 것을 기대할 수 있었다. 그것은 사악한 환상이라고 개혁주의는 말한다. 그러한 프로그램 대신에 진보의 조건들에 대한 일반화된 무관심이 자리잡았는데, 그것은 모든 범주의 옹색한 동업조합주의, 사회에 대한 무감각, 국가에 대한 개인의 음험한 원한이다. 극좌파에게 한 것과 비슷한 대답을 들어 보자. 당신은 사회 안에 있는 책임 개념의 소멸의 부정적 효과, 이 개념의 포기가 발생시키는 진보의 자동성에 대한 믿음의 부정적 효과, 그 결과로 생겨난 무감각과 이 무감각이 사회의 미래에 닥치도록 하는 위협의 부정적인 효과에 대해 불평하십니까? 아주 좋습니다. 그렇다면 변화의 실현에 동참하세요. 그리고 다른 사람들을 거기에 끌어들이세요. 그들을 그들의 객관적인 한계에 더 잘 맞부딪히게 하기 위해 경제 움직임의 흡인력을 고려하면서 그들을 ㄱ 경제의 움직임에 집어넣을 줄 아세요, 여기에서도 여전히 **집단적 연루**라는 새로운 개념이 개인적 책임이라는 낡은 개념의 사회화된 그림자처럼 나타난다.

진보의 완수에 필요한 제약의 사용과 그것의 이익의 분배 사이에서 복지국가는 유일한 중재자였다. 진보라는 명목으로 복지국가는 사회 구성원들의 선포된 평등에 사회를 일치시키려고 하는 사회의 재조직화에 대한 정치적 요구를 억누르고 있었다. 복지국가는 진보의 혜택의 결과로 시민적 관계에 대한 상업적 개념과 결부된 사회의 잘못들을 바로잡았다. 이것은 **계약** 개념의 두 가지——정치적이고 시민적인——의미 사이에서 국가는 어쨌든 하나의 해로운 결과를 바로잡기 위해 다른 하나를 취하는 타협을 했다. 그리고 이 타협은 국가 역할의 계속적인 증대와 사회에게 있어서 자신의 운명에 대한 모든 영향력의 점진적인 상실이라는 대가를 치렀다. 복지국가의 위기는 국가가 진보의 양식과 목적을 혼자 결정하도록 내버려두는 것이 불가능하다는 분명한 사실과 그것에 대한 공공연한 거부에서 비롯된다. 국가라는 한 가지 차원에서는 더 이상 이루어질 수 없는 이러한 중재는 이제 사회의 한복판에서 실현되어야 한다. 그리고 이것은 사회 관계의 새로운 문화적 모델의 신장을 야기한다. 이 모델은 그것 혼자 계약 개념의 부정적 효과들을 통제할 수 있다. 그것이 **협상**이다.

변화의 담론에 의해 촉진된 이 협상 모델의 힘은 정치적 영역에도, 시민적 영역에도 가담하지 않고 이 두 영역을 사회보장의 자율성을 만들어 내는 하나의 실천 행위로 모으는 것이다. 그래서 협상 모델은 정치적인 정당성을 통해 하나의 기구에 의해 보유될 수 있을 '유일한 권력'의 신화와 대립한다. 이 이론에 의하면 권력은 결코 가능한 소유의 대상이 아니라 항상 다양한 기구들 사이의 갈등 관계를 키우는 것이다. 결과적으로 법에 근거해 있고, 변하지 않고 갱신 가능한 사회적인 질서는 있을 수 없다. 그것은 물론 고전적 사업주의 표상과 관계가 없다. 이 고전적 표상은 협상을 법에 근거한 질서를 인정하는 것이 실패할 때 사용하는 유일한 결과로 만든다. 그리고 협상이 최소한의 비용으로 재건하는 권한 남용의 결과로 만든다. 그러나 이 개념은 또한 상대편의 몰살로 끝나야 하는 투쟁의 틀 안에서 모든 협상을 단순한 휴전으로 취급하는 혁명적 전략을 겨냥한다. 권력은 다양하지만 평등하게 항상 나누어질 수는 없다. 왜냐하면 권력은 사실 어느 정도 한쪽이 다른 한쪽에 종속되어 있는 층위들 사이의 관계의 변화하는 체계와 상응하기 때문이다. 그래서 변화의 담론은 계약의 시민적 개념, 동등하다고 간주된 파트너 사이에 이루어진 자유로운 합의라는 표상, 즉 '권력 관계들의 제거'가 가능하다는 신화를 고발한다. 불평등과 갈등은 피할 도리 없이 모든 사회 관계 속에 존재한다. 이 추론은 물론 기업의 행진에 협력하는 모든 세력들의 조화로운 화합이라는 사업주의 몽상과 관계가 없다. 그러나 그것은 서로에 대한 권력의 모든 입장을 제거함으로써 이 행진의 결정이 가능하다는 자율 경영의 몽상과도 관계가 없다.

전쟁의 모델과 상업의 모델 사이에서, 그리고 역사적으로 근거한 질서의 모델과 자연적 질서의 모델 사이에서 협상 모델은 갈등의 불가피성에 대한 인식을 불가능한 질서의 쉼없는 재건을 위해 봉사하도록 하는 중간 노선을 추구한다. 또한 협상은 **항구적**일 수밖에 없으며, 무질서 속에 질서를 세우는 유일한 조건이다. 따라서 사회보장의 자율화는 견고한 토대, 최후의 목적을 찾으려는 사회의 욕망으로부터 사회를 항구적으로 떼어 놓으려는 작업을 전제한다. 종교적인 것이 좋말이다……

4. 정치 안에 있는 불안

사회는 **심연**의 세계였다. 그리고 이 심연은 표면에서 권리의 규칙적이고 일관성 있고 합리적인 언어로 사람들이 사회에 대해 말하던 것을 항구적으로 위협했다. 동등한 진영들 사이의 공평한 교환의 표상 아래에, 그리고 사물의 정치적 질서에 대한 선거를 통한 합의의 겉모습 아래에 무시무시한 상처, 무시당한 고통, 신비한 힘, 숨겨져 있고 예측할 수 없는 무서운 의도가 있었다. 최하층의 신화와 역사적인 메시아 사상은 사물들의 이러한 이면, 불안감을 주는 심연, 거기에서 일어나는 희미한 소리들을 먹고 자랐다. 사회의 이러한 심연에 대해 사회보장은 현재 사회적 관계들의 **표면상의** 조직, 사회보장을 구성하는 진영들의 상호 의존성의 가시성, 그 고통의 완화, 그리고 그 힘의 소진을 대립시킨다. 사회보장은 사회의 혼란을 표면상의 합리성으로 덮기 위해서 사회에 대해 이야기하지는 않는다. 사회보장은 그 담론을 중심으로 사회를 조직한다. 그것의 꿈들, 두려움들, 결함들과 차이들에 대한 모든 담론을 중심으로.

우리는 바로 거기, 즉 사회 생활의 재발견에 처해 있으며, 너무나 많이 잃어버려서 꼬리표를 단 욕구——**사회 생활의 욕구**(besoin so-ciétal), 조사된 욕구들 중 최신의 것이며 1980년대에 진입하기 위해 제공된 인기 생산품 중 첫번째의 것——가 될 정도인 사회 생활의 본질에 대한 추구에 처해 있다. 사람들은 사회보장을 자율화하고, 적절한 생활 수단을 사회보장에게 다시 부여하고, 그래서 그것을 만드는 데 사용되었던 국가적 축적물을 버릴 수 있어야 한다는 이러한 공인된 필요성에 활기차게 전념한다. 그리고 사람들은 가장 작은 영역까지 해방된 에너지가 그 자신이 낡은 권한의 원천에서 떨어져 나온 제약의 영역과 체계적으로 소통되는 데서 그러한 삶을 기대한다. 그것은 개인의 직접적인 주변 환경에서부터 세계 경제의 진화에 이르기까지 개인이 맞부딪칠 수 있었던 '현실'의 모든 구심적인 차원에 한정되기 위해서이다.

그러나 이러한 협상의 모든 절차와 모든 커뮤니케이션 기술들을 그 중심에 도입함으로써 기능할 수 있는 사회를 향한 이러한 희망은 몽롱한 꿈이자 또 하나의 유토피아가 아닌가? 마치 사회보장을 통해 사회의 울퉁불퉁함이 감소하고 그 틈새가 복구된 것이 갑자기 어제까지도 여전히 고발되던 해결책의 실험에 이용될 수 있는 표면을 만들어내는 것처럼, 결국 사람들이 보는 것은 옛날 유토피아로의 회귀가 아닌가? 사회를 지휘하기보다는 사회의 고유한 움직임을 용이하게 할 것임에 틀림없는 국가에 대한 이러한 생각 안에는 스미스의 이론이 있고, 변화가 요청하는 모든 에너지와 모든 잠재력의 전개와 사용, 산업주의 안에는 생시몽 이론이 있으며, 또한 관계의 조합을 좋아하는 취향, 사회 생활의 열정——그 안에서 변화는 그 용어 자체까지 빌리면서 자신의 최고 가치를 발견한다——안에는 푸리에의 이론이 있다. 그런데 왜 이러한 공식들이 그것들이 제안되었던 때보다 지금 더 잘 통하는가? 사람들은 기대를 실현하기 위해서보다는 공백을 메우기 위해 그것들을 필요로 한다. 그것들은 자유를 꿈꾸는 억압된 사회의 깊은 갈망이라기보다는 통치의 문제들에서 나오는 욕구처럼 나타난다. 그러면 그것들은 믿을 만한가?

우리는 사회보장의 진화가 개인에게 새로운 시민 의식을 만들어 주기는커녕 비통한 **나르시시즘**에 빠뜨린다는 아주 날카로운 고발이

미국에서 우리에게 왔을 때인 1970년대말에 그것에 대해 진지하게 의심하기 시작할 수 있었다. 이러한 분석들은 염세적 자유주의라는 미국의 전통에 적합한 역사적 심리학의 장르를 따라 이루어졌다. 이러한 전통의 가장 탁월한 인물은 오랫동안 데이비드 리스맨이었는데 보다 최근에는 크리스토퍼 래쉬와 리처드 세네트와 같은 작가들이 그뒤를 이었다. 이 분석들은 프랑스에서 마르크스주의의 영향을 받은 비판사회학을 중심으로 폭넓은 반향을 불러일으켰다. 비판사회학은 거기에서 새로운 사회적 통제에 대한 고발——비판사회학이 보기에는 이러한 고발을 통해 변화의 모든 사안들이 고갈된다——을 다른 버전으로 다시 할 수 있는 방법을 발견했다.

모두에게 있어서 변화의 담론은 개인에 대해 너무나 부정적인 효과를 만들어 내기 때문에 그것의 비현실주의와 해결책의 거짓됨이 거기에서 측정된다. 어쨌든 필요하다고 제시된 변화를 위해 스스로를 동원하라고 독촉당하고, 삶이나 노동의 틀의 국부적인 변모만큼이나 제한된 목적들을 위해 그의 과거, 그의 획득된 능력, 그의 상상력의 모든 자원을 투자하라고 요구받고, 그가 살고 있는 집단의 변화에 비례해 그의 생각의 영역과 일련의 입장들을 갱신하라고 요청받으며, 그에게 자기 실현을 분명 도와 준다고 약속하는 사회 조직의 집요한 요청에 의해 덥석 물려 있는 현대의 개인은 그 뿌리가 개인 안에 있지 않은 목적들에 그의 모든 잠재력을 소모해야 하는 집단 안에서, 어떤 초월성도 희생 정신을 불어넣기에 적합한 후광으로 장식하지 않는 집단 안에서, 영혼을 잃을 정도로 모델에 강제로 가입하는 것과 이 체계의 한복판에서 일종의 내부적 추방이나 현장에서의 도피를 실천하는 것 사이에서 점점 더 동요한다. 실용주의는 따라서 이러한 영혼이나 몸을 기르는 수단으로서만 받아들여질 것이다. 이러한 몸은 현재 인민의 힘을 만드는 모든 것이 떠난 사회 안에서 방황하는 찬란하고 경박한 모나드인 자신의 나르시스적인 관조라는 유일한 목적을 위해 그것을 대신한다.

　실용주의의 단순화는 모든 의례들과, 사회 생활의 풍부함과 깊이를 만들어 내던 모든 상징주의를 서서히 해체하는데 이러한 실용주의가 부상하면서 바로 우리 사회의 상상계가 쇠퇴의 길을 가게 된다. 사회적 · 정치적인 삶의 사안들, 그 삶을 동요시켰던 대결들, 그 삶을 역동성 있게 했던 긴장들——삶의 기반이 되는 이상과 삶이 구성하는 현실 사이의 간격, 진보의 조용한 효율성에 대한 믿음이나 역사의 무서운 법칙에 대한 복종과 같이 이러한 이상적인 목표에 도달하는 가장 좋은 수단들 사이의 열정적인 논쟁 같은 것——은 모두 변화라는 단색의 주제 안에서 사라지면서 우리 사회를 무기력한 채로, 즉 조직에 물을 대고 생성에 양분을 주었던 강물이 없는 상태로 내버려둔다. 변화의 과정에 있는 현실 안에서 진보의 은유가 무너짐과 더불어, 명명될 수조차도 없는 질서의 생존만이 문제가 될 것이다. 왜냐하면 그것은 중대한 수단인 동시에 최종 목표로 삼은 움직임을 통해 자신의 죽음을 피할 뿐이라고 우리에게 제안하기 때문이다. 그리고 사회보장이 자신의 깊은 원동력을 잃고 자기 자신의 갱신이라는 유일한 목적에 완전히 도구화되었기 때문에 우리는 종교적인 것의 회귀, 비합리적인 것에 대한 취향, 종교단체들의 증가가 나타나는 것을 본다. 이러한 수많은 대가들 안에서 우리 사회들로 하여금 역사의 수수께끼를 만드는 모든 것——대상 · 감정 · 몽상 · 기억 · 운명 · 희망——을 협상 가능하게 만들도록 한 요구가 사라진다.

　명백히 이 분석에는 유혹할 만한 것이 있었다. 게다가 이 분석은 공화국의 대통령인 지스카르 데스탱이 처음으로 변화에 대해 말한

순간에 나온 만큼 더욱 그렇다. 데스탱은 명백히 처음부터 이런저런 방향으로 통치 양식을 바꾸는 것이 문제가 아니라 통치 양식을 변화시키고 이 변화를 정치의 사안 자체로 만드는 것이 문제라는 것을 인정한 최초의 사람이었다. 그는 자기 자신의 스타일로 그것을 했다. 그 스타일은 많은 사람들이 보기에 변화 안에 무미건조한 목적을 지칭하는 것 같았다. 그 무미건조한 목표 안에서 이해 관계, 믿음, 희망과 실망은 자신을 표상할 모든 가능성을 잃어버렸다. 변화 안의 현실은 권한의 원리를 대체한다. 그는 제약의 교육을 위해 규칙적으로 텔레비전에 출연했고, 출연 목적은 우리에게 향상된 국민들의 우등생 명부에 이름을 기입할 것만을 제안하는 것이었다. 향상된 국민들은 국가 원수와의 정기적인 만남——그가 시작한——속에서 빛날 수 있도록 그들의 통치자들의 조언을 듣는 데 열중한다.

이러한 담론에 의해 야기된 사람들의 심적 고통에 맞서, 다음 대통령인 프랑수아 미테랑은 이 변화라는 단어에 구체적 내용을 부여하려고 했다. 그의 전임자에게 있어서 변화는 문명화된 국가들의 성장 곡선을 단조롭게 비교하면서 현실과 그것의 제약에 복종하라는 요청일 뿐이었다. 미테랑에게 있어서 변화는 민주적 사회주의의 실현이라는, 너무 오랫동안 억제된 역사적인 임무의 수행 속에서 존재 이유를 재발견했다. 혹은 아마도 변화는 사람들이 사회주의라는 말을 내밀 때 사용하는 보호용 단어였고, 일종의 치부가리개였다. 포스트모던이라고 선언되던 그 당시에도 사회주의라는 용어는 대부분의 국민들 눈에는 민감한 사안이었다. 어쨌든 특히——사람들이 크고 강하게 이렇게 말했다——이 변화의 과정에, 권력의 탈중앙화에, 협상 절차의 심화에, 딱딱한 기술주의자들——이들은 사회가 자기 자신이 되지 못하도록 하는 데만 성공했고, 개인으로 하여금 자기 스스로에게만 전념할 수 있다고 믿도록 했었다——의 얼어붙은 언어 상자 아래 너무 오랫동안 놓여진 인민의 갈망들을 거기에 집어넣으면서 신경과 내장을 다시 부여하는 것이 문제였다.

아뿔싸! 변화에 대한 이 두번째 해석에 맞서서 아마도 나르시시즘보다 더 나쁠지도 모르는 새로운 악이 매우 빨리 나타났다. 개인들의 자기중심주의의 반대편에 실제로 공익을 희생시키며 자기 자신의 이익에만 배타적으로 신경을 쓰는 집단들의, 사회-직업적 범주들의 이기주의——한마디로 **동업조합주의**——가 나타났다. 그리고 이 모든 것은 위로부터 너무나 관대하게 내려온, 변화를 만드는 일에 모든 사람들을 초대하는 이러한 요청을 기반으로 한다. 사람들은 자유 이데올로기의 깃발 아래 습관적으로 다시 모인 사회의 범위 안에서 이렇게 말한다. 변화를 만드는 것, 현행 권력과 합의하는 것, 모든 사회 세력들과 협상하는 것, 우리는 단지 이런 것만을 요구한다! 그렇지만 당신이 이 합의에, 이 협상에 그리고 이 변화 자체에 어떤 목적을 미리 부여하는 이상 그 모든 것은 잘못된 것이 아닌가? 게다가 우리가 우리의 자유 이데올로기의 이름으로 사회주의가 포함하는 변화에 대한, 사회의 역동성에 대한 방해의 특성을 고발할——여론에 대해 가시적인 성공을 거두며——권리가 있기 때문에 더욱 그렇다. 변화의 기회를 옹호하기 위해. 우리는 따라서 당신이 공격하는 모든 범주들을, 당신이 위협하는 모든 특권들을 분명히 옹호할 것이다. '좌파 사람들'의 열에 있는 이들은 변화가 우리의 것이 되고, 마침내 사회주의라는 이름을 취하는 것이 너무 이른 것이 아니라고 말한다. 이 사회주의라는 이름을 위해 수 세대의 피억압자들이 투쟁했고 그것을 준비한, 그리고 그것이 방금 인정한 모든 사회적 획득물들을 보호했다. 따라서 획득된 권리들이 특권인 것처럼 그것들을 문제삼으라고 우리에게 요구하러 올 때가 아니다. 그것은 사회주의에 반대해 변화를 이용하는 것일 터이다. 아마도 변화가 사회주의의 색채를 띠었을 때 시작된 동업조합주의의 코미디에 대해서는 길게 말할 필요가 없을 것이다.

순수하고 공허한 명령으로 축소되거나 대량의 목적성을 가진 변화는 정치에 사로잡혀 더 잘 '작동되지는' 않으며, 이 사회 안에서 함께하는 방식, 사회를 통치하는 방식에 대한 필요한 수정을 중심으로 효과적인 이러한 모임을 어떤 경우에도 더 이상 실현하지 못한다. 변화는 오히려 반대되는 각도에서 관계들의 부질없음, 개인들의 자기본위의 반성, 이익 집단들이 자신들에 대해 갖는 옹졸한 편협함, 변화의 양태보다 필요성을 나타나도록 한다. 그러나 이러한 상황에서 도대체 어떤 결론을 내야 할 것인가? 의미가 없는 변화인가, 아니면 자기 것을 잃은 정치인가?

15년 전부터 가장 대립되는 진영들은 이처럼 우리에게 변화를 맛보라고 제안했다. 그들은 그들이 변화에 부여한 다양한 특질들에 의해서만 구별된다. 우리는 자유주의자들과 더불어 '위험 없는 변화'를, 이어서 사회주의자들——이들은 '진정한 변화'를 주장한 공산주의자들과 연합했다——과 더불어 '변화의 건설'을 체험했다. 그러나 새로운 장식품의 금빛 아래에서 정치가 그것의 낡은 통치 방식들을, 또한 그것의 낡은 교조적 믿음들을 부활시킨다는 것을 어떻게 발견할 수 없겠는가? 왜냐하면 모든 진영들은 권력에 오를 때 우선 '부흥책'이라고 부를 수 있는 것을 통해 진보의 고전적 정책을 다시 시행하려고 애쓰기 때문이다. 그리고 그들은 어느 정도 빨리 그들의 실패를 알아차리고 '긴축'을 통해 손해를 줄인다. 그들 모두는 자신들의 라이벌보다 더 잘할 수 있다고 약속하면서 시작하지만, 자신들의 특수성을 잃어버리고 전반적인 적자 경영을 기록하며 끝을 맺는다. 또한 몇 년 전부터 이 진영들은 비타협적이 되어간다. 경제적·사회적 생활의 중앙규제장치가 고장난 이래로 자신들의 교조적인 확신을 재확인하는 것은 그들을 혼란스럽게 하는 통치 방식과의 충돌로부터 발생하는 정체성 상실을 보상한다. 모더니스트라는 접두어로 옷을 입은 자유주의와 사회주의적인 교리의 재출현은 이러한 경향이 크게 진행되고 있다는 것을 보여준다. 이와 같은 정치의 처음 진실들로의 회귀는 분명히 필연적인 반응, 불가피한 현상처럼 보인다. 만약 이러한 회귀가 진보의 고전적 정치의 종말, 계속해서 '사회보장을 실행하는 것'과 여러 진영의 대립을 이 약속의 틀 안에 포함하는 것의 확실한 불가능함과 연관되어 있다면 말이다.

그러나 우리가 이 정치적 담론의 급진화를 15년 전부터 위기의 사안 자체——위기의 해결책이자 동시에 이익——처럼 나타난 사회보장의 자율화 운동과 조금이라도 연결시킨다면, 완전히 **시대에 동떨어진 것**처럼 보이는 것은 바로 정치 전반이다. 사회 보장의 자율화 요구는 정치적인 사안들이 발표되는 방식을 문제삼을 필요를 만들면서 정치의 위기를 만들어 낸다. 만약 우리가 변화에 의해 요청된 사회의 동원을 실현하고자 한다면 통치의 실행을 위해 **복지국가**와 함께 가는, 최고의 **중재자**와 멀리 있는 **후원자**의 자리를 차지해야 하는 것이 아니라 **응원국가**(État-animateur)**의 새로운 기술**을 펼쳐야 한다. 이 새로운 기술은 우리가 삶의 관계들을 도덕화하는 동시에 사회로부터 박탈한 삶을 사회에 다시 줄 수 있으며, 각자의 자율성과 모두의 책임성 사이의 관계 한복판에서 협상을 유발할 수 있다.

그런데 이러한 점에서 지스카르 데스탱과 함께 **적자**를 보였던 것은 정치가 아닌가? 일단 질서의 담론과 사회의 전통적 구조에 대한 애착이 사라지면, 이 대통령에 의하면 자유 경제의 '자연적 법칙'에 따라 사회의 진화가 이루어지도록 내버려두는 것만이 문제가 되었다. 그리고 이러한 무관심은 아마도 당시의 침울함, 개인들의 나르시시즘적 성향을 설명할 것이다. 투쟁해야 할 강요된 질서도 더 이상 없었고, 싸워야 할 노후한 형식도 없었지만 운명처럼 제시된 변화 속에 끼어들 이유도 전혀 없었다. 이 변화는 지스카르 데스탱이 세계의 다른 국가 원수들 앞에서 자신이 책임지고 있는 국가가 얻은 좋은 실적을 드러내는 수단과 같은 것이었다. 우리는 지스카르 데스탱이 그의 임기말에 재선되지 못한 원통함을 표현하기 위해 텔레비전 연설이 끝나고 나가면서 텔레비전 화면에 빈 의자만이 보이도록 한 것을 기억한다. 아마도 그는 자신의 퇴임이 만들어 낸 돌이킬 수 없는 손실을 분명히 표시하고자 했겠지만, 그가 정치를 '거의 아무것도 없는' 상태로 축소시킨 것을 그보다 더 잘 나타내지는 못했을 것이다.

반대로 미테랑과 함께 정치는 **초과된** 것처럼 보이지 않는가? 새로운 대통령은 무거운 사회주의적 목적성을 가지고 변화를 가득 채웠다. 그것은 이 목적을 공언하든 거부하든 간에 사회의 모든 무거움들이 드러나도록 했다. 당시의 어려움들에 당파적 집단들을 맞부딪히게 하는 대신에, 그는 '정부령에 의해' 변화를 실현하고자 했다. 그리고 이러한 사회학적인 죄를 지었기 때문에 모든 동업조합주의의 깃발이 자신을 반대해서 올라가는 것을 보았다. 이렇게 하는 것이 자신을 궁지로 몰아간다고 느낀 그는 그의 사회주의에 관해 점점 더 감칠맛나는 이야기하기를 시도했고, '나는 뭔지 모른다'——그렇지만 그것으로 사람들은 정치적 사상이 현재 얼마나 버려져 있는지를 측정할 수 있다——라는 모호한 문화적 요구로 사회주의를 귀결시키려 했다.

변화의 요구에 대한 정치의 명백한 불안을 이처럼 확인한 것은 우리에게 아마도 이 시기에 대해 성찰의 틀을 제공할 수도 있을 가설을 제안한다. 우리가 자신의 지평이 무엇인지 잘 모르는 사회보장에 대한 투자와 정치가 미래에 대한 우리의 관계를 재규정하는 데 기여할 수 있으리라고 기대하다가 지치는 것 사이에서 고민한다는 이러한 가설은 정치(la politique)와 정치성(le politique)의 두 영역 사이를 명백히 구별할 것을 전제한다.

정치는 이해 관계의 당파적인 **대표**(représentation)의 영역일 것이다. 사회에서 서로 대립하는 이해관계들에게 정치는 그것들이 공화주의 이상을 실현하는 가장 좋은 방식——자유주의적 길이나 사회주의적 길——과 '자연적' '역사적'으로 일치한다는 확언에 의해 정당화의 수단을 제공한다. 그래서 정치는 절대적——재건하거나 설립해야 할 사회의 가능한 '질서'의 표상에 연동되어 있기 때문에——'진리들'의 영역이 될 것이다. 정치는 공화국의 이상을 실현하겠다는 주장을 공유하고 있는 이 질서의 명제들 사이에서 나타나는 적대감의 공연일 것이다.

정치성(Le politique)은 사회를 나누는 이해 관계들의 적대감에도 불구하고 민주주의의 틀 안에서 사회를 **통치할 만한 것**으로 만드는 개념 · 기술 · 절차의 집합일 것이다. 그것은 거의 1세기 이상 전부터 사회보장이라는 명목으로 이루어진 것의 전부이다. 대중의 정치적 명령에 복종하는 것이 불가능하다는 사실과 시민 사회의 유일한 보호에 한정되어 머무는 것이 불가능하다는 사실에서부터 사회보장이라는 혼종이 영역이 나타났다 [34] 그리고 이 유동은 점차적으로 진리와의 새로운 관계를 퍼뜨렸다. 정치의 진리들의 충돌이 아니라 정치에 있는 진리 요구의 출현, 다시 말해 사회 안에서 토론에 종속된 목적과 수단의 관계맺음은 정치 안에서 표명된 목적의 확언보다 선호된다.

정치성과 정치 사이에는——생산력과 생산 관계를 구분하는 마르크스 이론처럼 약간은——전자에 의한 후자의 수정 효과가 있을지도 모른다. 그래서 사회보장의 자율화는 정치적인 사안들을 표현하는 정열적인 방법을 점차적으로 사라지게 할 것이고, 우리를 정치적 진리에 복종시키는 대신에 정치적 사안들을 진리의 요구에 복종시킨다. 그래서 정치적 열정의 끝은 정치적 사안들의 끝을 의미하는 것이 아니라 그것들의 재형식화를 위한 때가 왔다는 것을 의미한다.

물론 이것은 가설일 뿐이다. 그러나 만약 그 가설이 근거가 있다면 사드 후작이 말한 것처럼, 여전히 공화주의자가 되기 위한 노력을 할 준비를 하는 것이 좋을지도 모른다.

1983년 8월 베두앵에서

---

34) 샤를 푸리에는 문법에서 두 번의 부정이 긍정을 만드는 것과 마찬가지로 결혼에서 두 번의 타락은 미덕이라고 설명한다. 사회보장의 미덕은 둘 다——자연에 일치할지도 모르는 시민적 질서, 역사의 의미를 수행할지도 모르는 정치적 질서——거짓인, 이 두 가지 유혹이라는 이중 부정의 결과가 아닌가?

역자 후기

이 책의 원제는 《L'invention du social》이며, 《Essai sur le délin des passions politiques》라는 부제가 붙어 있다. 이 제목을 《사회보장의 발명: 정치적 열정의 쇠퇴에 대한 시론》이라고 번역한 것에 대해 독자들은 의아함을 가질 수도 있을 것이다. 사실 가장 큰 문제는 'le social'을 어떻게 번역하는가에 있다. 자크 동즐로는 이 책에서 'le social'을 사회구성원의 삶에 직접적인 영향을 미치는 관계나 제도들의 총체라는 의미로 사용하고 있다. 동즐로는 특히 이 개념을 연대나 복지국가와 연결시키며, 노동자들의 안정된 삶을 보장하는 데 있어서 필요한 국가나 사회의 역할을 중요하게 다루고 있다. 따라서 일반적이고 중립적인 의미가 강한 '사회성'이라는 말보다는 보다 구체적인 의미를 가진 '사회보장'이라는 말을 번역어로 선택했다. 물론 '사회보장'이라는 용어는 아주 특수하고 구체적인 영역을 지칭하기 위해 사용되기 때문에 아주 만족스러운 번역어라고 할 수는 없다. 사회보장이라는 용어는 조금 넓은 뜻으로 이해해 주기를 바란다.

이 책에서 동즐로는 1848년 2월 혁명으로 태동한 제2공화국에서부터 1980년대의 미테랑 정권에 이르기까지 프랑스에서 사회보장과 관련된 정치적 · 사회적 담론들이 어떻게 형성되어 왔는지에 대해 살펴본다. 그는 모든 사람이 동등한 주권을 행사하며 살아야 한다는 공화국의 정신이 좌파와 우파의 대립, 국가와 사회의 긴장, 사회 계급들간의 갈등 속에서 어떻게 왜곡되고 적용되어 왔는지를 꼼꼼히 정리하며 사회적 연대와 복지국가의 정치적 · 사회적 · 철학적 기반은 무엇인지에 대해 질문을 던진다.

이 책을 읽다 보면 국민연금에 대한 사회적 합의의 부재, 노동조합의 정치화를 둘러싼 논쟁, 비정규직 노동자와의 사회적 연대의 문제, 지역 운동과 환경 운동에 대한 정치적 · 윤리적 평가 등 현재 한국 사회를 뜨겁게 달구는 현안 문제들이 머리에 떠오른다. 이 책은 우리보다 먼저 뜨거운 정치적 열정을 갖고 여러 차례의 혁명을 거치며 사회보장과 사회적 연대에 대해 고민하고 연구해 왔던 프랑스인들의 모습을 통해 우리가 이제 나아가야 할 길을 발견할 수 있는 기회를 제공할 것이다.

확실히 이 책은 우리 자신을 되돌아볼 수 있는 기회를 제공할 것이다. 다만 문제는 동즐로의 글쓰기가 상당히 추상적이고 수사적이라는 데 있다. 옮긴이의 노력에도 불구하고 글쓴이의 난해한 글을 제대로 번역하지 못했다는 느낌을 지워 버릴 수 없다. 사실 옮긴이가 이 책을 번역하게 된 과정에는 상당한 우여곡절이 있었다. 이 책의 번역은 울산대학교에서 불문학을 전공하는 김정애 · 김헌주 선생님의 도움 없이는 불가능했다. 두 분이 일차적으로 번역한 원고를 바탕으로 옮긴이가 재번역을 했고, 이 재번역 원고를 다시 두 분이 수정했다. 그리고 그 수정 원고를 바탕으로 옮긴이가 다시 수정을 했으니 꽤나 꼼꼼히 번역을 한 셈이다. 하지만 글쓴이의 까다로운 글을 왜곡 없이 전달하려 하다 보니 의역보다는 직역에 충실했고, 결국 독자가 읽기에는 아주 껄끄러운 글이 되고 말았다. 술술 잘 읽히는 글보다는 내용을 정확히 전달하는 글을 제공하고자 했으나 상당한 노력에도 불구하고 여전히 번역의 오류가 발견되는 것 같아 곤혹스럽다. 번역과 관련된 모든 책임을 통감하는 바이다. 오랜 시간 번역이 끝나기를 기다려 준 출판사 관계자 여러분에게도 죄송스러움과 감사의 마음을 전한다.

2005년 4월 주형일

색 인

가르니에 파제스 Garnier Pagès,
　Louis-Antoine 45
《공산당 선언 Manifeste der
　Kommunistischen Partei》 42
《국가, 자연법과 실정법률 L'État, le
　Droit objectif et de la Loi positive》
　83
그라세 Grasset, Jean-Baptiste 14
기르비치 Gurvitch, Georges 144
기요 Guyot, Yves 133
기조 Guizot, Louis 19
나폴레옹 Napoléon 24
나폴레옹 3세 Napoléon III 25,55,56
《노동계약론 Le Contrat de travail》
　132
《노동 계약에 대한 연구 Études sur le
　contrat de travail》 133
《노동과 사회주의 Le Travail et le
　Socialisme》 · 133
《노동조합 사무소 Les Bourses de
　travail》 133
당듀 Dandieu, Arnaud 149,151
데아 Déat, Marcel 149
뒤기 Duguit, Léon 77,80,81,82,83,84,85,
　86,87,89,90,91,92,93,94,145,146,152
뒤르켕 Durkheim, Émile 66,68,71,72,73,
　74,75,76,77,83,114,119
뒤브레이 Dubreuil, Hyacinthe 144
드골 de Gaulle, Charles André Joseph
　Marie 184,193
드 망 de Man, Henri 149
드보르 Debord, Guy 167
들로 Delors, Jacques 207,208
라마르틴 Lamartine, Alphonse de 20,
　33,35,36,37
람츠 Lamtz, Pierre 13

래쉬 Lasch, Christopher 226
레닌 Lenin, Nikolai 108
로스탕 Rostand, Eugène 120
루소 Rousseau, Jean Jacques 44,45,46,
　47,48,49,52,53,54,55,57,69,71,81,103
루스탕 Roustang, François 13
루이 14세 Louis XIV 194
르드뤼 롤랭 Ledru-Rollin, Alexandre-
　Auguste 45
르루아 Leroy, Maxime 144
르페브르 Lefebvre, Henri 167,173
르 플레 Le Play, Frédéric 107,119,120
리슐리외 Richelieu, Armand Jean du
　Plessis, Duc de 194
리스맨 Riesman, David 226
마르쿠제 Marcuse, Herbert 167,173
마르크스 Marx, Karl 42,43,55,56,57,58,
　107
마리옹 Marion, Louis 66
메벨 Mével, Catherine 13
몰리나리 Molinari 133
무솔리니 Mussolini, Benito 108
물랭 Moulin, Jean 163,184,189
미슐레 Michelet, Jules 20
미테랑 Mitterrand, François 228,232
바네엠 Vaneighem, Raoul 167
바로 Barrot, Odilon 50,51
발레스 Vallès, Jules 103
발르루 Valleroux, Hubert 132,133
번바움 Birnbaum, Pierre 13
보드리야르 Baudrillard, Jean 13
부르주아 Bourgeois, Léon Victor
　Auguste 67,93,96,97,99,101
뷔로 Bureau, Paul 133
브렌타노 Brentano, Lujo 114
블랑 Blanc, Louis 20,43,49

블랑키 Blanqui, Louis Auguste 22,27, 40,41

비스마르크 Bismark, Otto Eduard Leopold Fürst von 114,115

《사회분업론 De la division du travail social》 66,71,72,83

생시몽 Saint-Simon, Claude Henri de Rouvroy, Comte de 47,144,225

세네트 Sennett, Richard 226

셰송 Cheysson, Émile 120,123

소렐 Sorel, Georges 105,106,107,108,109

슈바르츠 Schwartz, Bertrand 209

스미스 Smith, Adam 225

시스몽디 Sismondi, Jean Charles Léonard Simonde de 113

알튀세 Althusser, Louis 166

《에스프리 Esprit》 149

엥겔스 Engels, Friedrich 24

오리우 Hauriou, Maurice-Jean-Claude-Eugène 77,80,85,86,88,89,90, 92,93,94,152

웨브 Webb, Sydney 144

위고 Hugo, Victor 25,35,36

《이카리아 여행 Voyage en Icarie》 48

자네 Jannet, Claudio 120

《자살론 Le Suicide》 73

《종교 생활의 기본 형태 Les Formes élémentaires de la vie religieuse》 74

주오 Jouhaux, Léon 142,144,147

지라르댕 Girardin, Saint-Marc 53

지스카르 데스탱 Giscard d'Estaing, Valéry 227,231,232

《직업 노동조합의 역할 Le Rôle des syndicats professionnels》 133

《진보의 환상 Les illusions du pregrès》 107

카베 Cabet, Étienne 48,49

카베냐크 Cavaignac, Louis Eugène 24

카스텔 Castel, Robert 13

케인스 Keynes, John Maynard 144,153, 154,157

콩스탕 Constant, Benjamin 19,45

퀴르니에 Curnier, Jean-Paul 13

크로지에 Crozier, Michel 190,191

테일러 Taylor, Frederick Winslow 136,137,138,146

텐 Taine, Hippolyte 53

토마 Thomas, Albert 144,146

토크빌 Tocqueville, Alexis Charles Henri Maurice Clérel de 37,38,39,50, 51,189,199

티에르 Thiers, Louis Adolphe 37,38

《파업 Les Grèves》 133

《폭력론 Réflexions de la violence》 106

푸라스티에 Fourastié, Jean 161

푸리에 Fourier, François Marie Charles 43,48,49,225

푸코 Foucault, Michel 178,215

프로이트 Freud, Sigmund 214

프루동 Prondhon, Pierre Joseph 43,48, 144

《필연적 혁명 La Révolution necéssaire》 151

《현대 프랑스의 기원 Les Origines de la France contemporaine》 53

호프만 Hoffmann, Stanley 191

자크 동즐로
파리10대학교 정치학 교수
파리 도시계획자문위원
미셸 푸코의 제자이자 동료로서 푸코와 함께 1971년 수감자를 위한
감옥정보단체(Groupe d'Information sur les Prisons)를 설립
저서: 《가족의 통치》(1977), 《응원국가: 도시 정책에 대한 시론》(1994)
《사회 만들기: 미국과 프랑스의 도시정책》 등

주형일
서울대학교 언론정보학과 졸업
프랑스 파리5대학교 사회학 박사
현재 영남대학교 언론정보학과 교수
저서: 《문화와 계급》(동문선, 2002, 공저)
《영상매체와 사회》(한울, 2004)
역서: 《문화의 세계화》(2000, 한울)
《소리 없는 프로파간다》(2002, 상형문자)
《중간예술》(2004, 현실문화연구) 등

문예신서
266

사회보장의 발명

초판발행 : 2005년 4월 12일

東文選
제10-64호, 78. 12. 16 등록
110-300 서울 종로구 관훈동 74번지
전화 : 737-2795

편집설계 : 劉泫兒 李姃旲

ISBN 89 8038 186-6 94330
ISBN 89-8038-000-3 (세트 : 문예신서)

【東文選 現代新書】

1 21세기를 위한 새로운 엘리트   FORESEEN 연구소 / 김경현   7,000원
2 의지, 의무, 자유 ─주제별 논술   L. 밀러 / 이대희   6,000원
3 사유의 패배   A. 핑켈크로트 / 주태환   7,000원
4 문학이론   J. 컬러 / 이은경·임옥희   7,000원
5 불교란 무엇인가   D. 키언 / 고길환   6,000원
6 유대교란 무엇인가   N. 솔로몬 / 최창모   6,000원
7 20세기 프랑스철학   E. 매슈스 / 김종갑   8,000원
8 강의에 대한 강의   P. 부르디외 / 현택수   6,000원
9 텔레비전에 대하여   P. 부르디외 / 현택수   10,000원
10 고고학이란 무엇인가   P. 반 / 박범수   8,000원
11 우리는 무엇을 아는가   T. 나겔 / 오영미   5,000원
12 에쁘롱─니체의 문체들   J. 데리다 / 김다은   7,000원
13 히스테리 사례분석   S. 프로이트 / 태혜숙   7,000원
14 사랑의 지혜   A. 핑켈크로트 / 권유현   6,000원
15 일반미학   R. 카이유와 / 이경자   6,000원
16 본다는 것의 의미   J. 버거 / 박범수   10,000원
17 일본영화사   M. 테시에 / 최은미   7,000원
18 청소년을 위한 철학교실   A. 자카르 / 장혜영   7,000원
19 미술사학 입문   M. 포인턴 / 박범수   8,000원
20 클래식   M. 비어드·J. 헨더슨 / 박범수   6,000원
21 정치란 무엇인가   K. 미노그 / 이정철   6,000원
22 이미지의 폭력   O. 몽젱 / 이은민   8,000원
23 청소년을 위한 경제학교실   J. C. 드루엥 / 조은미   6,000원
24 순진함의 유혹 〔메디시스賞 수상작〕   P. 브뤼크네르 / 김웅권   9,000원
25 청소년을 위한 이야기 경제학   A. 푸르상 / 이은민   8,000원
26 부르디외 사회학 입문   P. 보네위츠 / 문경자   7,000원
27 돈은 하늘에서 떨어지지 않는다   K. 아른트 / 유영미   6,000원
28 상상력의 세계사   R. 보이아 / 김웅권   9,000원
29 지식을 교환하는 새로운 기술   A. 벵토릴라 外 / 김혜경   6,000원
30 니체 읽기   R. 비어즈워스 / 김웅권   6,000원
31 노동, 교환, 기술 ─주제별 논술   B. 데코사 / 신은영   6,000원
32 미국만들기   R. 로티 / 임옥희   10,000원
33 연극의 이해   A. 쿠프리 / 장혜영   8,000원
34 라틴문학의 이해   J. 가야르 / 김교신   8,000원
35 여성적 가치의 선택   FORESEEN연구소 / 문신원   7,000원
36 동양과 서양 사이   L. 이리가라이 / 이은민   7,000원
37 영화와 문학   R. 리처드슨 / 이형식   8,000원
38 분류하기의 유혹 ─생각하기와 조직하기   G. 비뇨 / 임기대   7,000원
39 사실주의 문학의 이해   G. 라루 / 조성애   8,000원
40 윤리학─악에 대한 의식에 관하여   A. 바디우 / 이종영   7,000원
41 흙과 재 〔소설〕   A. 라히미 / 김주경   6,000원

42 진보의 미래 　　　　　　　　　D. 르쿠르 / 김영선　　　　　　　　　6,000원
43 중세에 살기 　　　　　　　　　J. 르 고프 外 / 최애리　　　　　　　8,000원
44 쾌락의 횡포 · 상 　　　　　　　J. C. 기유보 / 김웅권　　　　　　　10,000원
45 쾌락의 횡포 · 하 　　　　　　　J. C. 기유보 / 김웅권　　　　　　　10,000원
46 운디네와 지식의 불 　　　　　　B. 데스파냐 / 김웅권　　　　　　　8,000원
47 이성의 한가운데에서—이성과 신앙　A. 퀴노 / 최은영　　　　　　6,000원
48 도덕적 명령 　　　　　　　　　FORESEEN 연구소 / 우강택　　　　6,000원
49 망각의 형태 　　　　　　　　　M. 오제 / 김수경　　　　　　　　6,000원
50 느리게 산다는 것의 의미 · 1 　　　P. 쌍소 / 김주경　　　　　　　　7,000원
51 나만의 자유를 찾아서 　　　　　C. 토마스 / 문신원　　　　　　　6,000원
52 음악적 삶의 의미 　　　　　　　M. 존스 / 송인영　　　　　　　　　근간
53 나의 철학 유언 　　　　　　　　J. 기통 / 권유현　　　　　　　　　8,000원
54 타르튀프/서민귀족 〔희곡〕 　　　몰리에르 / 덕성여대극예술비교연구회　8,000원
55 판타지 공장 　　　　　　　　　A. 플라워즈 / 박범수　　　　　　　10,000원
56 홍수 · 상 〔완역판〕 　　　　　　J. M. G. 르 클레지오 / 신미경　　　8,000원
57 홍수 · 하 〔완역판〕 　　　　　　J. M. G. 르 클레지오 / 신미경　　　8,000원
58 일신교—성경과 철학자들 　　　　E. 오르티그 / 전광호　　　　　　　6,000원
59 프랑스 시의 이해 　　　　　　　A. 바이양 / 김다은 · 이혜지　　　　8,000원
60 종교철학 　　　　　　　　　　　J. P. 힉 / 김희수　　　　　　　　10,000원
61 고요함의 폭력 　　　　　　　　V. 포레스테 / 박은영　　　　　　　8,000원
62 고대 그리스의 시민 　　　　　　C. 모세 / 김덕희　　　　　　　　　7,000원
63 미학개론—예술철학입문 　　　　A. 셰퍼드 / 유호전　　　　　　　　10,000원
64 논증—담화에서 사고까지 　　　　G. 비뇨 / 임기대　　　　　　　　　6,000원
65 역사—성찰된 시간 　　　　　　　F. 도스 / 김미겸　　　　　　　　　7,000원
66 비교문학개요 　　　　　　　　　F. 클로동 · K. 아다-보트링 / 김정란　8,000원
67 남성지배 　　　　　　　　　　　P. 부르디외 / 김용숙　　　　개정판 10,000원
68 호모사피언스에서 인터렉티브인간으로　FORESEEN 연구소 / 공나리　8,000원
69 상투어 — 언어 · 담론 · 사회 　　R. 아모시 · A. H. 피에로 / 조성애　9,000원
70 우주론이란 무엇인가 　　　　　　P. 코올즈 / 송형석　　　　　　　　8,000원
71 푸코 읽기 　　　　　　　　　　　P. 빌루에 / 나길래　　　　　　　　8,000원
72 문학논술 　　　　　　　　　　　J. 파프 · D. 로쉬 / 권종분　　　　　8,000원
73 한국전통예술개론 　　　　　　　沈雨晟　　　　　　　　　　　　　10,000원
74 시학—문학 형식 일반론 입문 　　D. 퐁텐 / 이용주　　　　　　　　　8,000원
75 진리의 길 　　　　　　　　　　　A. 보다르 / 김승철 · 최정아　　　　9,000원
76 동물성—인간의 위상에 관하여 　　D. 르스텔 / 김승철　　　　　　　　6,000원
77 랑가쥬 이론 서설 　　　　　　　L. 옐름슬레우 / 김용숙 · 김혜련　　10,000원
78 잔혹성의 미학 　　　　　　　　　F. 토넬리 / 박형섭　　　　　　　　9,000원
79 문학 텍스트의 정신분석 　　　　M. J. 벨멩-노엘 / 심재중 · 최애영　9,000원
80 무관심의 절정 　　　　　　　　　J. 보드리야르 / 이은민　　　　　　8,000원
81 영원한 황홀 　　　　　　　　　　P. 브뤼크네르 / 김웅권　　　　　　9,000원
82 노동의 종말에 반하여 　　　　　　D. 슈나페르 / 김교신　　　　　　　6,000원
83 프랑스영화사 　　　　　　　　　J. -P. 장콜라 / 김혜련　　　　　　　8,000원

84 조와(弔蛙)   金教臣 / 노치준 · 민혜숙   8,000원
85 역사적 관점에서 본 시네마   J. -L. 뢰트라 / 곽노경   8,000원
86 욕망에 대하여   M. 슈벨 / 서민원   8,000원
87 산다는 것의 의미 · 1—여분의 행복   P. 쌍소 / 김주경   7,000원
88 철학 연습   M. 아롱델-로오 / 최은영   8,000원
89 삶의 기쁨들   D. 노게 / 이은민   6,000원
90 이탈리아영화사   L. 스키파노 / 이주현   8,000원
91 한국문화론   趙興胤   10,000원
92 현대연극미학   M. -A. 샤르보니에 / 홍지화   8,000원
93 느리게 산다는 것의 의미 · 2   P. 쌍소 / 김주경   7,000원
94 진정한 모럴은 모럴을 비웃는다   A. 에슈고엔 / 김웅권   8,000원
95 한국종교문화론   趙興胤   10,000원
96 근원적 열정   L. 이리가라이 / 박정오   9,000원
97 라캉, 주체 개념의 형성   B. 오질비 / 김 석   9,000원
98 미국식 사회 모델   J. 바이스 / 김종명   7,000원
99 소쉬르와 언어과학   P. 가데 / 김용숙 · 임정혜   10,000원
100 철학적 기본 개념   R. 페르버 / 조국현   8,000원
101 맞불   P. 부르디외 / 현택수   10,000원
102 글렌 굴드, 피아노 솔로   M. 슈나이더 / 이창실   7,000원
103 문학비평에서의 실험   C. S. 루이스 / 허 종   8,000원
104 코뿔소 〔희곡〕   E. 이오네스코 / 박형섭   8,000원
105 지각—감각에 관하여   R. 바르바라 / 공정아   7,000원
106 철학이란 무엇인가   E. 크레이그 / 최생열   8,000원
107 경제, 거대한 사탄인가?   P. -N. 지로 / 김교신   7,000원
108 딸에게 들려 주는 작은 철학   R. 시몬 셰퍼 / 안상원   7,000원
109 도덕에 관한 에세이   C. 로슈 · J. -J. 바레르 / 고수현 6,000원
110 프랑스 고전비극   B. 클레망 / 송민숙   8,000원
111 고전수사학   G. 위딩 / 박성철   10,000원
112 유토피아   T. 파코 / 조성애   7,000원
113 쥐비알   A. 자르댕 / 김남주   7,000원
114 증오의 모호한 대상   J. 아순 / 김승철   8,000원
115 개인—주체철학에 대한 고찰   A. 르노 / 장정아   7,000원
116 이슬람이란 무엇인가   M. 루스벤 / 최생열   8,000원
117 테러리즘의 정신   J. 보드리야르 / 배영달   8,000원
118 역사란 무엇인가   존 H. 아널드 / 최생열   8,000원
119 느리게 산다는 것의 의미 · 3   P. 쌍소 / 김주경   7,000원
120 문학과 정치 사상   P. 페티티에 / 이종민   8,000원
121 가장 아름다운 하나님 이야기   A. 보테르 外 / 주태환   8,000원
122 시민 교육   P. 카니베즈 / 박주원   9,000원
123 스페인영화사   J.- C. 스갱 / 정동섭   8,000원
124 인터넷상에서—행동하는 지성   H. L. 드레퓌스 / 정혜욱   9,000원
125 내 몸의 신비—세상에서 가장 큰 기적   A. 지오르당 / 이규식   7,000원

126 세 가지 생태학	F. 가타리 / 윤수종	8,000원
127 모리스 블랑쇼에 대하여	E. 레비나스 / 박규현	9,000원
128 위뷔 왕 〔희곡〕	A. 자리 / 박형섭	8,000원
129 번영의 비참	P. 브뤼크네르 / 이창실	8,000원
130 무사도란 무엇인가	新渡戶稻造 / 沈雨晟	7,000원
131 꿈과 공포의 미로 〔소설〕	A. 라히미 / 김주경	8,000원
132 문학은 무슨 소용이 있는가?	D. 살나브 / 김교신	7,000원
133 종교에 대하여―행동하는 지성	존 D. 카푸토 / 최생열	9,000원
134 노동사회학	M. 스트루방 / 박주원	8,000원
135 맞불·2	P. 부르디외 / 김교신	10,000원
136 믿음에 대하여―행동하는 지성	S. 지제크 / 최생열	9,000원
137 법, 정의, 국가	A. 기그 / 민혜숙	8,000원
138 인식, 상상력, 예술	E. 아카마츄 / 최돈호	근간
139 위기의 대학	ARESER / 김교신	10,000원
140 카오스모제	F. 가타리 / 윤수종	10,000원
141 코란이란 무엇인가	M. 쿡 / 이강훈	9,000원
142 신학이란 무엇인가	D. 포드 / 강혜원·노치준	9,000원
143 누보 로망, 누보 시네마	C. 뮈르시아 / 이창실	8,000원
144 지능이란 무엇인가	I. J. 디어리 / 송형석	10,000원
145 죽음―유한성에 관하여	F. 다스튀르 / 나길래	8,000원
146 철학에 입문하기	Y. 카탱 / 박선주	8,000원
147 지옥의 힘	J. 보드리야르 / 배영달	8,000원
148 철학 기초 강의	F. 로피 / 공나리	8,000원
149 시네마토그래프에 대한 단상	R. 브레송 / 오일환·김경온	9,000원
150 성서란 무엇인가	J. 리치스 / 최생열	10,000원
151 프랑스 문학사회학	신미경	8,000원
152 잡사와 문학	F. 에브라르 / 최정아	10,000원
153 세계의 폭력	J. 보드리야르·E. 모랭 / 배영달	9,000원
154 잠수복과 나비	J. -D. 보비 / 양영란	6,000원
155 고전 할리우드 영화	J. 나카시 / 최은영	10,000원
156 마지막 말, 마지막 미소	B. 드 카스텔바자크 / 김승철·장정아	근간
157 몸의 시학	J. 피죠 / 김선미	10,000원
158 철학의 기원에 관하여	C. 콜로베르 / 김정란	8,000원
159 지혜에 대한 숙고	J. -M. 베스니에르 / 곽노경	8,000원
160 자연주의 미학과 시학	조성애	10,000원
161 소설 분석―현대적 방법론과 기법	B. 발레트 / 조성애	10,000원
162 사회학이란 무엇인가	S. 브루스 / 김경안	근간
163 인도철학입문	S. 헤밀턴 / 고길환	근간
164 심리학이란 무엇인가	G. 버틀러·F. 맥마누스 / 이재현	근간
165 발자크 비평	J. 줄레르 / 이정민	근간
166 결별을 위하여	G. 마츠네프 / 권은희·최은희	10,000원
167 인류학이란 무엇인가	J. 모나건 外 / 김경안	근간

168 세계화의 불안	Z. 라이디 / 김종명	8,000원
169 음악이란 무엇인가	N. 쿡 / 장호연	10,000원
170 사랑과 우연의 장난 〔희곡〕	마리보 / 박형섭	10,000원
171 사진의 이해	G. 보레 / 박은영	근간
172 현대인의 사랑과 성	현택수	9,000원
173 성해방은 진행중인가?	M. 이아퀴브 / 권은희	10,000원
174 교육은 자기 교육이다	H. -G. 가다머 / 손승남	10,000원
175 밤 끝으로의 여행	L. -F. 쎌린느 / 이형식	19,000원
176 프랑스 지성인들의 '12월'	J. 뒤발 外 / 김영모	10,000원
177 환대에 대하여	J. 데리다 / 남수인	13,000원
178 언어철학	J. P. 레스베베르 / 이경래	10,000원
179 푸코와 광기	F. 그로 / 김웅권	10,000원
180 사물들과 철학하기	R. -P. 드루아 / 박선주	10,000원
300 아이들에게 설명하는 이혼	P. 루카스 · S. 르로이 / 이은민	8,000원
301 아이들에게 들려주는 인도주의	J. 마무 / 이은민	근간
302 아이들에게 설명해 주는 죽음	E. 위스망 페렝 / 김미정	근간
303 아이들에게 들려주는 선사시대 이야기	J. 클로드 / 김교신	8,000원
304 아이들에게 들려주는 이슬람 이야기	T. 벤 젤룬 / 김교신	8,000원

【東文選 文藝新書】

1 저주받은 詩人들	A. 뻬이르 / 최수철 · 김종호	개정근간
2 민속문화론서설	沈雨晟	40,000원
3 인형극의 기술	A. 훼도토프 / 沈雨晟	8,000원
4 전위연극론	J. 로스 에반스 / 沈雨晟	12,000원
5 남사당패연구	沈雨晟	19,000원
6 현대영미희곡선(전4권)	N. 코워드 外 / 李辰洙	절판
7 행위예술	L. 골드버그 / 沈雨晟	절판
8 문예미학	蔡 儀 / 姜慶鎬	절판
9 神의 起源	何 新 / 洪 熹	16,000원
10 중국예술정신	徐復觀 / 權德周 外	24,000원
11 中國古代書史	錢存訓 / 金允子	14,000원
12 이미지 — 시각과 미디어	J. 버거 / 편집부	15,000원
13 연극의 역사	P. 하트놀 / 沈雨晟	절판
14 詩 論	朱光潛 / 鄭相泓	22,000원
15 탄트라	A. 무케르지 / 金龜山	16,000원
16 조선민족무용기본	최승희	15,000원
17 몽고문화사	D. 마이달 / 金龜山	8,000원
18 신화 미술 제사	張光直 / 李 徹	10,000원
19 아시아 무용의 인류학	宮尾慈良 / 沈雨晟	20,000원
20 아시아 민족음악순례	藤井知昭 / 沈雨晟	5,000원
21 華夏美學	李澤厚 / 權 瑚	20,000원
22 道	張立文 / 權 瑚	18,000원

23 朝鮮의 占卜과 豫言	村山智順 / 金禧慶	28,000원
24 원시미술	L. 아담 / 金仁煥	16,000원
25 朝鮮民俗誌	秋葉隆 / 沈雨晟	12,000원
26 神話의 이미지	J. 캠벨 / 扈承喜	근간
27 原始佛敎	中村元 / 鄭泰爀	8,000원
28 朝鮮女俗考	李能和 / 金尙憶	24,000원
29 朝鮮解語花史(조선기생사)	李能和 / 李在崑	25,000원
30 조선창극사	鄭魯湜	17,000원
31 동양회화미학	崔炳植	18,000원
32 性과 결혼의 민족학	和田正平 / 沈雨晟	9,000원
33 農漁俗談辭典	宋在璇	12,000원
34 朝鮮의 鬼神	村山智順 / 金禧慶	12,000원
35 道敎와 中國文化	葛兆光 / 沈揆昊	15,000원
36 禪宗과 中國文化	葛兆光 / 鄭相泓·任炳權	8,000원
37 오페라의 역사	L. 오레이 / 류연희	절판
38 인도종교미술	A. 무케르지 / 崔炳植	14,000원
39 힌두교의 그림언어	안넬리제 外 / 全在星	9,000원
40 중국고대사회	許進雄 / 洪 熹	30,000원
41 중국문화개론	李宗桂 / 李宰碩	23,000원
42 龍鳳文化源流	王大有 / 林東錫	25,000원
43 甲骨學通論	王宇信 / 李宰碩	40,000원
44 朝鮮巫俗考	李能和 / 李在崑	20,000원
45 미술과 페미니즘	N. 부르드 外 / 扈承喜	9,000원
46 아프리카미술	P. 윌레뜨 / 崔炳植	절판
47 美의 歷程	李澤厚 / 尹壽榮	28,000원
48 曼茶羅의 神들	立川武藏 / 金龜山	19,000원
49 朝鮮歲時記	洪錫謨 外/李錫浩	30,000원
50 하 상	蘇曉康 外 / 洪 熹	절판
51 武藝圖譜通志 實技解題	正 祖 / 沈雨晟·金光錫	15,000원
52 古文字學첫걸음	李學勤 / 河永三	14,000원
53 體育美學	胡小明 / 閔永淑	18,000원
54 아시아 美術의 再發見	崔炳植	9,000원
55 曆과 占의 科學	永田久 / 沈雨晟	8,000원
56 中國小學史	胡奇光 / 李宰碩	20,000원
57 中國甲骨學史	吳浩坤 外 / 梁東淑	35,000원
58 꿈의 철학	劉文英 / 河永三	22,000원
59 女神들의 인도	立川武藏 / 金龜山	19,000원
60 性의 역사	J. L. 플랑드렝 / 편집부	18,000원
61 쉬르섹슈얼리티	W. 챠드윅 / 편집부	10,000원
62 여성속담사전	宋在璇	18,000원
63 박재서희곡선	朴栽緖	10,000원
64 東北民族源流	孫進己 / 林東錫	13,000원

65 朝鮮巫俗의 硏究(상·하)	赤松智城·秋葉隆 / 沈雨晟	28,000원
66 中國文學 속의 孤獨感	斯波六郎 / 尹壽榮	8,000원
67 한국사회주의 연극운동사	李康列	8,000원
68 스포츠인류학	K. 블랑챠드 外 / 박기동 外	12,000원
69 리조복식도감	리팔찬	20,000원
70 娼 婦	A. 꼬르벵 / 李宗旼	22,000원
71 조선민요연구	高晶玉	30,000원
72 楚文化史	張正明 / 南宗鎭	26,000원
73 시간, 욕망, 그리고 공포	A. 코르뱅 / 변기찬	18,000원
74 本國劍	金光錫	40,000원
75 노트와 반노트	E. 이오네스코 / 박형섭	20,000원
76 朝鮮美術史硏究	尹喜淳	7,000원
77 拳法要訣	金光錫	30,000원
78 艸衣選集	艸衣意恂 / 林鍾旭	20,000원
79 漢語音韻學講義	董少文 / 林東錫	10,000원
80 이오네스코 연극미학	C. 위베르 / 박형섭	9,000원
81 중국문자훈고학사전	全廣鎭 편역	23,000원
82 상말속담사전	宋在璇	10,000원
83 書法論叢	沈尹默 / 郭魯鳳	16,000원
84 침실의 문화사	P. 디비 / 편집부	9,000원
85 禮의 精神	柳 肅 / 洪 熹	20,000원
86 조선공예개관	沈雨晟 편역	30,000원
87 性愛의 社會史	J. 솔레 / 李宗旼	18,000원
88 러시아미술사	A. I 조토프 / 이건수	22,000원
89 中國書藝論文選	郭魯鳳 選譯	25,000원
90 朝鮮美術史	關野貞 / 沈雨晟	30,000원
91 美術版 탄트라	P. 로슨 / 편집부	8,000원
92 군달리니	A. 무케르지 / 편집부	9,000원
93 카마수트라	바짜야나 / 鄭泰爀	18,000원
94 중국언어학총론	J. 노먼 / 全廣鎭	28,000원
95 運氣學說	任應秋 / 李宰碩	15,000원
96 동물속담사전	宋在璇	20,000원
97 자본주의의 아비투스	P. 부르디외 / 최종철	10,000원
98 宗敎學入門	F. 막스 뮐러 / 金龜山	10,000원
99 변 화	P. 바츨라빅크 外 / 박인철	10,000원
100 우리나라 민속놀이	沈雨晟	15,000원
101 歌訣(중국역대명언경구집)	李宰碩 편역	20,000원
102 아니마와 아니무스	A. 융 / 박해순	8,000원
103 나, 너, 우리	L. 이리가라이 / 박정오	12,000원
104 베케트연극론	M. 푸크레 / 박형섭	8,000원
105 포르노그래피	A. 드워킨 / 유혜련	12,000원
106 셸 링	M. 하이데거 / 최상욱	12,000원

107 프랑수아 비용 宋 勉 18,000원
108 중국서예 80제 郭魯鳳 편역 16,000원
109 性과 미디어 W. B. 키 / 박해순 12,000원
110 中國正史朝鮮列國傳(전2권) 金聲九 편역 120,000원
111 질병의 기원 T. 매큐언 / 서 일·박종연 12,000원
112 과학과 젠더 E. F. 켈러 / 민경숙·이현주 10,000원
113 물질문명·경제·자본주의 F. 브로델 / 이문숙 外 절판
114 이탈리아인 태고의 지혜 G. 비코 / 李源斗 8,000원
115 中國武俠史 陳 山 / 姜鳳求 18,000원
116 공포의 권력 J. 크리스테바 / 서민원 23,000원
117 주색잡기속담사전 宋在璇 15,000원
118 죽음 앞에 선 인간(상·하) P. 아리에스 / 劉仙子 각권 8,000원
119 철학에 대하여 L. 알튀세르 / 서관모·백승욱 12,000원
120 다른 곳 J. 데리다 / 김다은·이혜지 10,000원
121 문학비평방법론 D. 베르제 外 / 민혜숙 12,000원
122 자기의 테크놀로지 M. 푸코 / 이희원 16,000원
123 새로운 학문 G. 비코 / 李源斗 22,000원
124 천재와 광기 P. 브르노 / 김웅권 13,000원
125 중국은사문화 馬 華·陳正宏 / 강경범·천현경 12,000원
126 푸코와 페미니즘 C. 라마자노글루 外 / 최 영 外 16,000원
127 역사주의 P. 해밀턴 / 임옥희 12,000원
128 中國書藝美學 宋 民 / 郭魯鳳 16,000원
129 죽음의 역사 P. 아리에스 / 이종민 18,000원
130 돈속담사전 宋在璇 편 15,000원
131 동양극장과 연극인들 김영무 15,000원
132 生育神과 性巫術 宋兆麟 / 洪 熹 20,000원
133 미학의 핵심 M. M. 이턴 / 유호전 20,000원
134 전사와 농민 J. 뒤비 / 최생열 18,000원
135 여성의 상태 N. 에니크 / 서민원 22,000원
136 중세의 지식인들 J. 르 고프 / 최애리 18,000원
137 구조주의의 역사(전4권) F. 도스 / 김웅권 外 I·II·IV 15,000원 / III 18,000원
138 글쓰기의 문제해결전략 L. 플라워 / 원진숙·황정현 20,000원
139 음식속담사전 宋在璇 편 16,000원
140 고전수필개론 權 瑜 16,000원
141 예술의 규칙 P. 부르디외 / 하태환 23,000원
142 "사회를 보호해야 한다" M. 푸코 / 박정자 20,000원
143 페미니즘사전 L. 터틀 / 호승희·유혜련 26,000원
144 여성심벌사전 B. G. 워커 / 정소영 근간
145 모데르니테 모데르니테 H. 메쇼닉 / 김다은 20,000원
146 눈물의 역사 A. 벵상뷔포 / 이자경 18,000원
147 모더니티입문 H. 르페브르 / 이종민 24,000원
148 재생산 P. 부르디외 / 이상호 23,000원

149 종교철학의 핵심	W. J. 웨인라이트 / 김희수	18,000원
150 기호와 몽상	A. 시몽 / 박형섭	22,000원
151 융분석비평사전	A. 새뮤얼 外 / 민혜숙	16,000원
152 운보 김기창 예술론연구	최병식	14,000원
153 시적 언어의 혁명	J. 크리스테바 / 김인환	20,000원
154 예술의 위기	Y. 미쇼 / 하태환	15,000원
155 프랑스사회사	G. 뒤프 / 박 단	16,000원
156 중국문예심리학사	劉偉林 / 沈揆昊	30,000원
157 무지카 프라티카	M. 캐넌 / 김혜중	25,000원
158 불교산책	鄭泰爀	20,000원
159 인간과 죽음	E. 모랭 / 김명숙	23,000원
160 地中海(전5권)	F. 브로델 / 李宗旼	근간
161 漢語文字學史	黃德實·陳秉新 / 河永三	24,000원
162 글쓰기와 차이	J. 데리다 / 남수인	28,000원
163 朝鮮神事誌	李能和 / 李在崑	근간
164 영국제국주의	S. C. 스미스 / 이태숙·김종원	16,000원
165 영화서술학	A. 고드로·F. 조스트 / 송지연	17,000원
166 美學辭典	사사키 겐이치 / 민주식	22,000원
167 하나이지 않은 성	L. 이리가라이 / 이은민	18,000원
168 中國歷代書論	郭魯鳳 譯註	25,000원
169 요가수트라	鄭泰爀	15,000원
170 비정상인들	M. 푸코 / 박정자	25,000원
171 미친 진실	J. 크리스테바 外 / 서민원	25,000원
172 디스탱숑(상·하)	P. 부르디외 / 이종민	근간
173 세계의 비참(전3권)	P. 부르디외 外 / 김주경	각권 26,000원
174 수묵의 사상과 역사	崔炳植	근간
175 파스칼적 명상	P. 부르디외 / 김웅권	22,000원
176 지방의 계몽주의	D. 로슈 / 주명철	30,000원
177 이혼의 역사	R. 필립스 / 박범수	25,000원
178 사랑의 단상	R. 바르트 / 김희영	20,000원
179 中國書藝理論體系	熊秉明 / 郭魯鳳	23,000원
180 미술시장과 경영	崔炳植	16,000원
181 카프카—소수적인 문학을 위하여	G. 들뢰즈·F. 가타리 / 이진경	18,000원
182 이미지의 힘—영상과 섹슈얼리티	A. 쿤 / 이형식	13,000원
183 공간의 시학	G. 바슐라르 / 곽광수	23,000원
184 랑데부—이미지와의 만남	J. 버거 / 임옥희·이은경	18,000원
185 푸코와 문학—글쓰기의 계보학을 향하여	S. 듀링 / 오경심·홍유미	26,000원
186 각색, 연극에서 영화로	A. 엘보 / 이선형	16,000원
187 폭력과 여성들	C. 토펭 外 / 이은민	18,000원
188 하드 바디—할리우드 영화에 나타난 남성성	S. 제퍼드 / 이형식	18,000원
189 영화의 환상성	J. -L. 뢰트라 / 김경온·오일환	18,000원
190 번역과 제국	D. 로빈슨 / 정혜욱	16,000원

191 그라마톨로지에 대하여	J. 데리다 / 김웅권	35,000원
192 보건 유토피아	R. 브로만 外 / 서민원	20,000원
193 현대의 신화	R. 바르트 / 이화여대기호학연구소	20,000원
194 중국회화백문백답	郭魯鳳	근간
195 고서화감정개론	徐邦達 / 郭魯鳳	30,000원
196 상상의 박물관	A. 말로 / 김웅권	26,000원
197 부빈의 일요일	J. 뒤비 / 최생열	22,000원
198 아인슈타인의 최대 실수	D. 골드스미스 / 박범수	16,000원
199 유인원, 사이보그, 그리고 여자	D. 해러웨이 / 민경숙	25,000원
200 공동 생활 속의 개인주의	F. 드 생글리 / 최은영	20,000원
201 기식자	M. 세르 / 김웅권	24,000원
202 연극미학─플라톤에서 브레히트까지의 텍스트들	J. 셰레 外 / 홍지화	24,000원
203 철학자들의 신	W. 바이셰델 / 최상욱	34,000원
204 고대 세계의 정치	모제스 I 핀레이 / 최생열	16,000원
205 프란츠 카프카의 고독	M. 로베르 / 이창실	18,000원
206 문화 학습─실천적 입문서	J. 자일스·T. 미들턴 / 장성희	24,000원
207 호모 아카데미쿠스	P. 부르디외 / 임기대	29,000원
208 朝鮮槍棒教程	金光錫	40,000원
209 자유의 순간	P. M. 코헨 / 최하영	16,000원
210 밀교의 세계	鄭泰爀	16,000원
211 토탈 스크린	J. 보드리야르 / 배영달	19,000원
212 영화와 문학의 서술학	F. 바누아 / 송지연	22,000원
213 텍스트의 즐거움	R. 바르트 / 김희영	15,000원
214 영화의 직업들	B. 라트롱슈 / 김경온·오일환	16,000원
215 소설과 신화	이용주	15,000원
216 문화와 계급─부르디외와 한국 사회	홍성민 外	18,000원
217 작은 사건들	R. 바르트 / 김주경	14,000원
218 연극분석입문	J. -P. 링가르 / 박형섭	18,000원
219 푸코	G. 들뢰즈 / 허 경	17,000원
220 우리나라 도자기와 가마터	宋在璇	30,000원
221 보이는 것과 보이지 않는 것	M. 퐁티 / 남수인·최의영	30,000원
222 메두사의 웃음/출구	H. 식수 / 박혜영	19,000원
223 담화 속의 논증	R. 아모시 / 장인봉	20,000원
224 포켓의 형태	J. 버거 / 이영주	근간
225 이미지심벌사전	A. 드 브리스 / 이원두	근간
226 이데올로기	D. 호크스 / 고길환	16,000원
227 영화의 이론	B. 발라즈 / 이형식	20,000원
228 건축과 철학	J. 보드리야르·J. 누벨 / 배영달	16,000원
229 폴 리쾨르─삶의 의미들	F. 도스 / 이봉지 外	38,000원
230 서양철학사	A. 케니 / 이영주	29,000원
231 근대성과 육체의 정치학	D. 르 브르통 / 홍성민	20,000원
232 허난설헌	金成南	16,000원

233	인터넷 철학	G. 그레이엄 / 이영주	15,000원
234	사회학의 문제들	P. 부르디외 / 신미경	23,000원
235	의학적 추론	A. 시쿠렐 / 서민원	20,000원
236	튜링―인공지능 창시자	J. 라세구 / 임기대	16,000원
237	이성의 역사	F. 샤틀레 / 심세광	16,000원
238	朝鮮演劇史	金在喆	22,000원
239	미학이란 무엇인가	M. 지므네즈 / 김웅권	23,000원
240	古文字類編	高 明	40,000원
241	부르디외 사회학 이론	L. 핀토 / 김용숙 · 김은희	20,000원
242	문학은 무슨 생각을 하는가?	P. 마슈레 / 서민원	23,000원
243	행복해지기 위해 무엇을 배워야 하는가?	A. 우지오 外 / 김교신	18,000원
244	영화와 회화: 탈배치	P. 보니체 / 홍지화	18,000원
245	영화 학습―실천적 지표들	F. 바누아 外 / 문신원	16,000원
246	회화 학습―실천적 지표들	F. 기블레 / 고수현	근간
247	영화미학	J. 오몽 外 / 이용주	24,000원
248	시―형식과 기능	J. L. 주베르 / 김경온	근간
249	우리나라 옹기	宋在璇	40,000원
250	검은 태양	J. 크리스테바 / 김인환	27,000원
251	어떻게 더불어 살 것인가	R. 바르트 / 김웅권	28,000원
252	일반 교양 강좌	E. 코바 / 송대영	23,000원
253	나무의 철학	R. 뒤마 / 송형석	29,000원
254	영화에 대하여―에이리언과 영화철학	S. 멀할 / 이영주	18,000원
255	문학에 대하여―행동하는 지성	H. 밀러 / 최은주	16,000원
256	미학 연습―플라톤에서 에코까지	임우영 外 편역	18,000원
257	조희룡 평전	김영회 外	18,000원
258	역사철학	F. 도스 / 최생열	23,000원
259	철학자들의 동물원	A. L. 브라 쇼파르 / 문신원	22,000원
260	시각의 의미	J. 버거 / 이용은	24,000원
261	들뢰즈	A. 괄란디 / 임기대	13,000원
262	문학과 문화 읽기	김종갑	16,000원
263	과학에 대하여―행동하는 지성	B. 리들리 / 이영주	근간
264	장 지오노와 서술 이론	송지연	18,000원
265	영화의 목소리	M. 시옹 / 박선주	20,000원
266	사회보장의 발명	J. 동즐로 / 주형일	17,000원
267	이미지와 기호	M. 졸리 / 이선형	22,000원
268	위기의 식물	J. M. 펠트 / 이충건	근간
269	중국 소수민족의 원시종교	洪 熹	18,000원
270	영화감독들의 영화 이론	J. 오몽 / 곽동준	22,000원
271	중립	J. 들뢰즈 · C. 베네 / 허희정	18,000원
272	대담―디디에 에리봉과의 자전적 인터뷰	J. 뒤메질 / 송대영	근간
273	중립	R. 바르트 / 김웅권	30,000원
274	알퐁스 도데의 문학과 프로방스 문화	이종민	16,000원

275	우리말 釋迦如來行蹟頌	高麗 無寄 / 金月雲	18,000원
276	金剛經講話	金月雲 講述	18,000원
277	자유와 결정론	O. 브르니피에 外 / 최은영	16,000원
278	도리스 레싱: 20세기 여성의 초상	민경숙	24,000원
279	기독교윤리학의 이론과 방법론	김희수	24,000원
280	과학에서 생각하는 주제 100가지	I. 스탕저 外 / 김웅권	21,000원
281	말로와 소설의 상징시학	김웅권	22,000원
282	키에르케고르	C. 블랑 / 이창실	14,000원
283	시나리오 쓰기의 이론과 실제	A. 로슈 外 / 이용주	25,000원
284	조선사회경제사	白南雲 / 沈雨晟	30,000원
285	이성과 감각	O. 브르니피에 外 / 이은민	16,000원
286	행복의 단상	C. 앙드레 / 김교신	20,000원
287	삶의 의미―행동하는 지성	J. 코팅햄 / 강혜원	16,000원
288	안티고네의 주장	J. 버틀러 / 조현순	14,000원
289	예술 영화 읽기	이선형	19,000원
290	달리는 꿈, 자동차의 역사	P. 치글러 / 조국현	17,000원
291	매스커뮤니케이션과 사회	현택수	17,000원
292	교육론	J. 피아제 / 이병애	22,000원
293	연극 입문	히라타 오리자 / 고정은	13,000원
1001	베토벤: 전원교향곡	D. W. 존스 / 김지순	15,000원
1002	모차르트: 하이든 현악 4중주곡	J. 어빙 / 김지순	14,000원
1003	베토벤: 에로이카 교향곡	T. 시프 / 김지순	18,000원
1004	모차르트: 주피터 교향곡	E. 시스먼 / 김지순	18,000원
1005	바흐: 브란덴부르크 협주곡	M. 보이드 / 김지순	18,000원
1006	바흐: B단조 미사	J. 버트 / 김지순	18,000원
2001	우리 아이들에게 어떤 지표를 주어야 할까?	J. L. 오베르 / 이창실	16,000원
2002	상처받은 아이들	N. 파브르 / 김주경	16,000원
2003	엄마 아빠, 꿈꿀 시간을 주세요!	E. 부젱 / 박주원	16,000원
2004	부모가 알아야 할 유치원의 모든 것들	N. 뒤 소수아 / 전재민	18,000원
2005	부모들이여, '안 돼'라고 말하라!	P. 들라로슈 / 김주경	19,000원
2006	엄마 아빠, 전 못하겠어요!	E. 리공 / 이창실	18,000원
3001	《새》	C. 파글리아 / 이형식	13,000원
3002	《시민 케인》	L. 멀비 / 이형식	13,000원
3101	《제7의 봉인》 비평 연구	E. 그랑조르주 / 이은민	17,000원
3102	《쥘과 짐》 비평 연구	C. 르 베르 / 이은민	18,000원
3103	《시민 케인》 비평 연구	J. 루아 / 이용주	15,000원

【기 타】

▨ 모드의 체계	R. 바르트 / 이화여대기호학연구소	18,000원
▨ 라신에 관하여	R. 바르트 / 남수인	10,000원
▨ 說 苑 (上·下)	林東錫 譯註	각권 30,000원
▨ 晏子春秋	林東錫 譯註	30,000원

東文選 文藝新書 251

어떻게 더불어 살 것인가

롤랑 바르트
김웅권 옮김

■ 롤랑 바르트의 풍요롭고 창조적인 기록들

본서는 바르트가 타계하기 3년 전 콜레주 드 프랑스에 취임하여 첫해의 강의와 세미나를 위해 준비한 노트를 엮어낸 것이다. 따라서 강의를 위한 것과 세미나를 위한 것, 두 부분으로 나누어진다.

제도적 · 지적 차원에서 불가분의 관계에 있는 세미나와 강의는 대립과 보완의 작용을 한다. 더불어 살기의 어두운 면을 나타내는 것은 세미나이고, 반면에 그것의 보다 빛나는 면을 설명하고 하나의 유토피아의 의지적 탐구에 뛰어드는 것은 강의이다.

■ 동 · 서양을 넘나드는 지적 유희

"이 교수직의 취임 강의에서, 우리는 연구를 연구자의 상상계에 연결시킬 수 있는 가능성을 전제했다. 금년에 우리는 다음과 같은 특별한 상상계를 탐사하고자 했다. 그것은 '더불어 살기'의 모든 형태들(사회 · 팔랑스테르 · 가정 · 커플)이 아니라, 주로 동거가 개인적 자유를 배제하지 않는 매우 제한된 집단의 '더불어 살기'이다."

바르트의 본 강의는 그만의 독특한 양식(style)을 창조하는 하나의 예술 작품으로 이해해야 할 것이다. 어떤 주제를 놓고 우연에 의지하여 단상들을 펼쳐 가는 방식은 예술적 창조의 작업으로서 하나의 양식을 낳고 있다.

독자는 학자와 예술가-작가로서 원숙기에 다다른 바르트가 전개하는 자유자재롭고 폭넓은 사유의 움직임과 흐름을 맛보는 즐거움을 얻을 수 있을 것이며, 경우에 따라 그의 강의에 담겨 있는 독창적 발상들로부터 많은 아이디어를 얻을 수 있으리라 생각된다. 위대한 창조자들의 수변에는 아이디어들이 풍요롭게 맴돌고 있음을 기억하면서.

東文選 文藝新書 241

부르디외 사회학 이론

루이 핀토

김용숙 · 김은희 옮김

부르디외가 추천한 부르디외 사회학 해설서

본서는 수년전 부르디외가 한국을 방문하였을 적에 그에게 자신의 이론을 가장 잘 해설한 책을 한권 추천해달라고 부탁해서 한국 독자들에게 소개하게 된 책이다.

저술의 원칙이 되는 본질적인 행위들을 제시하고, 지성적 맥락을 재구성하며, 인류학이자 철학적인 영역을 명시하는 것이 루이 핀토의 글이 갖는 목적으로, 그의 연구는 단순한 주해서를 넘어서서 이러한 저술이 제안하는 교훈을 총망라한다.

피에르 부르디외의 이론은 결코 객관주의나 과학만능주의가 아니며, 관찰자의 특권을 중시하는 과학적 실천의 중심부의 성찰을 함축한다. 그의 이론은 사회 세계나 우리 스스로에게 향한 우리의 시각을 변화시키는 지적 수단을 제공하고 있다. 이런 의미에서 그의 이론은 개인적이자 보편적인 사물들을 파악하게 하고, 우리가 하는 유희와 그 이해 관계, 그리고 모르던 것을 인정하는 데 필요한 저항들을 이해하는 데에 도움을 주는 사회 분석의 작업이다.

사회 질서는 심층에 묻힌 신념들과 객관적 구조를 따르므로, 사회학은 사회 세계의 정치적 비전을 반드시 갖고 있다. 사회학은 우리에게 유토피아 정신과 질서의 사실적 인식을 연결하는 것을 가르쳐 준다.

사회학자이자 철학자인 루이 핀토는 국립과학연구소(**CNRS**)의 소장직을 맡고 있다. 그의 연구는 언론, 문화, 지성인과 철학 등을 다루고 있다.

東文選 文藝新書 201

기식자

미셸 세르
김웅권 옮김

초대받은 식도락가로서, 때로는 뛰어난 이야기꾼으로서 주인의 식탁에 앉아 식사를 하는 자가 기식자로 언급된다. 숙주를 뜯어먹고 살고, 그의 현재적 상태를 변화시키고 그의 생명을 위태롭게 하는 작은 동물 또한 기식자로 언급된다. 끊임없이 우리의 대화를 중단시키거나 우리의 메시지를 차단하는 소리, 이것도 언제나 기식자이다. 왜 인간, 동물, 그리고 파동이 동일한 낱말로 명명되고 있는가?

이 책은 우선 이러한 질문에 대한 대답으로서 이미지의 책이고 초상들의 갤러리이다. 새들의 모습 속에, 동물들의 모습 속에, 그리고 우화에 나오는 기이한 모습들 속에 누가 숨어 있는지를 알아서 추측해 볼 필요가 있을 것이다. 크고 작은 동물들이 함께 식사를 하는데, 그들의 잔치는 중단된다. 어떻게? 누구에 의해? 왜?

미셸 세르는 책의 마지막에서 소크라테스를 악마로 규정한다. 이 소크라테스의 초상에 이르기까지의 긴 '산책'이 기식자라는 화두를 중심으로 펼쳐진다. 세르는 기식의 논리를 라 퐁텐의 우화로부터 시작하여 성서·루소·몰리에르·호메로스·플라톤 등의 세계를 섭렵하면서 펼쳐내고 있다. 뿐만 아니라 그는 경제학·수학·생물학·물리학·정보과학·음악 등 다양한 분야를 끌어들여 기식의 관계가 모든 영역에 연결되고 있음을 드러낸다. 특히 루소를 기식자의 한 표상으로 설정하면서 그가 주장한 사회계약론의 배면을 그의 삶과 관련시켜 흥미진진하게 파헤치고 있다.

기식자는 취하면서 아무것도 주지 않는다. 말·소리·바람밖에 주지 않는다. 주인은 주면서도 아무것도 받지 않는다. 이것이 불가역적이고 되돌아오지 않는 단순한 화살이다. 그것은 우리들 사이를 날아다닌다. 그것은 관계의 원자이고, 변화의 각도이다. 그것은 사용 이전의 남용이고, 교환 이전의 도둑질이다. 우리는 그것으로부터 기술과 사업, 경제와 사회를 구축할 수 있거나, 적어도 다시 생각할 수 있다.

東文選 現代新書 129

번영의 비참
— 종교화한 시장 경제와 그 적들

파스칼 브뤼크네르 / 이창실 옮김

'2002 프랑스 BOOK OF ECONOMY賞' 수상
'2002 유러피언 BOOK OF ECONOMY賞' 특별수훈

번영의 한가운데서 더 큰 비참이 확산되고 있다면 세계화의 혜택은 무엇이란 말인가?

모든 종교와 이데올로기가 붕괴되는 와중에 그래도 버티는 게 있다면 그건 경제다. 경제는 이제 무미건조한 과학이나 이성의 냉철한 활동이기를 그치고, 발전된 세계의 마지막 영성이 되었다. 이 준엄한 종교성은 이렇다 할 고양된 감정은 없어도 제의(祭儀)에 가까운 열정을 과시한다.

이 신화로부터 새로운 반체제 운동들이 사람들의 마음을 사로잡는다. 시장의 불공평을 비난하는 이 운동들은 지상의 모든 혼란의 원인이 시장에 있다고 본다. 그러나 실상은 그렇게 하면서 시장을 계속 역사의 원동력으로 삼게 된다. 신자유주의자들이나 이들을 비방하는 자들 모두가 같은 신앙으로 결속되어 있는 만큼 그들은 한통속이라 할 수 있다.

그렇다면 우리가 벗어나야 하는 것은 자본주의가 아니라 경제만능주의이다. 사회 전체를 지배하려 드는 경제의 원칙, 우리를 근면한 햄스터로 실추시켜 단순히 생산자·소비자 혹은 주주라는 역할에 가두어두는 이 원칙을 너나없이 떠받드는 상황에서 벗어나야 한다. 일체의 시장 경제 행위를 원위치에 되돌려 놓고 시장 경제가 아닌 자리를 되찾아야 한다. 이것은 우리 삶의 의미와도 직결되는 문제이기 때문이다.

파스칼 브뤼크네르: 1948년생으로 오늘날 프랑스에서 가장 영향력 있는 에세이스트이자 소설가이기도 하다. 그는 매 2년마다 소설과 에세이를 번갈아 가며 발표하고 있다. 주요 저서로는 《순진함의 유혹》(1995 메디치상), 《아름다움을 훔친 자들》(1997 르노도상), 《영원한 황홀》 등이 있으며, 1999년에는 프랑스에서 가장 많이 팔린 작가로 뽑히기도 하였다.